SPORTZOMERDAG

Van Mart Smeets zijn eerder verschenen:

Rugnummers en ingevette benen
Stoempen, snot en sterven
Net echte mensen
Kopmannen en waterdragers
Het Dream Team
Behoorlijk getikt
Door naar de volgende ronde
Stukken beter
Overleven
Hoezo bezeten?
Opgeruimd
De kopgroep
Veelbesproken
Een lange ontsnapping
Een brok in de keel
Ik was nooit in Nagano
Murfreesboro Blues
Prikkels
Oranje boven!
Netwerk
Kriebels
Dertig
Bruisend
100 mannen
Sterren
Spelen
Zomeravondvertellingen
Op koers
In Amerika
De Tour van '80
Retro
Geel
Wereldtour
Helder
Vuur

Mart Smeets

Sportzomerdagboek

Nieuw Amsterdam Uitgevers

Omslagontwerp Mulder Van Meurs, Toni Mulder
Typografie Willem Geeraerds
Omslagfoto Hans-Peter van Velthoven
Fotokatern: © Cor Vos/Wessel van Keuk blz. 1; © ANP Photo/Marcel Hemelrijk blz. 2 boven; © Bart de Grood blz. 2 onder, blz. 3, blz. 4, blz. 5; © Matthias Bouman/ NOS blz. 6 boven, blz. 8 boven; © Flickr/Marc van der Chijs blz. 6 onder; © Maaike van den Broek/NOS blz. 7; © AP Photo/Julie Jacobson blz. 8 onder
NUR 489/303
ISBN 978 90 468 0553 4
www.nieuwamsterdam.nl
www.martsmeets.nl

De zomer van 2008

In maart 2008 komen Maarten Nooter, de chef van *Studio Sport*, en ik elkaar tegen in een van de gangen van het Videocentrum. Ik heb zojuist een interview gemaakt met Bob Spaak (1917), mijn leermeester bij de NOS. Het is bedoeld als basis voor een fraai 'in memoriam' over de grondlegger van sport op de Nederlandse televisie. Het klinkt morbide, maar onze afdeling plant onderwerpen soms ver vooruit.

Nooter vraagt hoe het is gegaan en ik zeg dat Spaak wel oud is, maar nog ongelooflijk 'wijze' opmerkingen maakt. Dat hij mij soms in leuke volzinnen de les leest, net als vroeger. Hij zei dan bijvoorbeeld: 'Hebben ze in Amsterdam geen behoorlijke kappers?' om aan te geven dat ik op zondag met een verwilderd kapsel in beeld had gestaan. En daarachteraan: 'Maar even een weekje wachten met weer op het scherm te komen, nietwaar Mart?' En dan kon je je zonden gaan overdenken.

Nu had hij mij in alle rust gevraagd: 'Vind je het vak nog steeds leuk, jongen?' Ik had 'ja' gezegd en toen had hij opgemerkt: 'Dan moet je het tot in lengte van jaren blijven doen. Ik zie nog steeds enthousiasme bij je. Je bent de *grand old man* van de sport geworden, en die rol past bij je.' Ik had het compliment met hoofdknikken aanvaard en van binnen gebloosd. Hij had me aangekeken en streng gezegd: 'Ik meen dat.' Als Bob Spaak dat tegen je zegt, betekent dat iets. Wie met hem heeft gewerkt, weet dat.

Het grappige is dat Nooter op vergelijkbare wijze leiding aan de afdeling geeft, hoewel hij van een totaal andere generatie, opvoeding en levensbeschouwelijke kant is. Ook hij laat mensen de vrijheid, ook hij kan soms cryptisch of cynisch uit de hoek komen, als verpakking voor onvrede maar ook voor een compliment. Veel contact hebben we niet en dat is ook niet nodig. Hij geeft leiding, ik ben voortdurend met dingen bezig. Af en toe is hij het oneens met iets wat ik gezegd of gedaan heb en dat krijg ik dan te horen.

Nu houdt hij me staande om me te vertellen dat hij hoopt dat ik er een geweldige zomer van zal gaan maken. Hij zegt dat er veel op mijn pad komt, met eerst de Tour en dan de Spelen en alle andere evenementen daarna. 'Ik weet dat dit je ligt, het is een mooie opgave voor je.' Ik knik en weet dat hij dat meent.

Ik heb verheugd gereageerd op het feit dat mijn naam niet opduikt in de schema's van het EK voetbal, en dat mijn spitsuur in juli en augustus ligt. Grappend zeg ik tegen hem: 'Als ik hier eind oktober nog sta, dan weet je dat ik het gehaald heb.'

Ik maak een aantekening van dat korte gesprek, zoals ik wel vaker doe, en besluit vanaf dat moment alle min of meer belangrijke dingen die ik doe bij te houden in mijn agenda.

Als mijn uitgeefster, Marie-Anne van Wijnen van Nieuw Amsterdam, me vlak voor het begin van de Ronde van Frankrijk opbelt, weet ik wat er komt. Een verzoek.

'Heb je een idee voor een najaarsboek?' vraagt ze.

'Nee, eigenlijk niet, ik wil het na de Spelen eens rustig aan gaan doen,' zeg ik.

Een dag later blader ik speels door mijn agenda, pak de telefoon en bel haar op: 'Ik denk dat ik het heb.'

Als ik halverwege het schrijven van dit boek ben en haar wat hoofdstukken heb laten lezen, zegt ze: 'Je bent wel persoonlijk, zeg.'

Mijn antwoord luidt: 'Dat is toch de bedoeling van een dagboek?'

Haarlem, herfst 2008

27 april

De lange sportzomer begint nu al, op een vol terras in Maastricht. Cameraman Frits Schrijvers heeft een wondermooie instelling gevonden voor het interview met Hennie Kuiper over zijn olympische gouden medaille van 1972. De lentezon in de late namiddag, zwak en breekbaar, met een hoopgevende roodglans, geeft het beeld een filmische flair. Robert Redford zou zo de scène kunnen binnenstappen.

Kuiper vertelt eerlijk en mooi, soms opstandig en aangedaan. Hij is nog altijd gekwetst als mensen hem aanwrijven dat hij zijn medaille won ná de Palestijnse gijzeling van toen. Dit wordt een onderwerp voor de olympische uitzending van vrijdag 8 augustus uit Peking, weet ik nu al. Regeren is vooruitzien.

28 april

Op het grote plein waar de wielerklassieker Luik-Bastenaken-Luik straks vertrekt, treffen we Adrie van der Poel. Ik vraag hem of hij in twee volzinnen het karakter en de manier van koersen van Greg Lemond kan typeren. Hij knikt, begrepen. De camera loopt en Van der Poel spreekt die twee zinnen uit. Prachtig, precies goed.

Hij zegt dat we vandaag een spannende finale gaan krijgen. 'Veul mannen nog bij elkaar,' roept hij, terwijl hij naar de hemel kijkt. Doorgewinterde profs betrekken altijd en overal het weer in hun voorspellingen. Het weer of de Heer. Ik plak een sticker op het bandje met de tekst: meningen Lemond. Ik ga er in juni mee aan de slag. Hebben is hebben.

8 mei

Door een file tussen Utrecht en Brabant arriveren we te laat bij Huub Zilverberg in Goirle. Gelukkig is er vanuit Hilversum gebeld en zijn we geëxcuseerd. Koffie en broodjes staan klaar, op z'n Brabants. Zilverberg is een kranige zestiger, die vroeger onwaarschijnlijk hard gefietst moet hebben. Over hem zijn prachtverhalen bekend: hij kon stoempen zoals geen ander. Hij vertelt vandaag zonder omwegen over de Tour van Jan Janssen, die in 1968. Dat hij na vier dagen afstapte omdat hij het niet zag zitten om zijn 'kloten' voor Jan af te draaien, terwijl er geen cent verdiend werd. Hij heeft nog weleens spijt van die beslissing.

Om twee uur staan we, even buiten Gent, voor het mooie huis van Walter Godefroot, de oud-ploegleider die als profrenner zijn beste seizoen kende in datzelfde jaar 1968. Godefroot, altijd een heer, ontvangt ons nu in blote bast omdat hij in de volle zon staat te metselen. Hij verontschuldigt zich.

'Janssen was groot op grote momenten,' verklaart hij de winst van de Nootdorper later voor de camera, inmiddels keurig gekleed. Weer later toont hij ons zijn mooie 'rijwielsalon', de wielerzaak die hij samen met zijn zonen drijft.

De laatste afspraak van de dag, die met ploegleider en televisieanalyticus José de Cauwer, sluit mooi aan. Ik moet hem bellen als ik klaar ben en dan kunnen we elkaar na vijven ontmoeten in een hotellobby in Sint-Niklaas.

Ik tik zijn nummer in en zeg dat ik bij Godefroot wegrij. 'Zijdde gij daar?' roept hij verbaasd. Hij blijkt een kleine kilometer verderop, aan dezelfde straat waarin wij rijden, in een restaurant de laatste restjes van een vorstelijke lunch weg te werken. Even later schuiven we aan en zijn er getuige van hoe Vlaamse zakenmensen en wielervrienden het nuttige met het aangename verenigen. Tijdens de bourgondische zakenlunch wordt veel gelachen en uitgebreid over de koers gesproken. Voor we het weten hebben we een fles champagne voor de neus staan. Cameraman Arjan Ekster kijkt me vragend aan en steekt voorzichtig zijn hand uit naar het aangeboden glas.

Drie uur later gooit hij me er bij Utrecht CS uit. Weer drie onderwerpen in de tas. De zomer begint al vorm te krijgen.

12 mei

Die avond begint mijn eerste echte avontuur. Ik rijd naar Schiphol over volle, warme wegen. Christian Vos, de 'moeder aller NOS-producers', zoals ik hem vaak plagend noem, vergeet zijn zonnebril in de Rembrandt Room van de KLM.

Om even voor zessen vertrekken we met China Southern naar Peking. Ik ben nog nooit in China geweest en heb geen idee wat me te wachten staat. De man naast me aan boord doet zaken met Chinezen. Hij legt uit dat je geduld moet hebben en vooral volgens hun regels dient te werken. Hij vraagt of ik me nu al in de grote stad ga vestigen, zodat ik straks in augustus de weg en de gewoontes al goed ken. Ik zeg dat ik slechts voor drie dagen ga, en voorafgaand aan de Spelen nog veel andere dingen ga doen. Hij knikt bedachtzaam. 'Dat zult u dan gaan voelen,' zegt hij vriendelijk. Twee rode wijn verder knikkebol ik in.

13 mei

Ik krijg de plaats te zien waarvandaan we in augustus gaan uitzenden. Het bouwwerk is groot en het ruikt er naar langdurige leegstand. Op het grote plein voor de gebouwen rijden oude bestelwagens traag heen en weer. Ze vervoeren niets.

Er zitten mannen op hun hurken eveneens niets te doen. De betegeling van ons grote dakterras is compleet kapot, er is geen lift, deuren hangen scheef in hun voegen, maar de mensen van Heineken hebben goede hoop dat alles goed gaat komen. Ze zijn al maanden met dit project bezig en iedere dag is er vooruitgang te bespeuren. Vaak gaat het tergend traag, maar er gebeurt wel iets. We mogen vandaag tot zes uur de kamers, zalen en omgeving bekijken en dingen opmeten. God mag weten waarom het niet langer mag; dit is zo'n regel die niemand begrijpt, maar die wel nageleefd moet worden. Ik ontmoet de Nederlandse ambassadeur, Rudolf Bekink, een rustige, aardige man, die pas kort in Peking zit. Hij leert me een gulden regel: 'Probeer niet onze denkwijze op hun werkproces los te laten, dan kom je nergens. Dit is China.' Ik sla die woorden goed op.

Christian en ik verorberen snel een hele pekingeend in een fel verlichte zaal van een groot restaurant naast ons hotel. Er zitten hier honderden mensen te eten, en allemaal eten ze eend. Het eten is spotgoedkoop. De plaatselijke biertjes maken slaperig.

14 mei

Mijn cameraploeg staat om negen uur klaar in de enorme lobby van het mooie, strakke Hilton Hotel. De techneut is handig en spreekt goed Engels, de cameraman is een kunstenaar. Hij draagt een T-shirt met de tekst 'US Army'. Op zijn rug hangt een tas met de letters CCCP en een grote rode ster. Is dit de politieke positie van het huidige China?

We draaien de hele dag, overal in de stad, maar schieten niet erg op. De cameraman is fotograaf van huis uit, en hij zoekt voortdurend naar mooie composities. Ik heb grote haast en maan hem tot actie. Hij snapt me wel, maar begrijpt me niet. De technicus is voortdurend aan de telefoon; hij regelt van alles, naar blijkt. We hebben een chauffeur die drie tanden in de mond heeft. Hij rochelt enorme fluimen zijn raam uit. Ik mag hem meteen.

Aan het eind van de dag ben ik doodop, wil slapen, maar ga toch nog wat drinken met de mannen. We hebben het Birdsnest, het zwemstadion, wat buitenshots van het atletendorp, verkeerschaos en, gelukkig, laat in de middag, fraaie beelden van wat een flinke regenbui met het verkeer in deze grote stad doet: complete chaos. Die avond ben ik uitgenodigd voor een diner in de Nederlandse ambassade. Pak aan, das om, leuke gesprekken en toch weer te veel wijn.

Christian wil er later ook nog een biertje in gaan gooien, maar ik vertrek en ga diep slapen.

15 mei

De cameraman heet nu Scott en is een vrolijke, behulpzame Aussie die precies snapt wat ik wil. We gaan de stad in, maken goed bruikbare shots van het huidige China en op het Tiananmen Plein, waar filmtoestellen verboden zijn, maar waar je volop mag fotograferen, draait hij mooi vanaf de knie uit een traag rijdende auto het beroemde aanzicht van Mao boven de ingang naar de achterliggende stad. Hij heeft dat al vaak voor buitenlandse correspondenten gedaan. Min of meer routine, lacht hij. De socialistisch-realistische kunst die je daar tegenkomt is zo lelijk dat het soms even mooi wordt.

Om zeven uur sta ik op een balkon van een immens flatgebouw, tussen de derde en vierde ring, een stand-up te maken voor een intern programma van de NOS. Of ik mijn bevindingen over twee dagen China wil vertellen aan collega's die in een zaaltje in Hilversum zitten. Jezus. Ik draai een spontaan verhaal af en voel ineens hoe moe ik ben. Christian en ik zoeken een taxi, want we moeten naar een restaurant, ergens ten noorden van de stad. De chauffeur moet het eerst aan drie collega's vragen voordat hij weet waar het is.

We rijden bijna een uur en vallen dan binnen in een exceptioneel sjiek en overdreven gedecoreerd pand. Als ik een gin-tonic bestel, krijg ik naast mijn glas een kommetje waarin een mooie oranje siervis zwemt.

We eten er met een stuk of twintig Hollanders, die straks in augustus allemaal iets met de Spelen van doen zullen hebben. De sfeer is goed, bijna amicaal. Christian zegt dat ik het toilet moet zien. Het blijkt een grote ruimte te zijn met overal spiegels. Je kunt er je natuurlijke behoefte doen, maar ik begrijp dat deze carrévormige kamer ook gebruikt wordt voor De Daad. Een snelle, wel te verstaan. Je kunt de partner met de billen op een stevige rand plaatsen, die op de juiste hoogte (Normaal Chinees Peil) is aangebracht. De spiegels zijn daarmee ook verklaard. Er heerst hier een grenzeloze decadentie.

16 mei

We draaien in een parkje dat Scott kent en dat niet ver van ons hotel verwijderd is. We hebben nog twee uur om twee interviews te maken en vooral 'iets Chinees' in beeld te krijgen. We zien oudere Chinezen die pingpongen en basketbal spelen. Snel filmen we ze, praten wat met ze en keren dan terug om de reistas te halen. Dit is wat je noemt een bliksembezoek. Mijn hoofd tolt als we weer op het vliegveld zitten. Er wordt een vertraging van uren aangekondigd. Op dezelfde vlucht zitten veel kersverse Nederlandse ouders, die net hun adoptiekinderen in China hebben opgehaald en die nu, opgewonden van blijdschap en trots, urenlang hun schreeuwende en huilende kinderen moeten zien rustig te houden. Dat lukt nauwelijks.

Ik vlieg terug met de tweede man bij *Studio Sport*, Ewoud van Winsen. We worden in te kleine stoelen gewrongen en blijven daar bijna roerloos in zitten tot het toestel in Amsterdam landt.

We spreken ruim twee uur over het vak. Hoe moeilijk het is goede sporttelevisie te maken en hoe dat straks in Peking moet gaan gebeuren. Hij was waterpolo-international, ik speelde (even) in het nationale basketbalteam; dat schept een band.

17 mei

Om tien uur begin ik in Hilversum te monteren. De beelden van de Chinese kunstenaar vallen erg mee. Zijn compositie is vaak gewaagd goed, maar zijn bewegingen mislukken veelal. De beelden van Scott zijn uitstekend bruikbaar en met plezier en veel overleg maken we negentien minuten televisie; zeven minuten voor de zaterdagavond, twaalf minuten voor de zondagmiddag. Dat heet 'maximaal rendement halen uit je materiaal'.

Ik goochel wat met op het vliegveld aangeschafte Chinese muziek. Als veteraan-verslaggever stel ik er eer in om fraaie bijdragen te maken. Helaas mochten we geen enkel olympisch bouwwerk binnen omdat we daar geen papieren voor hadden, dus dan maar variatie & vertier. Ik probeer de Nederlandse kijker wat inzicht te geven in hoe het er medio mei in Peking aan toegaat.

Om half twee 's nachts ben ik thuis en het duizelt me weer. Ik weet dat ik de hele zondag moet benutten om de drukproeven van mijn zomerboek *Vuur* te controleren en terug te sturen naar de uitgeverij. Waarom worden zulke klussen soms 'heidens' genoemd? En waarom heb ik die stekende pijn in mijn nek?

19 mei

Om elf uur moeten Dione de Graaf en ik in het gebouw van Beeld & Geluid opdraven om bij een presentatie van de publieke netten iets te zeggen over de vele sportuitzendingen van deze zomer. Per brief, per e-mail en ook nog mondeling, vlak voor aanvang van de presentatie, wordt me op het hart gedrukt niets over de 'side kicks' van de zomerprogramma's te vertellen. Daar wordt nog over onderhandeld en de plaatsen zijn nog niet verdeeld.

De tweede vraag van presentatrice Anita Witzier gaat precies daarover. Ik houd me consequent aan mijn opdracht en er ontstaat een vervelend sfeertje. Wat een mislukt gesprek. Als Dione en ik naar de redactielokalen van *Studio Sport* teruglopen, zegt zij: 'Dit was vreselijk! Wat deden wij daar eigenlijk? Ik zat er voor spek en bonen bij.'

'Ja, dat is waar,' zeg ik. 'En mij zullen ze wel weer een arrogante zak hebben gevonden omdat ik om de meeste vragen heen draaide.'

In mijn 'lijfblad' *De Telegraaf* krijg ik de volgende dag de volle laag. De schrijver van het vergif zou de ware toedracht eens moeten kennen, maar zo gaat het zo vaak. Hij heeft zonder navraag maar wat neergekalkt en ik ben de pineut. Lul.

20 mei

Het is 's avonds tegen achten als K., mijn vrouw, en ik de weg kwijtraken in Worcester, Massachusetts. We zijn met North West naar Boston gevlogen, hebben de huurauto opgehaald en zijn dwars door Boston naar het westen gereden. Jaloers heb ik naar de mensen gekeken die Fenway Park, het heiligste aller honkbalstadions, binnengingen.

Ons navigatiesysteem geeft niet thuis als we het adres van ons hotel intikken. Ik ga de weg vragen in een desolaat tankstation. De man achter de tralies (dit is de USA) spreekt met een bijna onverstaanbaar accent. Gevraagd waar hij vandaan komt, zegt hij: 'From Belarus.' Ik knik: Wit-Rus. De man heeft gore, bruine tanden, maar hij weet wel waar ik heen moet.

Drie minuten later staan we voor het hotel, een half uur later eten we iets kleins en drinken we een behoorlijke Australische wijn. Ik haal de eerste minuten van David Letterman nog net en zak dan helemaal weg. Wakker om vier uur; compleet gekleed op bed, de tv aan, kramp in beide benen. K. slaapt naast me de slaap der onschuldigen. Onder de lakens, dat wel.

21 mei

Met cameraman Martijn 't Hart, die in New York woont, draai ik een bijeenkomst over de onthulling van een groot monument ter ere van de zwarte wielrenner Major Taylor, een man die een dikke eeuw geleden wereldkampioen was. Een van de sprekers die ochtend is Greg Lemond, de voormalige Tour de France-winnaar. Voor de NOS mag ik een lang portret van hem maken.

En passant spreek ik ook met de Amerikaanse oud-topatleet en olympisch kampioen Edwin Moses. Hij legt uit hoe belangrijk de rol van Taylor was in een tijd dat zwarte Amerikanen geacht werden een ondergeschikte rol in het sociale leven te spelen. Lemond legt een ander kruisverband; hij vergelijkt zijn Tourzeges met het leven rond 1900. Zijn eigen 'afzien' verdwijnt in het niets als hij zich hardop afvraagt hoe een zwarte sportman ruim een eeuw geleden in een compleet blanke wereld heeft moeten presteren.

In de middag kijk ik in mijn hotelkamer even naar de Champions League-finale vanuit Moskou. Grappig om Clarence Seedorf als analist te horen bij de collega's van ESPN. Hij is duidelijk en uitgesproken, eerst in het Engels en na de pauze in het Spaans.

Halverwege de eerste helft val ik, ondanks het spectaculaire spel, in slaap door de jetlag. Hoe ouder een mens wordt, hoe meer het passeren van tijdzones problemen gaat opleveren. We kunnen mensen naar de maan schieten, maar hiervoor is nog geen goede oplossing gevonden.

We eten in een subliem restaurant. Vis. Onder de vele gasten is geen zwarte Amerikaan te vinden. Dit is typisch New England. Mannen met jasjes aan, goed geklede vrouwen, bijna on-Amerikaans aandoende beschaving.

22 mei

In de International Basketball Hall of Fame in Springfield zoeken we naar het shirt dat de befaamde Amsterdamse basketbalscheidsrechter Piet Leegwater in 1976 droeg toen hij de olympische mannenfinale USA-Joegoslavië in Montreal mocht leiden. Molly Large, ex-speelster van een goede collegeploeg, een vriendelijke medewerkster van het grote museum, helpt ons.

Het shirt bestaat nog en heeft in de tentoonstelling die nu te bezichtigen is weliswaar geen vaste plaats, maar binnen een half uur staat het shirt op een kleine paspop: een oerdegelijk Adidas-truitje. Leegwater was in zijn tijd een uitstekende scheidsrechter en het is leuk om dat onbekende verhaal aan de televisiekijker te vertellen. We mogen filmen wat we willen, alleen de bewegende beelden van wedstrijden uit het begin van de vorige eeuw (die op video overgezet zijn en daar voortdurend gedraaid worden) zijn verboden gebied voor onze camera. Ze zijn niet rechtenvrij.

Halverwege de middag rijdt Martijn naar New York terug en wij zoeken de weg naar Boston op. Lemond heeft aangegeven dat we vanaf maandag bij hem thuis in Minnesota welkom zijn. Hij gaat even wat anders doen bij een kennis in Connecticut.

'*See ya around ten in the morning,*' zei hij en zwaaide toen hij wegreed. Ik hoop dat het goed komt, maar ben er niet gerust op.

25 mei

Wij vliegen aan uit Boston, weer met North West (North Worst, voor ervaringsdeskundigen) en ontmoeten cameraman Martijn Faber en geluidstechnicus Donny Ulendorp op het vliegveld van Minneapolis/St. Paul. Zij komen uit Amsterdam en zijn 'slechts' één stuk bagage kwijt. North West belooft het diezelfde avond nog af te leveren in ons hotel, maar dat gebeurt pas de volgende ochtend om negen uur, vlak voordat we weg moeten om te gaan filmen.

In een lelijk Subaru-busje zonder navigatiesysteem zoeken we onze weg in het centrum. Waarom krijg je nooit de auto die je besteld hebt en waarom moesten we ruim een uur wachten op het omruilen van een te kleine auto voor een busje waar alle bagage en materiaal in past? Laagstaande zon geeft de omgeving rond ons hotel een luie aanblik; niemand beweegt. The Kinks, *Sunny Afternoon*. Soms steekt er iemand over.

Als we met zijn vieren gaan eten en onze drankjes bestellen, moeten Martijn en Donny eerst hun legitimatie tonen. Laatstgenoemde is begin twintig en ziet er echt jong uit; hij is voor het eerst in de States, vindt alles mooi, maar kijkt er wel van op dat hij zijn paspoort moet tonen. Martijn is midden dertig en echt verontwaardigd. Het schaap van de bediening denkt gewoon niet na en handelt routineus. Ze bekijkt de paspoorten met een lege blik en lacht dan dommig. Ze brengt eerst een fles witte wijn, terwijl er rode besteld is; ze kent het verschil niet tussen een chardonnay en een shiraz. Toch durf ik haar aan het eind van de maaltijd niet minder dan 20 procent fooi te geven. Dat hoort hier zo.

26 mei

We moeten in het dorpje Medina zijn, heeft Lemond gezegd. Pakweg drie kwartier rijden van ons hotel vandaan, in noordwestelijke richting. Zonder navigatiesysteem komen we toch een heel eind. Om kwart over tien rijden we een lange oprijlaan in. Aan het eind staat een kast van een huis; er beweegt niets of niemand.

Ik stap uit en maak voorzichtig een rondje. Niemand. Rechts naast het huis staat een grote, moderne opbergschuur annex garage. Een oude man komt naar buiten en tikt tegen de pet: 'Morning.' Verder vraagt hij niets en loopt door.

Ik ga hem achterna en vraag of Mr. Lemond thuis is. '*Think so*,' zegt de man, die rustig doorgaat met het inladen van een oplegger die net buiten de garage staat. Ik tel zes personenauto's en hoor binnen het geblaf van een klein hondje: er is dus leven.

Tien minuten later komt Kathy Lemond met een keffertje achter haar kuiten naar buiten en excuseert zich lachend: Greg zit elders in het huis aan de telefoon zaken te regelen en zij was de was aan het doen.

We laveren binnen omzichtig om de gevaarlijk ogende Duitse herder heen, die door beide Lemonds met Duitse bevelen ('Nein', 'Sitzen' en 'Bleib') wordt toegesproken. Dan begint een waanzinnige draaidag.

Het moet gezegd: de Lemonds zijn open en eerlijk. We kunnen doen wat we willen, we mogen overal draaien, het dienstmeisje haalt in het dorp een lekkere lunch voor ons, Kathy zet koffie, terwijl beiden intussen ook doorgaan met hun bezigheden.

In de middag gaan we zitten voor een gesprek dat drie uur in beslag zal nemen. Greg begint zweterig en onzeker, maar vindt snel grond onder zijn (blote) voeten. Hij vertelt grappig. Tot twee maal toe laat hij een knetterharde wind en moeten we alle vier lachend even pauzeren. Aan het eind, als hij het over zijn persoonlijke problemen heeft, huilt hij. De camera legt alles vast.

Drie keer vraagt hij een 'drink time-out'. Hij zegt dat het in de bibliotheek, waar we zitten, zo droog is. Wij hebben daar geen last van, maar laten hem. Hij graaft zichtbaar diep in zijn herinneringen en spaart zichzelf niet. Emotioneel raakt hij vermoeid, dat merken we aan alles. Na drie uur vraagt hij of ik wil stoppen; hij is geestelijk op, zegt hij. Ik knik en bedank hem voor de moeite. Als hij wegloopt, laat hij weer een verschrikkelijke wind. Hij draait zich om en zegt slechts: '*A lot of tension, Mart, farting really helps, man...*'

27 mei

We zijn de volgende ochtend om tien uur terug en kunnen wéér onze gang gaan. Ik heb vooral sprekende beelden nodig van 'House & Garden', zeg ik tegen Martijn; hij snapt het. Lemond houdt zich deze ochtend bezig met het rondrijden in een BobCat, een terreinwagentje waarmee je een kleine shovel kunt bedienen. Als een gedrogeerde gek rost hij heen en weer over de grote weide en lijkt geen oog voor ons te hebben. Hij wil, nee, hij móét de beste crossbaan ter wereld in zijn eigen park aanleggen; dat heeft hij zichzelf beloofd en dus gebeurt dat ook. Kathy zal later zeggen: 'Alles wat hij zich voorneemt, moet ook gebeuren.'

Zij is de sterke partij in de familie. Later zien we nog de dochter des huizes, een punkig meisje, en ook de jongste zoon rolt in de vroege middag uit zijn bed. Hij loopt in een short van de KNVB, hoewel hij daar geen flauw idee van heeft; hij zag hem bij een postorderbedrijf en de kleur beviel hem.

We zien Greg gedurende een uur helemaal niet, maar horen hem wel luid en heftig telefoongesprekken voeren. Het gaat om geld.

Wij kunnen in de tussentijd zijn werkelijk prachtige collectie indianenkunst bekijken. Kathy zegt dat er in de kelder nog veel meer ligt. 'Hij bestelt maar en koopt maar, daar komt geen einde aan,' zucht ze.

Onze tweede praatsessie loopt goed, maar ook nu weer vraagt hij een aantal maal om een drinkpauze, vaak als hij verstrikt raakt in een lange zin. Natuurlijk stemmen we toe, maar we begrijpen het nauwelijks. Heeft hij ADHD? Zijn vrouw beaamt dat later, maar ze zegt ook dat hij zo intensief leeft, dat hij soms uitgedroogd raakt. Hij gaat meestal om twee uur in de nacht naar bed en staat er om zes uur alweer naast. 'Alle boeken in zijn bibliotheek,' zegt ze vaag glimlachend, 'heeft hij ook gelezen.' Wat de onderwerpen ook zijn... Etruskische kunst, de geschiedenis van China, de bouw van autowegen in Canada, Italiaanse pasta's... Greg wil overal over mee kunnen praten, hij leest over alles.

Als we in de loop van de middag aan de keukentafel belanden, vraagt ze me waarom ik een geel Live Strong-bandje van de Lance Armstrong Foundation om mijn pols heb. Of ik niet weet hoeveel geld daarmee verdiend wordt, ook door Lance zelf. Of ik niet besef dat deze uiting van Armstrongism in dit huis op weinig enthousiasme kan rekenen.

Ik zeg dat ik heb overwogen het bandje af te doen zolang ik bij hen te gast zou zijn, maar dat ik besloten heb mezelf te blijven en daarom het ding niet heb afgedaan. Ik zeg ook dat voor hen de naam Armstrong sowieso waarschijnlijk moeilijk ligt. Ze knikken heftig. '*It sure is*,' zegt zij. Greg haalt iets te drinken en merkt op dat Armstrong mensen kapotmaakt, zonder gewetensbezwaren. 'Maar ik ga met een fiets op de markt komen die beter is dan zijn Trek,' zegt hij er sarcastisch lachend bij. Beide Amerikaanse Tourwinnaars spreken al jaren niet meer met elkaar en veel advocaten bijten hun tanden stuk op onontwarbare zaken tussen de twee.

Tegen het eind van de middag zijn we klaar. Greg zegt dat hij emotioneel heel diep is gegaan, ook vandaag. Hij moet weg, naar een spreekbeurt in Californië. Zij geeft hem al zijn reispapieren. Zij regelt alles. Zij is de baas.

We bedanken de Lemonds voor hun gastvrije ontvangst. 'We hebben niets te verbergen, *come in and film us*,' hadden ze vooraf gezegd. Maar dat de uitkomst zó zou zijn, had ik niet durven hopen.

Ik had recent een Lemond-verhaal van Marije Randewijk in *de Volkskrant* gelezen, en een vrijwel identiek Amerikaans verhaal in een Amerikaans fietsblad. Beide verhalen waren pakkend en zielig. Nu was het mijn taak het ook zo mooi in beeld te brengen. Ik twijfelde of dat kon, maar Martijn zei dat ik een mooie basis had voor een prachtig portret. Zelfs na de eerste viewing van het materiaal in Hilversum twijfelde ik nog, sterker nog, ik kon er op een gegeven moment geen yoghurt meer van maken; Lemond kletste maar en kletste maar, maakte geen enkele zin goed af, wat het monteren extra moeilijk zou maken. Toch was het een uitdaging. Mensen hadden misschien wel iets over zijn merkwaardige privéleven gelezen, maar wie had hem ooit zien vertellen dat hij seksueel misbruikt was door zijn oom? Wie had hem thuis gezien, tussen die overdaad aan kunst, die overdaad aan alles?

Het was mooi om in een interview te lezen dat hij heel sentimenteel was geworden, maar ik had nu het beeld, iedereen kon het zelf zien. Die beelden vormden de toegevoegde waarde van televisie.

Mijn eerste gedachte toen ik klaar was met de opnames: wat zit hij moeilijk in elkaar. Achter ieder verhaal stak twijfel, een ruzie of een clash. Lemond tegen Boyer, Lemond tegen Hinault, Lemond tegen Fignon, Lemond tegen Armstrong, Lemond tegen Landis. Het ging maar door.

'*I am at peace now*,' had hij bij ons vertrek gezegd. Ik beloofde hun een aantal dvd's van de uitzending op te sturen. Ze zwaaiden bij het afscheid. Wij zwaaiden terug.

3 juni

On the road again. Weer een draaidag, nu met Ronde van Frankrijkonderwerpen. Ik laat me door de cameraploeg oppikken bij het station van 's-Hertogenbosch en we rijden naar de weduwe van Gerrit Schulte, een van onze sterkste renners ooit, de tweede Nederlander die in 1938 een Touretappe wist te winnen. Zij is een buitengewoon vriendelijke, lieve vrouw van achter in de tachtig. Ze trakteert ons met Brabantse hartelijkheid op koffie en taart, en later móéten we blijven lunchen, haast of niet.

Zij heeft de mooiste, exclusiefste collectie foto's en krantenknipsels die ik in jaren heb gezien en ik mag er vrij in graven. Kleinzoon Twan, die ik nog ken als basketballer van EBBC, kijkt met enige trots in zijn guitige ogen naar foto's van zijn beroemde opa. Als ik ergens, zomaar los liggend, een foto ontwaar van Fausto Coppi mét handtekening en persoonlijke woorden, zeg ik tegen mevrouw Schulte dat er mensen zijn die daar een moord voor zouden doen. 'Och jongen, ik heb zoveel van die getekende foto's van topcoureurs uit die jaren, je moest eens weten,' zegt ze nuchter.

Een uur later draaien we in het huis van Jo Nederkoorn, een verzamelaar van wielerspullen. Ik had al eerder van de man gehoord, maar wat ik nu zag, was ongelooflijk. Een garage vol shirts, posters, foto's, drinkbussen, erelinten en nog onwaarschijnlijk veel meer prullaria die met wielrennen te maken hebben. De verzamelaar zegt het een grote eer te vinden dat zijn uitgebreide collectie 'in beeld komt bij Mart'. Ik zeg hem dat wij vereerd zijn bij hem te mogen filmen. Hij is er een beetje ondersteboven van, zegt zijn dochter als we klaar zijn met de opnamen.

'Onwaarschijnlijk, dat een mens zo'n hobby heeft,' zegt cameraman Peter Bijlmakers hoofdschuddend als we wegrijden uit Vinkel en koers zetten naar Zuid-Limburg om er oud-coureur Arie den Hartog te ontmoeten. In Nieuwstad woont deze vrije geest, die ooit de beste was in Milaan-Sanremo en in 1968 aan de zijde van Jan Janssen de Ronde van Frankrijk uitreed. Den Hartog, nog altijd fietsenhandelaar, doet zijn verhaal in stukken omdat er steeds klanten in zijn zaak staan, die hij terecht voorrang geeft.

Hij schetst een beeld dat velen uit de Tour van 1968 niet kennen. De sfeer was niet goed binnen de Nederlandse ploeg en Den Hartog vindt Janssen wel een goede renner, maar geen heel grote coureur. 'Hij won veel op karakter,' zegt hij nadenkend.

Ik vraag wat daarmee mis is, en Den Hartog antwoordt spits: 'Helemaal niets, want lang niet iedere coureur uit die tijd had zoveel karakter als Jan. Dat maakte hem tot winnaar dat jaar, en dat is toch knap!'

's Avonds zit ik, na in de studio wat schone, nette kleren te hebben aangetrokken, aan tafel bij Knevel & Van den Brink. Er wordt ook kort over mijn nieuwe boek gesproken. *Vuur* ligt als dummy op tafel, daar heeft de uitgeverij voor gezorgd. Ja, ik hoereer dus ook mee, ik doe mee in die Hilversumse carrousel. Ben ik daarom slecht? Corrupt? Bedorven? Ben ik anders dan al die anderen die in deze draaimolen meedraaien? Is het werkelijk 'Hilversum likt Hilversum' of 'ik kom bij jou in je talkshow zitten als jij mijn nieuwe boek of mijn nieuwe televisieserie toont'? Of gaat het daar niet om? Dat kan ook.

Zonder boek had ik ook mijn zegje over China wel gedaan, bedenk ik, maar bij de uitgeverij zijn ze blij. Zo werkt dat. En hoe zit het ook alweer met die boze Peter R. de Vries na zijn optreden bij *DWDD*? Werd zijn nieuwe boek niet genoemd? Allemaal bullshit, denk ik als ik me naar huis laat rijden. Ik ben achttien uur vol in de benen en voel overal zure vermoeidheid. De NASN heeft nog wel een honkbalwedstrijd, maar die laat ik maar lopen. Er zijn grenzen.

O ja, Tjerk was vandaag jarig, hij is 28 jaar oud nu. *He's a big boy now.* Ik heb hem 's ochtends gebeld. Hij ging die avond gewoon trainen, zei ie. Ik had niets anders verwacht. Ons gesprek duurde niet al te lang. 'Later,' zei hij als afscheid.

4 juni

Mijn vriend Hans Verstraaten, bladenmaker bij Sanoma, heeft me gestrikt om een uurtje met hem van gedachten te wisselen over 'het schrijven van columns' in de Nederlandse pers. We zitten in een zaaltje met zo'n dertig collega's die veel luisteren en soms vragen stellen. De belangrijkste stelling is: schrijf wat er in je opkomt. Blijf dicht bij jezelf en trek je niets aan van wat anderen zeggen. Ik denk dat ik al dertig jaar op die manier columns maak. Dat anderen het soms niet met je eens zijn, is een gegeven waar je niet bij stil moet staan. *Different folks, different strokes.* Ik lees weleens wat van een ander waar ik het niet mee eens ben, maar ga ik dan een ingezonden brief sturen? Reageer ik überhaupt? Nee, natuurlijk niet.

Hans blijft een merkwaardige vogel. We kennen elkaar al vijfentwintig jaar en behandelen elkaar met respect. Niemand kon vroeger zoveel brandende peuken op een redactie achterlaten als hij. En hij schreef altijd telefoonnummers op de manchetten van zijn witte overhemden. En hij was (is?) fan van RBC en is, bij mijn weten, een enorm chaotische bladenmaker met ultragoede ideeën. Kortom: ik mag hem graag. Toch loop ik naar het station Bijlmer met een gemengd gevoel in mijn lijf: *was this all there was?* Er is zoveel blijven liggen. Of blijven hangen.

In de trein word ik aangesproken door een nette mijnheer in pak. Hij zegt dat hij hoopt dat ik het voetbal weer ga presenteren bij de NOS. Ik zeg hem dat ik dat zeker niet zal gaan doen, omdat we daar andere, veel betere mensen voor hebben. Hij schudt zijn hoofd en zegt: 'De NOS verbergt zich ook al onder de deken van de middelmaat, ik had u slimmer geschat, mijnheer Smeets. Dit is een puur politiek antwoord.'

Daar kan ik het verder mee doen, maar helemaal ongelijk heeft hij niet. Met dat politieke dus.

5 juni

Wat een topdag. Gezegend zijn zij die filmische televisieonderwerpen mogen maken. Niets is leuker dan uit niets iets te maken. Je begint met een idee en je werkt dat uit op de tekentafel van je eigen hersens. Dan ga je plannen, beelden bekijken, rekenen, reizen, opnemen, 'spotten' en dan komt dus het heilige moment dat je de eerste beelden achter elkaar gaat zetten, ofwel 'monteren'. Voor mij is er geen prettiger bezigheid dan goede montages maken. Presenteren is helemaal níéts vergeleken met het gevoel dat je overhoudt aan een geslaagde montage. Alle ijdele televisiemakers die anders beweren, liegen of kennen de ware inhoud van het vak niet. Sterker nog, ik vind het belangrijk dat iemand die bij de televisie werkt ook weet hoe er gemonteerd dient te worden, zowel bij korte, middenlange als zelfs lange onderwerpen. Alleen maar vóór een camera te staan, levert waarschijnlijk een hele hoop roem, centen en valse schijn op, maar echte televisiemakers zitten liever in montagekamers.

Vandaar dat deze dag zo'n bijzondere wordt. Ik heb gevraagd of ik het Lemond-portret met Maurits vor der Hake mag maken. Hij is 'editor', zeg maar de man die de knoppen van de computer beroert, waardoor beeld en geluid op hun plaats komen: hij monteert dus.

Maurits en ik hebben meerdere portretten samen gemaakt. Als je aan zo'n Lemond-portret begint, is het prettig wanneer je iemand naast je weet die snapt wat de bedoeling is, die meedenkt, die durft te discussiëren over de beeldinhoud van een film. Maurits is zo'n man. Hij is in sport geïnteresseerd en denkt in beelden. Zijn enige minpuntje is dat hij om de anderhalf uur even naar een pariapleintje bij de ingang van het Videocentrum moet om te gaan roken. Dan ga ik maar weer koffie halen.

We brengen de eerste uren van de werkdag door met inladen: het opslaan van de beelden en het catalogiseren ervan in de grote computer. Door ervaring wijs geworden heb ik behoorlijk wat voorbereidend werk gedaan. David Levie van de afdeling Beeldband heeft, nadat ik aangegeven had wat ik graag wilde, een perfecte band afgeleverd met daarop de wedstrijdbeelden waarop Lemond te zien is. Een jaar geleden deed zijn zus Marloes hetzelfde. Beiden zijn kids van Ronald Levie, de helaas overleden stichter van het overzichtelijke NOS-archief. Het zit in hun genen. Zonder hun geweldige werk zou ik nergens zijn. Ik herhaal het maar weer eens: televisie maken is teamwerk, en niets anders. Mensen die zeggen dat ik voor mezelf bezig ben in dit vak, lach ik vierkant uit. Niemand in dit vak kan het alleen. Je bent altijd onderdeel van een clubje en iedereen is in dat proces even belangrijk.

We lopen aan het einde van de ochtend wat technische averij op omdat de computer enige tijd niet doet wat Maurits via zijn knoppen aangeeft. Lichte irritatie is voelbaar, maar aan het eind van de werkdag hebben we toch bijna vijf minuten gemonteerd staan. Dat stemt tevreden.

’s Avonds kijk ik naar Jack van Gelder en zijn zomeravondprogramma vanuit Zwitserland. Jack is twee dagen eerder begonnen aan een wel erg lange aanloop naar het EK voetbal. We hebben al een keer gebeld om mijn kritische commentaar door te nemen. Dat doen we vaak, Jack en ik, ook vice versa. Deze avond heeft hij Ronald Koeman, Wim Rijsbergen en Rinus Israel aan tafel. Het gesprek stokt nog weleens en er is helaas geen onderlinge chemie. Ik zie lichte ergernis bij Van Gelder. Voor het einde van het programma ben ik al weggezapt naar NASN, want daar is honkbal.

7 juni

Het EK voetbal gaat wel erg rustig en gezapig van start. Twee nietsaan wedstrijden. Ik zie beide partijen even aan en verleg dan direct mijn werkzaamheden: wielrennen. Eigenlijk wilde ik dit weekend in de Dauphiné Libéré zijn, maar daar was bij de NOS geen budget voor en ook geen uitzendtijd.

Ik bel 's avonds laat met Tjerk. Zijn Kinheim heeft bij Pioniers gewonnen, 3-6. Na de onverkwikkelijke vechtpartij tussen beide teams op 18 mei, was het nu in het veld rustig gebleven. Ik vraag hem hoe het echt was. Zijn antwoord is duidelijk: 'Vervelend.'

Een toelichting krijg ik niet. Hij is moe en moet morgen weer spelen. 'Heb je iets van voetbal gezien?' vraag ik. Lachend: 'Ja, iets... het was niet best. Eigenlijk boeit het me niet.' Appels vallen over het algemeen niet ver van de boom.

8 juni

Somebody's got to do the lousy job, denk ik als ik 's avonds, heel laat, de 'reguliere' *Studio Sport*-uitzending ga presenteren. Na een dag van spectaculair fietsen in Frankrijk, vervelend voetbal (Oostenrijk-Kroatië en later Duitsland-Polen) en tussen de wedstrijden door een heerlijk diner in de Spandershoeve, mag ik, als 98 procent van het volk al slaapt, vertellen wat 'we' nog meer aan sport te bieden hebben. Ik doe een das om en werk me, expres zonder autocue, door de uitzending heen. Als ik na afloop uit de schminkkamer terugkom, is de redactieruimte donker en uitgestorven. Het is even over half een in de nacht en iedereen is meteen naar huis gegaan. Dit zijn van die uitzendingen waar geen mens blij van wordt, noch de kijkers noch de makers.

Op Teletekst lees ik dat Kinheim weer heeft gewonnen. Nu met

2-1. Nipt. Ik bel maar niet, het is te laat. Over lege wegen ga ik huiswaarts.

9 juni

Op de vraag of ik zou willen invallen als er speelsters te weinig zouden zijn voor de maandagavondtenniscompetitie waar K. in uitkomt, heb ik ooit ruimhartig 'ja' gezegd. Dus nu sta ik een onhandige wedstrijd te verliezen als Nederland tegen Italië voetbalt. Al bij het begin van ons partijtje hebben mannen op de baan naast ons meewarig hun oude, wijze hoofden staan schudden.

In de rust van het voetbal rijden K. en ik snel naar huis en met een bezweet lijf bekijk ik de tweede helft op de bank, een kop koffie in de hand. De Nederlandse ploeg verdedigt zeer matig, zie ik zelfs, maar in de euforie na de sensationeel ruim uitgevallen 3-0 zege wordt daar nauwelijks over gepraat.

Het valt me op dat Jack en Tom Egbers niet meteen op één lijn zitten in het misschien wel iets te lange, eerste nababbelprogramma. Jack geeft een simpele voorzet met bondscoach Marco van Basten naast zich, maar Tom, naast Johan Cruijff, wenst niet in te koppen, noch de bal zelfs maar aan te raken. Verstaan ze elkaar wel goed, vraag ik me af.

Er hangt een voor buitenstaanders nauwelijks voelbare, maar voor mij goed herkenbare spanning in het programma. Een ieder heeft zo zijn bezigheden in de nabeschouwing, maar de stukken land waarbinnen gewerkt moet worden, blijken stevig afgeperkt. Ik kijk ernaar en hoor geen woord van de verliezende tegenstander, er komt geen Italiaan in beeld iets vertellen. Ik schrijf mijn opmerkingen op voor *Studio Sport*-baas Maarten Nooter en verstuur de e-mail direct. Ik hoop dat er iets mee gebeurt.

10 juni

We proberen enige vat te krijgen op de spraakwaterval van Greg Lemond. Op de tapes staan bijna drie uur gesprek en dat is veel. De Amerikaan heeft een merkwaardige manier van spreken: hij begint een zin, zet een komma, begint een bijzin, zet weer een komma en verdwijnt steeds verder van het gespreksonderwerp om er zelden of nooit terug te keren. Om toch vaart in zijn betoog te houden, moet Maurits strak monteren. Dat is niet makkelijk en we schieten dan ook niet echt op. We komen zelfs op een punt dat zijn onontwarbare zinnen ons gaan irriteren; zijn bijzinnen staan zo ver van de vraag en het begin van het antwoord af dat het schele koppijn oplevert.

Als ik om zes uur in de trein zit, hebben we er misschien vijf minuten bij. Dat is niet veel voor een hele dag prutsen en proberen.

’s Avonds sta ik tegenover een groep enthousiaste mensen die naar een grappig sportverhaal komen luisteren. Dat gebeurt in een restaurant waar ik altijd langsrijd met de trein en dat de fraaie naam ‘De Zoete Inval’ draagt.

Ik rijd er op de fiets heen, vertel mijn verhaal en krijg stevig verbaal weerwerk. Als ik de aanwezigen vraag waarom ze niet naar de avondwedstrijd van het EK wilden kijken, zegt een wat oudere man: ‘Mijn vrouw zei dat jij interessanter zou zijn dan het voetbal.’ Ik vraag de naast hem zittende vrouw of de verwachtingen zijn ingelost en zij knikt. Ze heeft van de avond genoten, zegt ze, maar ze is niet ’s mans vrouw, of ik dat maar wilde weten. Algemeen gelach.

Om elf uur fiets ik op het fietspad langs de snelweg fluitend naar huis.

Geen idee wat Griekenland-Zweden heeft opgeleverd.

11 juni

Ineens komt er vaart in de montage. Maurits heeft er zin in en we maken een sprong. Tot vier uur in de middag hebben we er acht minuten bij. Ik laat Maurits de rest van de middag alleen. Hij maakt het eerste 'kijkstukje' af, geen gepraat maar alleen kijken, een brekertje in de montage, broodnodig in langere televisiefilms. Hij wil prutsen met beeld en geluid en ik laat hem zijn gang gaan.

Ik verhuis naar de VARA-radiostudio om er met Leo Blokhuis twee uur *For the record* op te nemen. We hebben beiden lekkere, rockerige muziek gekozen.

Ondanks het feit dat we iets in leeftijd schelen en een totaal verschillende opvoeding genoten (Leo gelovig, ik atheïstisch), ligt onze muziekbeleving vrij dicht bij elkaar. We zijn al vijftien jaar een duo en vinden zelf dat we een ongelooflijk leuk programma maken. We zenden weliswaar op een van God verlaten tijdstip uit, om een uur 's nachts, maar dat doet er niet toe. Ooit zaten we op een mooie tijd, laat in de avond, en toen hadden we weleens meer dan 100.000 luisteraars. Dat zal nu minder zijn, maar nog altijd krijgen we behoorlijk veel reacties vanuit de hele wereld, van mensen die het programma via de computer beluisteren. Soms krijg ik brieven of e-mails uit San Antonio of ergens diep in Australië, van landgenoten die de liefde voor bepaalde artiesten of bands met ons delen. Of van mensen die me schrijven dat ze me altijd, als kind, op zondagavond moesten bekijken, thuis, met de ouders; en nu luisteren ze dan naar mijn muziekkeuze.

We zijn er voor een select publiek van luisteraars dat graag goede, alternatieve rock, blues en Americana wil horen. Bij ons weinig Hazes of hits, kort gezegd.

Ik verheug me in de trein naar huis op een avondje voetbal, want het programma levert vandaag tenminste leuke ploegen op. Ik erger me licht aan het overdreven gedoe van sommige Portugezen. Het spel van Turkije bevalt me wel. Ze geven niet snel op en ze hebben het vermogen om in de tweede helft nog een tandje bij te zetten.

Met een beste shiraz in de hand kijk ik in een donkere kamer naar Jack. De directheid van zijn gast Mario Been staat me aan. Hij probeert nog steeds de Pietje Bell-rol te spelen die hem ooit, in zijn voetballeven, werd opgeplakt, en hij zoekt soms te makkelijk naar de bekende kwinkslag, maar hij zegt wel wat hij vindt en dicteert niet uit een dubbele agenda, zoals zoveel andere voetbalmensen die iets komen vertellen.

Heel laat, na de uitzending, sms ik met Jack. Zijn antwoord komt binnen twintig seconden terug.

12 juni

Vandaag is de presentatie van mijn boek *Vuur* en voorafgaand aan die ceremonie is een zogenaamde persdag, georganiseerd door de altijd enthousiaste Anne Kramer van uitgeverij Nieuw Amsterdam. Hoe dat gaat?

Ik ben om kwart over negen bij BNR radio in Amsterdam, doe daar mijn zegje, moet ook wat tegengas geven tegen lichte stekeligheden van de presentatrice en verkas via een snelle taxirit naar het Olympisch Stadion en krijg achtereenvolgens vertegenwoordigers van *Veronica Magazine*, *LEEF*, *Metro*, *Het Parool* en *Spits* langs. Daartussendoor zit nog een telefonisch vraaggesprek met een journaliste van *de Volkskrant*. Zij wil vooral weten wat ik van de salarissen van televisiepresentatoren vind. Steeds weer komt ze erop terug, ze moet het werkelijk erg belangrijk vinden.

Als het me echt te gortig wordt, roep ik wat ik verdien. Een dag later, als piepkleine delen van ons gesprek in gedrukte vorm verschijnen, blijkt dat 'hot news' te zijn. Grappig. Over het boek ging het niet, maar dat wist ik al. En er staat een bedrag dat... nou ja, het kwam me voor de mond en ik noemde het. Of het inderdaad mijn salaris was? Geen idee, maar het stond wel mooi in gedrukte vorm, moet ik zeggen.

Terug naar Vak Zuid, waar tegen vijven oud-olympische sporters en vrienden langskomen voor de boekpresentatie. Er worden veel vriendelijke woorden gesproken. Ik zie judoka Henk Numan voor het eerst sinds 1980 weer terug. Hij is een leuke, echte Amsterdammer. Hij zegt wat hij denkt, toen en nu weer.

Ik klets met de gasten, zie dat er flink wat gegeten en gedronken wordt en krijg een dikke knuffel van mijn dochter Nynke, die snel en lachend met haar liefde binnenfladdert. Attent.

In een opwelling geef ik de twee eerste exemplaren van het boek aan de twee vrouwen die nu het dichtst bij me staan, letterlijk en figuurlijk. Met K. aan de ene en Nynke aan de andere kant voel ik me stevig in mijn schoenen staan in deze wereld.

Het is goed dat Ron Zwerver er is en met werkelijk iedereen kletst, dat hockeyspeelster Martine Ohr langskomt, dat Connie van Bentum even tijd vrij gemaakt heeft, dat Gijs van Heumen nog steeds vindt dat hij gelijk had toen hij Ohr in 1984 maar heel beperkte speeltijd gaf, en dat de wielrenners Gert Jacobs en Jos Alberts als vrienden-voor-het-leven naast elkaar plaatsnemen en een uur aan één stuk blijven kletsen. Zij blijken elkaar na hun olympisch optreden samen in Los Angeles, vierentwintig jaar geleden, niet meer gezien te hebben.

Vuur zal later in de vaderlandse pers aardig besproken worden. Sommige critici beginnen met dat vermoeiende zinnetje 'weer een boek van Smeets', maar geven toe dat er behoorlijk uitgewerkte verhalen in staan. Eén krant schreef: je denkt dat Smeets zichzelf belangrijker vindt dan de sportmensen, maar dat is hier zeker niet het geval. De verhalen zijn prettig leesbaar... *Thank you Lord*, denk ik als ik dat lees, thank you voor zoveel eerlijkheid van een recensent die dat een meevaller vindt.

Ik heb vaak te maken met vooringenomenheid, en met papegaaiengedrag van veel (vooral jonge) collega's. Die jongen van *Spits* zei die ochtend: 'Er bestaat een mening over u. Dit is de eerste maal dat ik met u heb gesproken, maar van die mening heb ik niets aangetroffen.'

'Nog even en ze gaan je nog aardig vinden,' zegt K. pesterig als we naar huis rijden. Ik heb het he-le-maal gehad.

We hebben de voetbalwedstrijden van vandaag totaal gemist, maar haken in bij Ronald Waterreus, Andries Knevel, zijn buurvriendje van vroeger Youp van 't Hek en Gertjan Verbeek.

Wat ik een paar avonden eerder al tegen Jack heb gezegd, wordt nu bevestigd: vier man aan tafel is er net een te veel.

Waterreus is de duidelijkste aan deze tafel. Hij heeft eerst wat tijd nodig om tot goede zinnen te komen, maar ook hij zegt wat hij vindt. Helaas heeft hij de neiging zijn eigen woorden later af te zwakken.

13 juni

De eerste 'las' staat er om even over tienen in de ochtend op. Lassen als in: twee zaken aan elkaar krijgen; zo ook bij het monteren van een videofilm. De Lemond-film begint langzaam vorm te krijgen. Ik weet wat ik als beeldbrekers wil, maar ben er nog niet uit hoe ik zijn 'jankscène' erin wil hebben. Ik kan een versie van ruim vier minuten maken, en eentje die beduidend langer is. Ik ben alleen bang dat het dan te melodramatisch wordt.

Voor de muziek die we gaan gebruiken voor het middelste brekertje zoeken we enige tijd naar de juiste toon. Ik heb een stuk of vijftien cd's meegenomen; veelal instrumentaal gedoe, van Morricone tot Dire Straits en zelfs The Beach Boys. Voor de scènes met de indianenkunst heb ik mijn keuze al gemaakt, geholpen door Leo, die zich een sfeervol indianendeuntje wist te herinneren. Maurits heeft de betreffende muziek van Robbie Robertson (vroeger The Band) nog nooit gehoord en is onder de indruk. Hier kan de muziek doen wat die hoort te doen: het beeld verstevigen. Het hoort geen achtergrondbehang te zijn, dat is de TROS- of AVRO-benadering (en daarom moet je ook zo vreselijk voorzichtig zijn met Dire Straits-muziek). Muziek moet een moment van oplettendheid aangeven; de kijker, die immers ook luisteraar is, moet even geraakt worden.

Maurits zit met zijn iPod te rommelen. Hij zoekt iets en kan het niet vinden.

Een half uur later zit ik perplex achterover bij het gitaarspel van een Nederlandse vrouw, de gitariste van de Herman van Veen Band. Ze heet Edith Leerkes en haar muziek past wonderwel onder de beelden van een overgeconcentreerde Lemond, die op zijn BobCat over zijn terrein scheurt.

Maurits besluit dat deel van de montage tot de volgende week uit te stellen; eerst begraven we ons in het moeilijkste deel: het gesproken woord.

We putten onszelf die dag uit en vlotten nauwelijks. Tot er laat in de middag ineens een halve minuut bruikbaar materiaal bij komt en nog een minuut. Verheugd veer ik de trein in. Het gaat misschien toch nog lukken.

Het beeld tot nu toe is er een van een wat bozige ex-sporter, die met weinig aspecten uit zijn sportieve leven werkelijk 'klaar' is. Er blijken voor Lemond nog zoveel haken en ogen aan zijn wedstrijden en uitslagen van vroeger te zitten, dat het werkelijk schrikken is. Dat heet in het wielrennen ook wel: oude rekeningen vereffenen, en hij heeft er blijkbaar nog een paar openstaan.

'Wordt nu niet het beeld gecreëerd dat hij een ouwe zeur is geworden?' vraag ik aan Frits van Rijn, een van onze eindredacteuren, wiens analytisch vermogen ik hoog acht.

Van Rijn staat in de montageruimte en kiest zijn woorden met zorg: 'Het is niet iemand die vrolijk op zijn loopbaan terugkijkt.' Wel vindt hij dat de film tot zover boeit. Ik weet dat hij altijd eerlijk is, bedank hem voor die overweging en knik Maurits toe: we zitten blijkbaar goed.

Ik besluit mezelf een tussentijds cadeautje te geven: ik ga de hele avond voetbal kijken en stop mijn zoektocht naar nog betere filmmuziek voor ten minste een etmaal. We eten lang en lekker (en te veel) en dus kom ik te laat bij de tweede wedstrijd uit. Ik zie de Fransen geweldige kansen missen en merk weer op dat de Nederlandse verdediging bepaald niet naar behoren staat.

Na de 4-1 zege en de enorme jubel die er uit Zwitserland komt, hoor je niemand daarover. Behalve dat satijnen doelpunt van Henry hadden de Fransen er nog minstens vier in moeten schoppen, denk ik. Misschien zelfs wel zes of zeven. De kansen die ze niet verzilverden, deden werkelijk pijn aan je ogen. Het centrum van de Nederlandse verdediging leek van bordkarton met onhandige centrumverdedigers.

Knap opstellen en snel reageren van Edwin van der Sar deed echter wonderen en in een oranje polonaise trekt iedereen nu in de late avond door het EK-decor heen. De twee finalisten van het afgelopen wereldkampioenschap zijn samen met de cijfers 7-1 weggezet en, het moet gezegd, de Nederlandse ploeg kwam tot nu toe met soms mooi en vooral doeltreffend voetbal. Dat laatste is opvallend. Waar andere teams (Duitsland, Italië, Portugal) bezig lijken met een cursus macrameeën en steeds maar weer verstrikt raken in eigen broddelwerk, is het voetbal van de mannen van Van Basten juist gespeend van franjes. Twee lange passes, goed vrij lopen, snel aannemen en afdrukken; simpeler kan het bijna niet.

Er wordt in ieder geval met een hoog rendement gescoord en alleen goed spelende ploegen kunnen dat, in welke sport dan ook.

Het is, laat die avond, ook wel geestig om alle loftuitingen op een rij te zetten; Jack glorieert moeiteloos in zulke situaties en laat zijn gevoelens op ons los. Tom probeert soms nog ergens af te remmen, maar kan dat, gezien de eindstand, ook niet doortrekken en dus wordt het een en al hosanna. Ik ben benieuwd naar de commentaren in *L'Équipe* van de volgende ochtend. De stukjes in de Nederlandse kranten kun je nu al raden: rood-wit-blauw met een oranje randje, *De Telegraaf* waarschijnlijk met een oorlogskop. Ik ben benieuwd naar het commentaar van Henk Hoytink in *Trouw*, mijns inziens de beste analist van dit moment. Hoe heeft hij naar die opeenstapeling van lekkages in de Nederlandse defensie gekeken? Ook ben ik benieuwd naar de mening van Hugo Borst, maar die komt pas een avond later aan bod.

14 juni

Tekendag. Ja, tekenen... Het plaatsen van een handtekening, vaak vergezeld van een korte persoonlijke boodschap, op de eerste pagina van een boek. *Vuur* ligt in de winkels, en selectief en geografisch niet al te moeilijk 'doe' ik die dag twee sessies. De eerste is in Almere in een prachtige, ruime boekenzaak van Selexyz waar, bij binnenkomst, al een lange rij fans klaarstaat. Ik teken een vol uur achter elkaar door, krijg drie cadeautjes van bewonderaars, iemand legt een briefje met nogal wat kritische aantekeningen (over *Studio Sport* en haar commentatoren) naast me neer, ik ga op de foto met jan en alleman en ik moet me flink haasten om op tijd in Utrecht te zijn voor de tweede sessie bij Broese.

Er heeft ook een dame, ja, een heuse dame, voor me gestaan met de vraag 'Ken je me nog?' en ik heb in zeven seconden veertig jaar in recordtempo doorgegraven en eerlijk 'nee' gezegd, waarna ze vaag lachend wegliep met de woorden: 'We zaten samen op school in Haarlem, dat je dat niet meer weet.' Feit is dat ik nooit in Haarlem op school heb gezeten en dat had ik haar graag na willen schreeuwen, maar iets hield me tegen. En er was in Almere ook iemand die me, bijna gemeen, toebeet: 'Ik vind je een verschrikkelijke eikel, maar mijn vrouw kijkt graag naar je. Ik heb je boekje maar voor haar gekocht.' Dat is als vanouds: er zijn Smeets-haters, en er zijn Smeets-fans. Die staan hier lang opgelijnd en ik heb een gezellige middag. Er is een stel in Utrecht dat tot vier maal terugkomt; steeds weer hebben ze een andere vriend bedacht die een getekend exemplaar wellicht ook heel leuk zal vinden, en dan hup, staan ze weer lachend voor me: nog maar weer eentje.

Als K. en ik naar de auto lopen, botsen we tegen Martijn Hendriks aan: collega. Hij is een van 'The Young Dudes' bij de NOS, jonge, zeer getalenteerde mensen die ook iets met hun talent doen, anders dan afwachten en commentaar op anderen hebben.

Hendriks neemt de uitnodiging 'er eentje te nemen' gaarne aan, en we gaan onder een grote parasol zitten, vlak voor een Japans eethuisje waar men ook wijn schenkt. Het regent hard en de zaterdagmiddag kleurt richting alcohol. We zitten gezellig door te tanken en laten schotels sushi's aanrukken. Martijn gaat mee naar de Tour en we kletsen daar uitgebreid over. Hoe doe je dit? Hoe pak je dat aan?

Ruim twee uur later dan gepland rijden we pas richting huis. De consequentie is dat we Zwitserland-Spanje geheel missen en dat we, een tikje moe en zweverig, midden in Griekenland-Rusland vallen. Omdat ik helemaal niets zie in het spel van de Grieken (hoe zijn die in godsnaam ooit Europees kampioen geworden? Voor al die mensen die zichzelf voetbalkenner noemen: noem de elf namen van dat Griekse kampioensteam? Je krijgt alvast Charisteas van me, maar nu die andere namen graag!), zitten we voor half elf al heel andere dingen te doen. Ik luister en kijk een half uur later wel naar het programma van Jack, vooral omdat ik graag de mening van Hugo Borst hoor. Hij is weliswaar een veel betere schrijver dan prater, maar in de rol van stekelvarken bij de NOS zegt hij zo nu en dan nuttige en vooral rake dingen. Ik hoop dat hij niet alleen maar meeroert in de oranje pap. De tweede zege galmt nog flink na in het programma, maar gelukkig zegt Borst wel iets over de verdediging en sart hij de anderen licht, maar volgens mij net niet doeltreffend genoeg. In hetzelfde programma maakt Matthijs van Nieuwkerk, die zich een ideale gast toont, een uitglijder als hij als muziekkenner het optreden van het Nederlands elftal met een bekende muziektitel moet vergelijken. *What's going on* van Marvin Gaye, zegt hij.

De titel slaat waarschijnlijk wel aan bij de kijker en de aanwezigen in Zwitserland knikken begrijpend, maar het lied is bepaald niet ontstaan uit verbazing over behaald succes.

15 juni

Het klinkt gek, maar 's middags gaan we in Hilversum om de tafel zitten om het avondprogramma tijdens de Spelen van Peking te bespreken. We kijken naar de gastenlijsten, proberen met nieuwe ideeën te komen, vergelijken starttijden van wedstrijden met het oog op het maken van filmpjes en we zijn tweeënhalf uur later een eind verder: deze zaken lopen goed. Weliswaar moet de Ronde van Frankrijk nog verreden worden, een flinke opdracht voor diegenen die daarheen gaan, maar eindredacteur Van Rijn wil coûte que coûte dat we de mogelijkheden rond de Spelen nog eens goed tegen het licht houden. Waar liggen de kansen voor het maken van een goed avondprogramma in China?

We bespreken het aantal van vier gasten bij Jack. Dat lijkt precies een gast te veel, maar het toernooi is nog niet voorbij en een afgewogen oordeel valt nog niet te geven. Wij opteren nu voor maximaal drie gasten en kunnen dat uitbreiden als er soms teams op bezoek komen.

Tussen zes en zeven doe ik weer even een das om, trek een modieus jasje aan en bericht de sportlustigen in het land over 'de andere sporten'.

Er zitten toch nog wat voetbalberichten uit het Zwitserse kamp tussen. Waarom we dat doen, is mij een raadsel, maar ik leg me snel neer bij de beslissingen van de eindredacteuren dezer dagen. Het is hun keus en ik bemoei me niet met hun werk. Althans niet hoorbaar; ik heb er wel een idee over.

We hebben het er al weleens over gehad: waarom tonen we een aantal maal per avond, geheel of gedeeltelijk, het Maalderinkfilmpje van die dag? En wat heeft het voor zin de gemaakte doelpunten steeds opnieuw op de kijkers af te sturen? Bij Jack, mooi op muziek, nog mooier op muziek, in het *Sportjournaal* en vaak daaromheen ook nog bij de geëerde collega's van *Het Journaal*. Als je pech hebt krijg je al die acties in twintig minuten wel drie tot vijf maal op je huisbuis te zien. Dat mag best wat minder, ook al gaat het goed met Oranje in Zwitserland.

16 juni

We komen traag op gang, Maurits en ik, maar de computer nog moeizamer. Er moeten weer technici bij komen. Weer een dag monteren, met de kanttekening dat ik om vier uur wegga om filmpjes te gaan opnemen en Maurits dan zijn 'brekertje' goed gaat krijgen.

Om vier uur rijd ik met cameraman Bertus Duiven en geluidsman Cor Brinkman naar Amsterdam. Het duurt even voordat we de files geslecht hebben en ook voordat we het huis van Piet Leegwater in West gevonden hebben. Juist, dezelfde Leegwater wiens hemmetje ik in de Hall of Fame in Springfield, MA vrij onlangs nog tegenkwam en heb staan filmen.

Leegwater staat ons te woord met een ietwat brekende stem. Hij is nu midden zeventig en ik ontdek dat het recente verlies van zijn vrouw hem tot een pas op de plaats heeft gedwongen. Toch snapt hij zijn rol en vertelt hij makkelijk over de zomer van 1976 toen hij, tot grote verrassing van de hele internationale basketbalwereld, geselecteerd werd om de olympische basketbalfinale in Montreal te fluiten; USA-Joegoslavië.

Als ik, na het korte gesprekje, langs mijn neus weg vraag of hij misschien nog beelden van die wedstrijd heeft, zegt hij dat er nog een onbekeken band in de opbergkast ligt. Die heeft hij ooit via Martijn Lindenberg gekregen.

Met bevende handen pak in een heel oude band aan van een systeem dat al lang niet meer gebruikt wordt, U-Matic. Ergens in Hilversum moet nog wel zo'n machine staan waar op te zien valt of de beelden van vierentwintig jaar geleden nog bruikbaar zijn. We bedanken Leegwater en rijden de stad in.

Bij uitgeverij L.J. Veen is een feestje bezig. Er worden een voorlees-cd en een aantal nieuwe sporttitels gepresenteerd. Een daarvan is een Vlaams boek over de Amerikaanse wielrenner Major Taylor, dezelfde man die ik tegenkwam in Worcester. Ik had al besloten er een onderwerp van te maken voor *Studio Sport*, maar nu kan ik het hele verhaal in een breder vlak trekken. De Belgische schrijver Jan Boesman blijkt een goede verteller, hoewel un peu nerveux, maar hij weet bijvoorbeeld dat Taylor ooit duizenden kijkers naar een wedstrijd in Maastricht trok.

Tijdens het feestje lezen een paar dichters wat eigen werk voor uit de coulissen van de wielrennerij. John Schoorl begint aan 'De bril van Jan Janssen', precies op het moment dat de camera van cameraman Duiven draait. Ik heb een ingeving en laat het geestige gedicht helemaal opnemen, voor in de Tour, als we het een keer over Janssen zullen gaan hebben.

Als muzikaal intermezzo is er een Nederlands bandje, genaamd de Pedro Delgado's, dat een soort western swing vermengd met rock & roll speelt, en ook dat hele nummer nemen we op. Misschien is het aardig, als daar in de Tour ooit plaats voor is, om Delgado (immers co-commentator voor de Spaanse televisie) met deze band en hun muziek te confronteren.

Tegen achten tram ik naar het CS om de 20.15 trein naar Zandvoort te halen, waarin ik direct in slaap val. Precies op tijd word ik in Haarlem wakker: hoofdpijn van de slobberwijn. Ik zap tussen de wedstrijden van de avond, maar de poule met Duitsland, Polen, Oostenrijk en Kroatië had op voorhand al niets en werd per ronde ook vervelender, ondanks de aanwezigheid van de nogal authentieke shirts van de Kroaten en ondanks het fenomenale toneelspel van Leo Beenhakker in Oostenrijk. Als nooit tevoren was hij in vorm. Hij speelde een jonge Walter Matthau en dan beter. Hij speelde zichzelf, de getormenteerde grootmeester van de lederen knikker, de man van het eeuwige laatste kunstje, de vlees geworden voetbaltrainer die de regenjas tot afwasdweil had gemaakt en die met veel misbaar en zuchten zijn volk duidelijk maakte dat de kwellingen van deze weken niet ongemerkt aan een mens voorbij gingen.

Begrijp me goed, ik ben altijd gecharmeerd geweest van Beenhakker. Hoe hij rookte kon me zelfs in stille verrukking brengen. Ook hier, tijdens het totaal rookvrije EK, kon hij met groot misbaar een sigaartje opsteken; zo te zien een van de laatste geneugten ter wereld. En o, wat wist hij goed waar de camera stond en o, wat kon hij zijn rol goed invullen. Alleen daarom hoopte je dat die matige Polen een ronde verder zouden mogen gaan, maar eigenlijk was dat te veel gevraagd; de beste Polen speelden bij Duitsland, triest, maar waar.

De koppijn werd die avond heftiger en de steken in nek en rug werden nu zo pijnlijk dat ik aan het bellen van de huisarts begon te denken. Dit was niet leuk meer en over twee weken moest ik in Frankrijk gaan beginnen. Aan een brak lijf had ik niets. Wat zou het zijn? Pijn in de armspieren en ook in mijn kaken. Pijn tussen de schouderbladen, met uitstraling naar boven. Was het iets met het hart? De longen wellicht? Iets ernstigers? Uitzaaiingen?

Ik besloot de beproefde roze pillen te slikken. Twee 400 milligram Ibuprofen-joekels zouden wel helpen, hoopte ik.

17 juni

's Ochtends een uurtje op de fiets in de sportschool, maar de rugpijn neemt niet af. Daarna naar Nieuwegein voor een vertelling over sport en succes. Op het station van Utrecht sta ik op de sneltram te wachten, als een aardige man van de Utrechtse bus & tramdienst me vertelt dat er vandaag weer gestaakt wordt. Hij verwijst me naar de taxistandplaats. Niets aan te doen.

Later volgt een uur of drie muziekselectie voor *For the Record* en 's avonds kijk ik een goed half uur onafgebroken naar Nederland-Roemenië. De service van de NOS aan de Nederlandse voetbalkijker, het dubbel uitzenden van de avondwedstrijden, bevalt goed.

Eigenlijk is Frankrijk-Italië veel belangrijker, maar ik blijf daar nauwelijks hangen. Je hoopt toch weer op een krachtige uithaal van de aanval van Oranje, maar dat gebeurt niet. De Roemenen spelen vervelend voetbal; ze spelen niet om te winnen, maar om niet te verliezen. Dat is al jaren zo, zo speelden hun basketbalploegen vroeger ook. Van die nare, zuigende, vervelende mannen die naar knoflook roken en 's avonds laat in je kamer kwamen vragen of ze je spijkerbroek konden ruilen tegen wodka en kaviaar.

18 juni

Werken in Alkmaar voor een leuke speech, Hilversum (radio) en een olympische voordracht in Schoonhoven. Daar wil men niets van de voetbalwedstrijden van die avond weten; men is hier nu al voetbalmoe. Dat Griekenland en Zweden naar huis moeten, zal de mensen hier een zorg zijn.

Pas tegen twaalven kom ik thuis en kijk nog naar honkbal.

19 juni

De Lemond-film nadert zijn definitieve vorm. We monteren de hele dag door en hebben redelijk zicht op wat er nog moet gebeuren. Maurits denkt zeker een dag nodig te hebben om de geluidsband goed te krijgen en ik moet nog alles 'spotten' en dan de tussenteksten uitschrijven. Verder moet er een kopie voor de vertaalafdeling gemaakt worden en wil ik het geheel graag in alle rust terugzien. Dus niet in stukjes en beetjes, maar gewoon de volle 55 minuten achter elkaar zonder dat de deur van de montagekamer opengaat en er geïnteresseerde collega's binnenlopen.

Er is die avond wel voetbal, de eerste kwartfinalewedstrijd zelfs, met Portugal en Duitsland, maar Maurits en ik werken vrij lang door. Alles wat we vandaag afkrijgen is pure winst.

Dat Duitsland wint is terecht. Ik zie nog een klein half uur en erger me soms aan de overdreven bewegingen en de verwende trekken op het gezicht van Cristiano Ronaldo. Dat hij goed kan voetballen weten we allemaal, dat hij onuitstaanbaar vervelend kan zijn, blijkt nu. Hij speelt voor zichzelf en trekt zich niets van zijn ploeggenoten aan; hij is van geen enkele waarde voor de ploeg en weet dat. Hij saboteert zelfs en dat maakt hem tot een hufter in het veld.

Via de Duitse televisie zie ik een mooi shot van de Duitse trainer Joachim Löw, die ergens in het stadion staat te roken. De man, ook niet geheel vrij van eigenwaan in dit toch door hitsige haantjes beheerste wereldje, weet zichzelf niet bespied, ijsbeert constant door het vertrek en trekt hard aan een sigaret. Hij is officieel geschorst en mag niet op de bank zitten, maar een oplettende cameraman 'vangt' hem toch. In Duitsland komt hem dat later op felle kritiek te staan. De moderne mens rookt immers niet meer.

Bij onze oosterburen begint het kwik te stijgen, merk je. Frau Angela Merkel heeft het voetbalvirus ook al onder de leden en laat zich maar al te graag bij het EK zien. De tribuneplaats als geparfumeerde sofa voor bekendheid en ijdeltuiterij. Geef mij maar Mick Jagger, die we ooit tijdens een groot kampioenschap handenklappend en luid 'England, England' scanderend tussen het gewone publiek zagen staan. Dat was een hartverwarmend beeld. De Mick Man was echt van het volk, hij speelde geen rol.

20 juni

We monteren drie onderwerpen voor de Ronde van Frankrijk en zijn daar precies zesenhalf uur mee bezig. De tijd begint nu te dringen, er liggen nogal wat bandjes voor ons klaar en we gaan waarschijnlijk een halve dag tekortkomen.

In de vroege avond pikt Monique Hamer, onze olympische producer, me op. We rijden naar Haarlem, waar haar man zich later bij ons voegt; eindelijk het voortdurend uitgestelde etentje. Carel neemt mooi leesvoer voor ons mee als verrassing en we zitten lang aan tafel, totdat heel Turks Haarlem toeterend langs komt rijden. Het is een kabaal van jewelste; de Turken hebben gewonnen van Kroatië.

Het heeft iets kinderlijks, al die lawaaiige mensen in hun autotjes, maar het is ook feestelijk. In lange strepen rijden tientallen auto's toeterend en met uit de ramen hangende Turken langs het Spaarne. Ze torsen grote, rode vlaggen. Ze zijn door het dolle heen en op straat blijft men verbaasd staan kijken.

Wij Nederlanders schudden het hoofd en zoeken de veiligheid van onze huiskamers weer op. Wij rijden met tienduizenden naar Basel om daar zuipend en lallend de wedstrijd via grote televisieschermen op pleinen te gaan bekijken. Dan rijden we weer terug naar huis, ontdoen ons van onze oranje kleding, worden weer nuchter, maar kunnen wel zeggen dat 'we erbij waren'. Dat is onze manier van vieren.

21 juni

Om negen uur is het nog tamelijk rustig op de markt in Haarlem. Vaak zie je dan dezelfde mensen bij dezelfde kraampjes. De mens is een gewoontedier.

Ik moet in de ochtend nog zeker twee muziekstukken zien te schrijven voor de VARA en word ook geacht om op tijd in Leiden te zijn voor een signeersessie.

Er posteert zich een grote man voor mijn tafeltje in de Selexyz-winkel. Hij heeft wel een boek ter tekening in de hand, maar daar blijkt hij toch niet echt voor te komen. Hij maakt me duidelijk dat ik me positiever moet uiten in mijn commentaren over het Nederlands voetbalelftal. Hij vindt Cruijff ook al niets en met Louis van Gaal hadden we een veel duidelijker analist binnengehaald. Of ik daar maar iets aan wil gaan doen, want op deze manier is er geen lol aan dat voetbalkampioenschap.

Het blijft even stil aan het tafeltje waaraan ik zit. De man kijkt me streng aan. 'Jullie lullen allemaal te veel en die Cruijff helemaal en jij geeft hem de kans daartoe...'

Ik weet vaak wel hoe ik deze zaken snel, snedig en vaak met een glimlach moet oplossen, maar dit is een moeilijke man. Ik begin rustig en zeg dat ik helemaal niets met het EK van doen heb. Dat de NOS in Tom Egbers aan de zijde van Cruijff een goede heeft en dat ik niet ga over het aanstellen van analisten. Daar zijn mijn bazen voor.

De man neemt daar geen genoegen mee. 'Wil jij zeggen dat je niets met voetbal te maken hebt, Smeets?' vraagt hij op tamelijk dreigende toon.

Ik knik en zeg dat dat inderdaad zo is. 'Ik kom straks in de Tour en later in Peking aan de beurt,' zeg ik vriendelijk en wil zijn boek tekenen.

Hij kijkt me boos aan: 'Wie zat er dan afgelopen zondag in de studio? Wie zat er toen zeer negatief over ons voetbal te praten? Was jij dat dan niet?'

Ik schud mijn hoofd. 'Nee, mijnheer, het spijt me, ik heb wel over wielrennen gepraat, want ik doe al enige jaren geen voetbal meer. Neem dat nou maar van me aan.'

Hij lijkt even uit het veld geslagen en draait zich om naar een vrouw achter hem. Hij vraagt haar: 'Dit is toch Mart Smeets van de voetbal?'

De vrouw schrikt op en knikt. 'Ja, van de sport op zondag,' zegt ze.

Hij legt zijn grote hand op mijn arm en zegt: 'Hoor je wat deze dame zegt? Jij bent het dus wel.'

Heel even is het spannend rond de tafel, maar dan krijg ik een inval. 'Ik heb afgelopen zondag inderdaad iets over voetbal gezegd. Ik heb een filmpje aangekondigd. Dat bedoelt u waarschijnlijk!' zeg ik en verwens nu de eindredacteuren die die EK-snippers door de 'gewone' uitzending heen vlechten.

Hij kijkt me slim aan. 'Een filmpie aangekondigd... Man, ik ben toch niet gek. Je hebt daar met Cruijff allemaal onzin zitten vertellen. Ik weet toch wel wat ik gezien heb. Je doet dat al jaren, zolang ik naar de NOS kijk zit jij al dat voetbal af te zeiken.'

Wat kan ik zeggen? Wat kan ik doen? Achter de man schuiven nu nog meer mensen aan. Ik beloof hem beterschap en vraag wat ik in zijn boekje moet schrijven. Hij pakt *Vuur* van tafel en zegt: 'Hier staan natuurlijk ook allemaal kutverhalen over voetbal in. Ik geef het wel aan mijn broer,' en hij draait zich bruusk om. De andere aanwezigen lachen een beetje.

's Middags in Rotterdam is de signeersessie van rustiger aard. Boekhandel Snoek is klein en gezellig en ik heb het idee dat veel vrienden van de eigenaars die middag langskomen. Ook hier kom ik een 'vaste klant' tegen.

Deze man is met de trein uit Zeeland komen aanrijden, zo vertelt hij en heeft er een leuk dagje Rotterdam van gemaakt. Hij heeft zeven nog niet getekende boeken in een tasje bij zich. Of ik die ook maar wil doen. Dan vertelt hij dat hij altijd twee boeken koopt: een om te lezen en een om, getekend en al, in de kast te zetten. Hij houdt van orde en netheid in zijn leven.

Hij bergt de boeken weer keurig op, met papiertjes om iedere titel, geeft me een hand en betaalt aan de kassa. Dan veert hij de zaak uit, na nogmaals bedankt te hebben.

We drinken later nog een glas koele witte wijn en ik praat wat met de vaste klanten van deze uiterst sympathieke boekenzaak. De gesprekken gaan meer over wielrennen dan over voetbal, terwijl de Rotterdamse binnenstad zich nu toch langzaam vult met oranje voetbalfans die op terrassen naar de wedstrijd gaan kijken.

Ik moet met vrijwel iedereen op de foto en als al die sessies voorbij zijn, kan ik door. Ik moet nog twee dingen in Rotterdam doen en heb daar ruim een uur de tijd voor.

Ik probeer bij Oger, de kledingzaak, wat grote overhemden aan te schaffen en hoor tot mijn verbazing dat deze uit de privécollectie van Joop van den Ende zijn. Hij had ooit honderden dress-shirts laten maken, maar die zijn nu in deze uitverkoopbak terechtgekomen. Ze zijn redelijk goedkoop en zeer goed van kwaliteit. Ik krijg een pasmodelletje mee en kom in het hokje tot de conclusie dat Joop en ik fysiek wel wat gemeen hebben, maar niet de schouderpartij. No deal dus. Jammer, want de hemden zien er werkelijk prachtig uit.

Misschien ook wel goed dat ik zonder iets aan te schaffen de zaak verlaat. K. zou me ongetwijfeld gewezen hebben op het feit dat ik een kast vol met dresshemden heb, allemaal nog in het cellofaan.

Dan haast ik me naar de Barclay's Bar, waar ik een afspraak heb met honkbalcoach Robert Eenhoorn. We kletsen een uur over de leukste sport ter wereld (mijn definitie) en hoe de honkbalploeg van nu het beste voor het voetlicht gebracht kan worden in de komende weken. Ik heb daar bepaalde ideeën over die ik graag met hem deel. De vrouw of vriendin van de eigenaar van de tent, die zich nu langzaam vult met voetballiefhebbers, is een opvallende blondine die ik denk te herkennen.

'Ken je haar nog?' vraagt Eenhoorn. Ik denk diep na en zeg: 'Zeilen,' en zij lacht. Klopt. Ik graaf naar haar naam. Margriet Matthijsse. In Sydney, acht jaar geleden, zat ze nog in ons avondprogramma. Ze was tweede geworden en bepaald niet blij met die plaats. Ze had dan weliswaar een zilveren medaille (die ze overigens ook in 1996 in Atlanta al won), maar ze was alleen voor goud gekomen en de teleurstelling droop werkelijk van het beeld af.

Ze ziet er goed uit. Volwassen. Sterk en mooi. Ze lacht me toe: '*Small world*. Leuk dat we elkaar hier weer tegenkomen.'

In de trein zegt een nette man die naast me instapt met gevoel voor understatement: 'U haalt Zwitserland vanavond echt niet meer,' waarop ik zeg dat ik thuis ga kijken. 'O, u bent dus niet bij dat voetbal daar?' zegt hij verbaasd en ik schud mijn hoofd: 'Nee, en ook nooit geweest.'

'Ik zou zweren dat ik u toch de laatste weken over dat voetbal heb horen vertellen,' zegt hij.

Voor de beleefdheid vraag ik of hij gaat kijken. Hij lacht en zegt gedecideerd: 'Nee, ik ga bij mijn zuster in Castricum eten. Zoals iedere zaterdag.'

Na tien minuten kijken roepen K. en ik, bijna in koor, 'wissel Boulahrouz'. In Zwitserland ziet Van Basten ook wat wij zien, maar hij grijpt nog niet in. Is het een gouden greep van Guus Hiddink om de rechtsachter van Nederland, die persoonlijk zwaar geraakt is doordat zijn kindje een paar dagen eerder doodgeboren werd maar die wél wil spelen, een zee aan ruimte te geven? We denken dat Guus werkelijk zo sluw is geweest.

Boulahrouz, een spijkerharde verdediger die een mannetje overtuigend kan uitschakelen en nauwelijks angst kent als hij verdedigend onder druk komt te staan, zo'n beetje de held van Nederland op dit ogenblik, krijgt de bal vaak aangespeeld en heeft dan een open stuk land voor zich waar hij geen raad mee weet. Direct stokt het opbouwende spel van Nederland en de Russen nemen het initiatief in de wedstrijd.

Ik roep in de donkere kamer hardop dat Hiddink gemeen en geniaal heeft gehandeld. Hij plaatst een tactische angel in het zwakste punt van de Nederlandse ploeg. Hij kent zijn tegenstander door en door, en weet wat er de laatste dagen is gebeurd. Hiddink geeft Boulahrouz alle mogelijke ruimte. Boulahrouz moet nu ineens het spel gaan maken; hij krijgt daarmee het gewicht van de wedstrijd op zijn schouders en kan dat niet aan.

Er bestond geen Nederlands middenveld, Joris Mathijsen was te laat bij een strak ingespeelde bal en de nederlaag van de leukst spelende ploeg bij dit EK kreeg al voorzichtig vorm. Johnny Heitinga, die Boulahrouz was komen aflossen, schutterde en in de verlenging werden twee mokers uitgedeeld. Ik hield het er in die donkere kamer maar op dat Hiddink een lesje coachen had gegeven.

Ik hoopte na de wedstrijd één ding: dat de gang naar de in het stadion aanwezige familie van de Nederlandse spelers ditmaal buiten beeld zou blijven. Deze nieuwe rage had me de afgelopen dagen aan het denken gezet. Waarom deden de spelers het? Gebeurde het bij de andere ploegen ook? En waarom moest dat voor het oog van de camera's gebeuren? Was het van tevoren bedacht? Ik hoopte van niet, maar helemaal zeker was ik daar niet van.

De nabeschouwing was slechts bij fragmenten boeiend. Het leek wel of alle betrokkenen de dreun van de nederlaag zaten te verwerken. Ik had nu héél graag Hugo Borst willen horen, want in zulke situaties kan hij, en niet eens gemeen of expres, door één opmerking de boel ineens op scherp zetten. Nu werd het een vla aan bedrukte meningen. De naam Boulahrouz en vooral diens positie in de wedstrijd werd zorgvuldig vermeden. We namen met zijn allen aan dat de beslissing van de bondscoach correct was geweest, omdat de speler zelf had aangegeven dat hij in zijn rouwproces juist wél wilde spelen. Sterker nog: we hadden met zijn allen heel veel respect voor de man en voor zijn eveneens ietwat aangeslagen ploeggenoten. De keuze van speler en technische staf werd deze avond nergens ter discussie gesteld. Waarom zou dat ook moeten? Het was gegaan zoals het gegaan was; gedane zaken namen geen keer.

We zaten er lang over door te bomen. Tjerk belde nog en mengde zich ook in het gesprek. De conclusie die we uiteindelijk trokken, was dat de speler, een mens van vlees en bloed met wie we te doen hadden en die we ook met z'n allen beschermden in onze gedachten, op een vreselijke manier alleen was komen te staan op het speelveld. Coach Hiddink had de pijnlijke plaats binnen de Nederlandse selectie overtuigend opengelegd.

De 3-1 nederlaag en de uitschakeling deden de hele sportnatie pijn. Tienduizenden waren de afgelopen weken naar Zwitserland getrokken om in hun platte euforie dicht bij het ultieme zomergenot te verblijven en op deze avond was dat gevoel ineens weg. WE hadden verloren en WE deden niet meer mee. WE moesten naar huis, WE moesten maar wat anders gaan doen. Zeshonderd kilometer straftraining naar het noorden en terug naar de eigen stede.

Het bleef die avond erg rustig op straat. Er reed geen Rus luid toeterend door de stad. Nederland ging op deze avond zwaar balend slapen.

22 juni

Varen met vrienden op zondag. Ik lig lekker onderuit in de fraaie sloep. Er zijn wijn en hapjes aan boord en we varen een leuk rondje van Vinkeveen door Abcoude en terug via Loenersloot. De tocht gaat door een aantal sluisjes, we moeten wachten voor bruggen die niet opengaan omdat de brugwachter middagpauze heeft en K. verliest haar ooit in Bordeaux gekochte zonnebril in het water. Weken later stuurt Frank, de schipper, een e-mailfoto van een snoek met een bril op. Of het deze was?

We hebben het, rustig over het water tuffend, over van alles; sterfelijkheid, basketbal, vriendschap en ook een beetje over voetbal.

'S Avonds kijken we met een kwart oog naar Spanje-Italië. De strafschoppen zijn leuk en tevens voer voor psychologen. Spanje verloor drie maal, drie keer op 22 juni, via een strafschoppenserie in de kwartfinale van een groot voetbaltoernooi. Toeval bestaat niet. Maar deze keer wint Spanje wel en bereikt daarmee de halve finale.

De uitzending van Jack is de beste in de hele serie. Er wordt veel gelachen, goed geanalyseerd en Jan van Halst blijkt (ik had hem eigenlijk nooit bij RTL gezien) een duidelijke verteller die met behulp van schijnbaar eenvoudige technieken diverse situaties heel mooi kan overbrengen. Hugo Borst is sterk en heel even etterig scherp. Freek de Jonge maakt grappen met de handrem erop; ook dat is knap. De uitzending verdient een vette voldoende.

23 juni

Vroeg op en eerst *Trouw* gelezen. Uiteraard een kalme, goede analyse, zoals bijna altijd. Niets is prettiger wakker worden dan met dit ochtendblad. Venijn, chagrijn, popi gedoe en leugens komen later op de dag wel.

Ik moet mijn teksten voor de Lemond-film 'passend' krijgen en ben daar vier uur aan één stuk mee bezig. In Hilversum controleer ik eerst de tekst van de titelcopy alvorens naar de geluidsstudio te lopen, waar Hans Brouwer al op me wacht. Hij is een echte vakman. Het is alsof hij extra oren heeft, want hij hoort ieder geluidje, iedere tik, snik of click en doet daar vervolgens wat mee. De geluidsnabewerking van een televisiefilm is zeer belangrijk. Sterker nog: geluid is de helft van het product. Wij zien wat we denken te zien en denken dat we horen wat we horen. Een goede geluidstechnicus kan ons echter, door nuancering van het geluid, extra laten genieten, hij kan een extra dimensie aan een film geven.

Hans kan de hele productie 'beter' maken en dus moet je hem zijn gang laten gaan. Ik werk al een paar jaar met hem samen en hij kent mijn handgeschreven shotlists en ik weet hoe hij met mijn inspreken omgaat. Als ik denk dat ik een goede tussenzin heb ingesproken, kan hij rustig de band stoppen en in mijn koptelefoon zeggen: 'Die dubbele s klonk niet goed, opnieuw maar.'

Als we op 60 procent van het inspreken zijn, belt hij, tijdens een stop, naar huis en hij zorgt ervoor dat ik het hoor. Dat hij later thuis is met eten, want het werk roept. Hoe vaak heb ik dat ook niet moeten doen?

Hij bromt nog wel dat er veel te weinig tijd is aangevraagd voor zo'n grote klus, maar zegt direct in mijn oor: 'Is dat goed Nederlands?' als ik een tussenzin iets te snel heb ingesproken.

De nabewerking duurt twee maal langer dan gedacht. Dan pakt Hans zijn spullen bij elkaar en zegt concluderend: 'Vreemde vogel, die Lemond. Heeft hij werkelijk met de hele wereld ruzie?'

Ik bedank hem voor zijn goede werk en zeg: 'Excuseer me maar bij je vrouw, het is allemaal mijn schuld.'

24 juni

Er is eerst een door de NOS-persdienst georganiseerde fotoshoot. Die duurt tot half elf. Dan kan ik nog twee volle uren monteren, vervolgens is er een persbijeenkomst voor mensen die naar de Ronde van Frankrijk gaan en moet ik een aantal maal, aan collega's van kranten en nu ook internetsites, mijn verhaal vertellen: hoe vaak ik nu naar de Tour ben geweest, of ik er nog altijd zin in heb, of ik niet bedonderd word door de renners die toch maar steeds doping blijven nemen, of de Tour nog wel geloofwaardig is, of ik niet liever commentaar wil geven, of *De Avondetappe* niet over zijn hoogtepunt is, of ik nog wel uitdagingen zie in mijn vak...

Ik antwoord naar vermogen (de vraag of ik niet liever commentaar geef, ontwijk ik meestal met gekke antwoorden) en kan om vier uur doorgaan met monteren en met het inspreken van de Tour-filmpjes.

Om acht uur thuis. Er is geen voetbal en ik mis ook Jacks programma, dat weer uit Hilversum komt. Er is honkbal bij NASN. Vandaar.

25 juni

Een leuke heksenketeldag. Om twaalf uur in Alkmaar voor een moeilijke, maar boeiende confrontatie met TNT-medewerkers. Ik vertel hun sportgerelateerde verhalen die naar succes leiden.

Daarna vier uur *For the Record* in de VARA-studio en daarna controleer ik in de NOS-studio de klaargemaakte films en filmpjes. Is alles goed vertaald? Zijn de titels goed doorgegeven? Pokkenwerk, maar het moet wel gedaan worden.

Thuis om elf uur, maar het toeteren blijft uit. Duitsland heeft de

Turken er blijkbaar onder gehouden. Bij Jack is Hans van Breukelen de eerste die op 'de zaak-Boulahrouz' terugkomt, en bovendien in sterke bewoordingen. Zulke gasten zijn goud voor zo'n programma. Meeknikkers en mannen zonder echte meningen zijn er genoeg; uitgesproken mensen scoren. Ik heb weleens gedacht dat veel voetbalmensen in dit soort programma's met een dubbele agenda zitten te praten. Daarom valt Van Breukelen deze avond op. Hij zwemt tegen de gangbare stromen in. Dit is weer een leuke uitzending. Dat sms ik aan Jack.

26 juni

Tjerk komt lunchen. We hebben uitgerekend dat dit de laatste keer is dat we elkaar zien tot augustus. Als hij Peking haalt, zullen vader en zoon elkaar daar pas weer ontmoeten. Als hij afvalt, is het eerder; tussen Tour en Spelen. Het is in ieder geval een hele tijd.

We eten en drinken en kletsen over honkbal, over Boulahrouz, over zijn kansen om de olympische ploeg te halen en over de Boston Red Sox, een ploeg waar ik supporter van ben en Tjerk niet. Hij is van de Yankees en die twee ploegen staan lijnrecht tegenover elkaar. Vader en zoon dus niet, want deze confrontaties zijn spel. We spelen met argumenten en woorden en meer niet. Hij noemt mij een opportunist en ik hem een chauvinist. Hij heeft het over traditie en eer. Ik zeg dat de Red Sox die kwaliteiten ook in zich dragen, maar er alleen niet zo voor uitkomen. We hebben het over The Green Monster en het luidruchtigste publiek ter wereld. Dit is heerlijk; onbeduidend honkbalgelul van vader en zoon.

Dan worden we even serieus. Hij vertelt over het overvolle programma dat hij heeft. Sportschool, trainen, verzorgen, oefenwedstrijden, de Haarlemse honkbalweek, en als hij geselecteerd wordt daarna naar Zuid-Korea voor een lang trainingskamp en vervolgens de reis naar olympisch Peking. Er zit nergens rek in zijn programma; iedere dag is vanaf nu raak. Ik vraag wat zijn gevoel hem nu ingeeft. 'Ik zie het wel,' zegt hij bedachtzaam.

Op weg van het restaurant naar mijn huis loop ik te zoeken naar goede woorden om hem voor de komende maanden mee te geven. Over drie weken weet hij of hij zijn droom verwezenlijkt heeft of niet. Hij kust K. en mij gedag en ik zeg '*have fun*', zoals ik altijd tegen hem zeg, bij welk afscheid dan ook.

Hij geeft langzaam gas en het NOC*NSF-autootje rijdt traag voor ons langs. 'Later,' roept hij zwaaiend en ik voel een vreemd gevoel door mijn lijf trekken. Wanneer is later? En ook: waar is later?

's Avonds zie ik de tweede helft van Spanje-Rusland. Guus wordt geen tsaar, de Russen verliezen kansloos.

27 juni

Muziekstukken schrijven voor de VARA*gids*. *Trouw*-column inleveren. Speech voorbereiden. Kleren voor de Tour uitzoeken. Naar de brillenboer. Lekker eten. Goddank geen voetbal. Vroeg slapen. Pijn in mijn nek. Aspirines.

28 juni

Ter hoogte van Weesp word ik gebeld op mijn gsm. Een van de producers van *Studio Sport*. Of ik al in Twente ben?

Nee, ik ben op weg, lekker op mijn gemak in de trein, met kranten en koffie. Ik heb een afspraak met Maarten Ducrot om vijf uur voor het station van Hengelo. Vandaar rijden we in zijn auto naar ons hotel in Ootmarsum.

Dan komt de vraag, of is het meer een gebod? De producer vertelt dat Han Kock, onze verslaggever, onderweg naar Twente beroerd is geworden en naar huis is teruggekeerd. Of ik in staat ben de persconferentie van de Rabobankwielerploeg te coveren. De cameraploeg is er al bijna en zal het materiaal mee terugnemen na afloop.

Mijn antwoord is duidelijk: ik ben afhankelijk van de snelheid van de trein. Met een beetje geluk zijn we tegen half zes in het hotel, zeg ik.

Twintig minuten later word ik weer gebeld: dan is de persconferentie al bijna klaar, wordt er gezegd. Ik zeg dat ik geen ijzer met handen kan breken en dat het is zoals het is.

Later krijg ik van twee andere *Studio Sport*-medewerkers sms'jes. Twee maal wordt me het adres doorgegeven en de naam van het hotel. Het schijnt niet erg makkelijk te vinden te zijn, krijg ik mee. Het ligt behoorlijk ver buiten Ootmarsum, daar moet ik me niet in vergissen.

Maarten rijdt tegenwoordig in een nieuwe auto; een laag, sjiek model. 'Late yup!' zeg ik tegen hem, als ik instap. Hij lacht hard en we rijden weg uit Hengelo. De TomTom is ingetikt: op naar Lattrop, op naar Hotel De Holtweijde.

Als we daar eindelijk aankomen (het is inderdaad verder dan we denken en het verkeer op de Noord-Twentse wegen gaat stroef), zien we dat de persconferentie is afgelopen: mensen slenteren nog wat rond, praten in kleine groepjes en drinken een glas. Cameraman Jan Ekelaart zit te wachten; hij heeft begrepen dat we in aantocht waren en zit in de wachtstand, een voor cameramensen bijna tweede natuur. Ik vraag hem of de bijeenkomst nog iets opleverde en of hij wat gedraaid heeft. Zijn antwoorden zijn duidelijk: nee en nee.

Een tikje ongemakkelijk (wij zijn immers te laat) vragen we wat mensen van Rabobank wat de teneur van de persbijeenkomst is geweest.

Er blijkt veel gezegd te zijn, maar er is weinig nieuws. Het meest memorabele feit van de dag lijkt mij dat hier een renner alleen op zijn hotelkamer zit. Thomas Dekker rijdt geen Ronde van Frankrijk en is de enige die een eigen kamer heeft; alle andere renners die morgen het kampioenschap zullen rijden, hebben een slaapmaat.

Voor mij is dat een opvallende verhaallijn, maar Harold Knebel, de Rabobankmanager, geeft voor de camera eerst een verhandeling over heel andere, voor hem blijkbaar belangrijkere zaken. Over de ASO, over samenwerkende wielerploegen en over een doorbraak in de vermeende patstelling bij de wielerbazen. Ik voel dat dit hét verhaal niet is. Dit is meer een vorm van zand-in-de-ogen-strooierij door de bank. Of ben ik nou gek?

Na een klein glas aangeboden te hebben gekregen, vraag ik aan Luc Eisinga, de immer vriendelijke en professionele persman van de ploeg, of ik met Dekker kan spreken.

Vijftien minuten later zit de jonge coureur licht nerveus tegenover me in de siertuin en hoor ik een verhaal aan vol droefheid en twijfel. Hij probeert zo eerlijk mogelijk te zijn, maar spreekt zijn grote onvrede over de wielerploeg en alles wat er rond zijn persoon gebeurt niet uit. Eigenlijk moet ik doorstoten, denk ik, maar heeft dat nu zin? Wie help ik daarmee? Dekker? Het kijkerspubliek?

Ik vraag hem aan het slot van ons gesprek waar hij volgend jaar zal rijden. Net zoals Knebel en later ploegleider Erik Breukink zegt hij een doorlopend contract tot einde seizoen 2009 te hebben. Dus? Hij haalt zijn schouders op, maar de blik in zijn ogen is veelzeggend.

De jonge coureur voelt zich, zo interpreteer ik het maar, enorm in de steek gelaten en weet zich geen raad met deze situatie. Hij moet wel het nationale kampioenschap rijden, maar mag niet meedoen in de Tour. Hij is, zonder dat hij het weet, bij het vuil gezet. Hij is niet meer belangrijk voor de ploeg, de bank en de andere renners. Ik zeg tegen Ducrot dat het begin van het einde hier is ingezet: zo'n groot talent, zo grillig en goed en nu al losgelaten. Wat is hier gebeurd?

Ik heb met de renner te doen. Als ik afscheid heb genomen van Dekker zeg ik tegen Ducrot dat de renner het einde van het seizoen niet zal halen bij Rabobank. Maarten antwoordt dat de wedstrijden in Peking nog op het programma staan voor Dekker, dus dat het wel mee zal vallen.

Ik ben zo bot te stellen dat hij Peking nooit zal zien. De guillotine is nu al gevallen. Ik denk dat ze bij Rabobank graag van hem af willen. Er broeit iets, ik voel het.

Er hangt een onprettige sfeer in die siertuin. Dekker is weggelopen, anderen hangen nog wat rond voor smalltalk. Ik geef de opnameschijf mee met de cameraploeg en bel de redactie. In Hilversum zullen ze een paar minuten uit de gesprekken halen en in de avonduitzending plaatsen. Omlijstende beelden zijn er niet en daar heb ik de pest over in. Dat had wel gemoeten. Eigenlijk heb ik slecht werk afgeleverd, vind ik en dat zeg ik in de auto tegen Ducrot: 'Het is een zeven-minnetje, een gewoon gesprekje, zonder tekenende beelden. Geen verheffende televisie.'

Ducrot en ik vinden een klein half uur later ons hotel. Tukkers zijn vriendelijke mensen; de kok maakt nog iets lekkers voor ons. We kappen er met zijn tweetjes ook een fles rode wijn in en kletsen heel wat af.

'Waarom willen ze Dekker kwijt?' vraagt Ducrot zich af.

Ik antwoord: 'Omdat hij niet meer in hun perfecte plaatje van de bankploeg past. Simpel. Het ware verhaal zit binnen de omerta.'

29 juni

Aan het ontbijt geef ik Martijn Lindenberg een cadeautje. Hij heeft officieel afscheid genomen bij de NOS en op de dag dat hij een rondvaartboot vol getrouwen had uitgenodigd, was ik bij Lemond in Amerika aan het werk.

Hoewel Lindenberg duidelijk gesteld had in de uitnodiging: geen das, geen toespraken en geen cadeaus, had ik toch iets laten maken. Op een wielerblad, met Lemond in de gele trui op de cover, had ik Greg een persoonlijke boodschap voor Lindenberg laten schrijven met zijn handtekening en de datum erbij. Dat had ik laten inlijsten en geef ik nu aan de man met wie ik sinds 1973 heb samengewerkt, vijfendertig jaar dus.

Ik heb heel veel van hem geleerd, al hebben we elkaar niet altijd begrepen. Hij is voor de NOS van grote waarde geweest; niet altijd handelbaar, maar vakmatig heel sterk en vaak niet te overklassen.

Ik denk dat hij het cadeau kan appreciëren. Hij kijkt er enige tijd naar en vervolgens spreken we de gang van zaken voor de dag door, want hij doet deze dag nog de regie bij het kampioenschap. Hij verwacht me een half uur voor de start op de streep voor een aantal interviewtjes met kanshebbers voor de titel.

Later die dag maak ik zeven korte gesprekjes tijdens mijn gang door het peloton en ga op mijn commentaarplaats zitten. Weer een kampioenschap, weer een middag lang koers in beeld, weer een hoop woorden, weer verhalen, weer een volkslied aan het einde van de dag. In 1977 was ik ermee begonnen bij de NOS, in Limburg toen. Ik wist toen nog niets. Nu wel?

Als Ducrot bij me aanschuift, begint hij weer over Thomas Dekker. Hij kan er maar niet over uit dat er op deze manier met zo'n talent wordt omgegaan.

Ik zeg hem dat ik van Steven de Jongh gehoord heb dat hij een eventuele ontsnapping van Dekker in de finale zal beschermen, maar dat er niet veel andere vrienden in het startveld huizen. Eentje, denk ik: Michiel Elijzen, zijn trainingsmakker.

We beginnen onze verslaggeving, zien Lotto-renner Maarten Tjallingii in een hek rijden en moeten daar beiden hard om lachen. Het lijkt wel slapstick; stommer een hek in rijden kan bijna niet.

De koers wordt in de tang gehouden door de Rabobankrenners; ze zijn met veel en bepalen het karakter van de finale. Toch gaat het niet soepel. Ze kunnen de juiste rolverdeling maar niet vinden, zeggen we, en we wijzen op de steeds wisselende kopgroepjes. Zit hier lijn in?

Een half uur voor de finish zet een grote renner in een oranje-blauw-wit shirt zich aan de linkerkant van de weg op kop van een groep. We zien dit in een wijd shot en denken beiden dat dit Elijzen is. Het shot blijft wijd, de renners zijn klein en ploeteren door. We vertellen iets over Elijzen, maar weten niet dat we mis zitten.

De grote renner in Rabobankshirt is Lars Boom, maar we herkennen de jonge renner niet op die afstand. Tien minuten later, als de finale wat meer in de plooi is gevallen, herkennen we de alleskunner wel. Elijzen is in geen velden of wegen te bekennen. Fouten maken hoort bij ons vak en dit is zo'n uitglijder. Ach, het zij zo, zeg ik later tegen Maarten. Goed om van te leren. Nog beter opletten dus.

De finale maken we aardig door een bepaalde suspense toe te voegen aan het beeldverhaal. Het aangeboden beeld is goed, want dat kun je wel overlaten aan Lindenberg. Routine zegeviert altijd.

Boom wordt verrassend kampioen en rijdt het hele plannetje van de Rabobankhoofdmacht in de soep.

De jonge Brabander trekt zich niets van reputaties aan, ramt door en zet de veteranen te kijk. Als je jong bent en veel beter dan de rest, dan bestaan er geen afspraken of conventies, dan rij je brutaal door naar de streep en de titel. Dat doet Boom en dat vind ik leuk.

Ik maak een rustig interview met hem dat direct naar Hilversum doorgestuurd wordt en even later pak ik mijn spullen bij elkaar. Het Wilhelmus klinkt in Ootmarsum en direct daarna begint speaker Cees Maas met zijn typische wieleruithalen. Vluchten kan nog net.

Tien minuten later rijden Ducrot en ik via een binnenweg richting Hengelo. Twente op een late zondagmiddag; de zon verwarmt het land. Mensen zitten op terrassen, fietsen traag door de landerijen en hebben geen haast.

Op het perron van Hengelo word ik een aantal maal aangesproken. Of ik niet bij de finale moet zijn? Wat ik hier doe? Of ik voor Spanje of voor Duitsland ben?

Of ik wel ga kijken?

Ja, dat wel. Letterlijk met het bord op schoot, een term die ik ooit zelf uitvond en waar veel mensen bij de NOS en daarbuiten mee aan de haal zijn gegaan. Ik had er patent op moeten aanvragen, zeker nu geroepen en geschreven wordt dat 'het bord op schoot' weer terugkomt. Mag ik trouwens even opmerken dat dat niet zal gebeuren? Dat gevoel, die sfeer, zat vast aan *Studio Sport* van toen, de jaren van Kees Jansma en mijzelve. Dat was een andere wereld, met andere waarden, en die tijd komt niet meer terug, wat mijn collega's in de nabije toekomst ook gaan doen op de zondagavonden.

Ik eet lekker, kijkend naar het voetbal, en zie Spanje terecht Europees kampioen worden. Toch raakt het spel me niet echt; het is te simpel, te fragmentarisch ook. Er staat geen grote ploeg in het veld, er ontbreekt een Leider, merk ik op. K. zit een blad te lezen. 'Wat zeg je?' vraagt ze.

Langer dan ooit blijf ik bij de voetbalbeelden, maar wat de heren Borst, Mulder en Verbeek later in de studio bespreken, krijg ik niet meer volledig mee. Het is het herhalen van denkbeelden en stellingen die ik de afgelopen weken te veel gehoord heb, het is de allerlaatste analyse van een toernooi dat nooit echt op gang kwam en dat voor de uitvoering niet meer dan een zeven-plusje verdient.

Dus werd het nog even honkbal bij NASN. Niet lang overigens, want tegen half twee zeilde ik, met de bril nog scheef op het hoofd, in slaap. Om half vijf werd ik wakker. Met kramp en een bril met een verbogen poot.

Ik zag dat ik een sms'je had en las: 'Wat is er met T. Dekker aan de hand? Later. T.' Ik besloot de volgende ochtend terug te bellen.

30 juni

Pakken. Erger dan erg, als je het niet goed kunt. Wat gaat er wel mee en wat niet? Ze zeggen dat vrouwen beter kunnen pakken dan mannen. Het schijnt met logica te maken te hebben. Ik weet niet of dat waar is.

K. is al dagen klaar en ik zweet me door stapels polo's en overhemden heen. Hoeveel jasjes moet ik meenemen? Truien? Nee toch! Wat als het regent? Zoals in 1980 met de start in Frankfurt: wekenlang regen, niets droogs meer in de koffer. En nu? T-shirts? Sokken? Nette schoenen? Een windjack? Petten?

's Middags drie muziekverhalen geschreven en alle muziek

voor de laatste uitzendingen van *For the Record* geselecteerd; een heidens werk, maar met grote graagte gedaan. Vijf uur mee bezig geweest.

Tot laat in de avond bezig gebleven en nog steeds niet het idee dat ik alles in mijn koffer en tassen heb zitten. Heb ik mijn zwarte das bij me, als er iemand komt te overlijden en ik in beeld iets moet zeggen? Daar moet je rekening mee houden. Zoals altijd laat ik het op het allerlaatste moment aankomen. Morgenochtend de finishing touch.

1 juli

Leo en ik beginnen met opnemen om half tien in Hilversum bij de Wereldomroep en werken stug door. Vier uur aan één stuk radio maken maakt je moe en haalt alle fut uit je lijf. Ik ga nog even langs op de redactie van *Studio Sport* om de laatste zaken van de Lemondfilm te regelen. Alles lijkt te kloppen, de vertaling is gecontroleerd, de titels zijn nog een keer doorgenomen en goedgekeurd en ik moet alles nu loslaten.

Ik doe een bandje in mijn tas waar de twee olympische onderwerpen op staan die ik een week eerder heb gemonteerd. Ik wil ze 's middags aan Frits van Rijn geven, dan kan hij ze meenemen naar China.

Om drie uur rij ik weg uit Hilversum om een half uur later bij weer een programmapresentatie te staan, nu die van de Olympische Spelen. Ik moet poseren voor een aantal fotografen, aardig zijn en pootjes geven en leuke verhalen vertellen. Op enig moment zeg ik tegen Van Rijn dat ik het bandje met de onderwerpen bij me heb. Waarom weet ik niet meer, maar hij vraagt me het doosje zelf mee naar Peking te nemen. Hij gaat niet meteen naar huis; bij mij is het bandje veiliger. Zegt hij. Denkt hij.

Ik doe zeven interviews in anderhalf uur en vertel enthousiast tegen jan en alleman hoe geweldig het is de Olympische Spelen te mogen meemaken. Hoe kan iemand het níét leuk vinden om naar Peking te gaan, denk ik, en dan houd ik ook rekening met de tegenwind van Erik van Muiswinkel. Zijn argumenten heb ik zeker meegenomen in vele overwegingen. Ik ken sporters die hem een volslagen idioot vinden. Een 'zielige droplul', zoals ik ergens op de radio hoorde. Dat is hij niet, maar zijn actie is slecht getimed. En dat is precies waarom topsporters hem niet zien staan: in hun leven gaat alles om timing en daarom vinden ze zijn gedrag en zijn onhandige manier van werken amateuristisch.

China deugt niet vanuit westers perspectief. Er gebeuren daar zaken waar je zeker de aandacht op mag vestigen. Ik denk alleen niet dat je dat moet doen via trappelend klaarstaande sportmensen. Hoe hij heeft kunnen denken dat hij die sporters kon bereiken, is mij een raadsel. Misschien is dat wel zijn grootste inschattingsfout.

2 juli

We rijden weg uit Haarlem om 10.06 uur, en ronden Gent om 14.16. Dat is bespottelijk. We staan in Nederland overal stil, kruipen later rond Antwerpen en eindelijk zien we open stukken asfalt. De keuze is dan: Kortrijk of Oostende.

Op de gok stuurt K. de wagen langs Oostende en het blijkt een gouden greep te zijn. Ik zwijg en kijk naar buiten; het regent zacht en het Noord-Franse land ziet er troosteloos en grauw uit. De eerste klanken van Radio Nostalgie maken me niet vrolijker. K. heeft iets met Franse muziek van toen. Vakanties en zomervriendjes, zeg ik altijd en krijg dan De Blik toegeworpen.

Als ik C. Jérôme voor de 567ste keer in mijn leven hoor, krijg ik natte handpalmen. Ter hoogte van Calais gebeurt dat. Het ronden van Caen gaat soepel. We slapen in Bayeux in Château de Sully, waar we pas na achten aankomen.

Er verblijven die avond uitsluitend niet-Fransen in het hotel. Gaan Fransen niet meer lekker eten? Is dat te duur voor ze geworden? Wij eten verbazingwekkend goed, kleine porties, en gaan snel naar de televisie kijken waar de binnenkomst van Íngrid Betancourt door paps en mams Sarkozy via CNN te zien is.

Ingeslapen om één uur.

3 juli

We volgen een van onze voornemens: gezond ontbijten. Vroeger was een Frans ontbijt een croissant en een bak doorgekookte koffie, tegenwoordig is dat anders.

De koffie blijft verschrikkelijk, maar er is tenminste keuze: fruit, yoghurt, soms zelfs een omelet of eieren, muesli en heel soms vers broodbeleg.

We kiezen voor een rustige route, zien Mont Saint-Michel rechts in het water liggen en verbazen ons weer hoe dat bouwwerk toch tot stand is gekomen. Wie hebben al die stenen daarheen en vooral daar naar boven gedragen? En het kon vroeger alleen bij eb.

We lunchen in Saint-Malo. K. loopt op goed geluk een klein zaakje binnen waar het haar ‘wel leuk lijkt’. Bingo! Leuk is een understatement. Het is de tweede zaak met een ster in twee dagen. Dat begint goed.

In de late middag schuilen we voor een ongelooflijke hagelbui. Er valt niets meer te zien en de hagelkorrels roffelen als kogels op de auto. We zetten de auto stil langs de snelweg, net als veel anderen. Er zijn altijd mensen die hard doorrijden; onverantwoordelijk en imbeciel.

Tegen zessen rijden we Brest binnen. Ik herinner me de beelden van 1974 nog toen we ook hiervandaan vertrokken. Ik werkte voor de NOS-radio en ik had nog niet veel meegemaakt in mijn leven. Toen was het nog rock & roll wat ik zocht. Ik heb nog wel foto's waar ik als 27-jarige jeune premier op te zien ben. Strakke spijkerbroek met uitlopende pijpen, kekke Britse laarsjes en hemden met bloemenmotief; iemand zei toen dat ik zo met de Flying Burrito Brothers kon optreden. Ik had dat jaar net mijn allereerste, nauwelijks gedekte, creditcard op zak en was verloofd. Ik luisterde veel naar Amerikaanse westcoast-muziek en volgde vooral alle Amerikaanse sporten; van wielrennen wist ik weinig. Mijn toenmalige collega's snapten er ook weinig van, dat hielp. Ik herinner me nog dat we de eerste avond gingen eten in een tentje waar een bord voor de deur stond met de tekst: onbeperkt eten voor bijna niets. Nadat wij langs waren geweest, verdween dat bordje. We schransten ons door bergen kreeft en krab heen, zopen liters wijn en liepen later strijdvaardig de stad in op zoek naar meiden (en de homo's onder ons op zoek naar jongens; zij scoorden wel, in tegenstelling tot de hetero's).

Nu gingen we in een nette tent aan de binnenhaven eten. Weer schaaldieren en vis met wijn erbij, maar vergeleken met 34 jaar geleden is er een zekere rust in mijn leven gekomen. Eindelijk.

4 juli

Eerst boodschappen gedaan. Plakboeken gekocht, een gele en een rode Pritt, een schaartje, schriftjes, opschrijfboekjes, opbergmappen, kranten en bladen; het vaste patroon voor de afdeling Boekhouden in de Tour. Computers schijnen ook te werken, maar ik knip en plak nog steeds het liefst. Iedere ochtend weer.

Daarna alweer uitgecheckt uit het treurige jaren zeventig hotel, want onze eerste uitvalsbasis ligt een kleine honderd kilometer verderop aan de kust.

We staan buiten bij de auto's als het nieuws komt dat Jacques Chapel in Nederland overleden is. Verdomme. Hij was een collega die ik nauwelijks kende en nu is hij dood.

We staan wat onhandig te zwijgen met jongens van de radio in de buurt, omdat we niet goed weten wat we moeten zeggen. Ja, het zat eraan te komen. We wisten dat hij erg slecht was, maar toch. Ik bedoel, dood is zo definitief, zo... ja, zo dood.

Dus ga ik eerst naar mijn kamer en schrijf ik een stuk voor *Sportweek* over hem. Dat is moeilijk, want ik heb hem dan achtentwintig jaar als collega meegemaakt, maar ik kan niet zeggen dat ik hem ken. Dat is erg. Anderen van onze groep blijken exact hetzelfde te hebben. We zeiden hem gedag en daar bleef het bij. In al die jaren heb ik maar één keer met hem gegeten, bij het schaatsen in Hamar. Nooit in de Ronde. Hij ging altijd en overal met Ferry de Groot naar een vestiging van de Buffalo Grill; wij nooit.

Concarneau ligt een kleine honderd kilometer Bretagne in, richting Nantes en we arriveren daar als een fikse zomerstorm de kust teistert. We lunchen, praten over het programma van de volgende dag en dan word ik opgehaald door een aardige collega van de VRT. Hij neemt me 150 kilometer ver mee (eigenlijk weer terug naar Brest en dan naar het noordoosten, besef ik) naar hun uitzendplek, waar ik Nico Mattan tegenkom, de ex-renner. Hij is een gezellige causeur. In de uitzending spreekt Carl van Nieuwkerke, mijn VRT-vriend, met zachte stem. Is dat omdat we in een kerkje zitten? Soms kan ik hem bijna niet verstaan.

Om één uur ben ik terug in mijn hotel. Nog een glas wijn en dan dolende naar de dromen. Er is geen ontkomen aan. Concarneau by night is ook bepaald niet aantrekkelijk. Morgen begin ik aan mijn 36ste Tour.

5 juli

Vandaag ontbijt ik voor het eerst van mijn leven onder andere met kleine pannenkoekjes gevuld met Nutella. Zoet, vol calorieën en godsallejezus lekker. Ik doe ook gezond met fruit en yoghurt, maar och wat zijn die pannenkoekjes lekker. En slecht.

Dan kranten kopen in de stad, daarna een toeristische wandeling naar een bezienswaardigheid (een oud fort met vooral winkeltjes waar Bretonse kleding te koop wordt aangeboden) en een slappe bak koffie. Ook koop ik een Bretonse trui met streepjes in de breedte, zoals bekend nooit flatteus, maar wel modisch verantwoord. Vervolgens kijk ik met plezier naar de strijd op Wimbledon tussen de zusjes Williams (ik ben altijd voor Venus) en daarna bekijk ik de Touretappe via een klein monitortje waar het signaal van de NOS op staat. Ik hoor dus het Nederlandse commentaar in de Franse hotellobby.

Snel een sms'je naar Maarten Ducrot en daarna lang met eindredacteur Jan Stekelenburg om de tafel zitten. We brengen eerst de afgelopen weken in kaart en gebruiken de gang van zaken rond het EK voetbal als basis voor de inhoud van ons programma hier. Wat is onze verwachting? Wat moeten we vooral niet doen? Wat wel? Ik moet enthousiast zijn, dat ten eerste, maar niet gemaakt of gespeeld vrolijk gaan doen, doch echt en overtuigend overkomen. Als ik begin met stekeligheden en een vervelend soort cynisme, komt het programma niet van de grond, zegt Jan. Wat de gasten betreft hebben Jan en ik maar één wens: zij moeten veel praten. Soms zal dat moeilijk zijn, maar ik denk dat ik weet hoe dat moet. Eerst sturen, dan loslaten en vervolgens luisteren en laten vertellen. Bij de ene gast zal het beter lukken dan bij de ander, maar het gaat om de balans.

Om half negen eten we met de gasten aan een grote tafel. Buiten stormt het, er staan grote witte schuimkoppen op de golven en het strandje bij ons hotel is maar heel smal. Dat wordt binnen zitten, een gruwel voor regisseur Matthias Bouman en zijn crew, het betekent dat we bijna zonder diepte en gezelligheid in het decor zitten, maar het kan niet anders.

Ireen Wüst en Paulien van Deutekom bijten het spits af. Ze hebben deze dag nog gefietst, zijn bij de etappe geweest en hebben er zin in. Meestal zie ik deze vrouwen in schaats- of trainingspak, heel soms in galajurk, maar nu in hun zomerse outfit. Het verhaal moet gaan over wat schaatsenrijdsters in juni en juli doen. Dat ze tijdens hun seizoenvoorbereiding veel fietsen is bekend en beide vrouwen kunnen dat ook goed. Laat ze maar vertellen.

Vlak voor de uitzending overkomt mij iets vervelends. Iemand roept dat mijn overhemd 'interfereert'. In gewone mensentaal: het beeld trilt als ik op de televisie ben. Dat heeft te maken met te dicht op elkaar staande lijntjes in de kleding of met te weinig licht op de set. In grote haast wordt een ander hemd gehaald. Dat staat niet goed en is een half maatje te klein, waarna geroepen wordt dat het eerste shirt toch weer niet interfereert. Ik roep geïrriteerd: nu ophouden met kissebissen, we gaan beginnen aan een mooie reeks uitzendingen en dan kunnen we geen misverstanden zoals deze gebruiken. Na mijn woorden blijft het even stil op de set, maar daarna is de spanning verdwenen; het zal de enige keer in drie weken Tour de France zijn dat ik iets met stemverheffing zeg. *The first cut is the deepest*, nietwaar?

De vrouwen vertellen leuk over zaken die wij als publiek niet weten. De conclusie luidt dat het zomerse werk van de schaatstoppers belangrijker is dan het winterse bijhoudwerk.

Het wordt geen topuitzending, mede door de omstandigheid dat we uitzenden vanuit een restaurant waar de andere gasten hoor- en voelbaar aanwezig zijn, gewoon dooreten, doordrinken en vooral doorpraten. Dat geroezemoes leidt me licht af, merk ik. En, zoals altijd, de eerste maal is het toch altijd zoeken naar evenwicht, ieder jaar weer.

Na afloop drink ik twee campari-jus aan de bar, god mag weten waarom, maar daar heb ik ineens trek in. Een beerenburger was beter geweest met de nu opstekende storm buiten. Ik slaap om even over tweeën pas in. De kop is eraf; tevreden ben ik niet, er moet nog stevig geschaafd worden.

Er komt een nachtelijk sms'je binnen. Met opbeurende complimenten, van Evert ten Napel. *Old soldiers never die.* Ze leren allen hoe je moet sms'en. En Jack had al gebeld en succes voor de komende drie weken gewenst.

6 juli

Om kwart voor negen in de ochtend zwaai ik de schaatsenrijdsters uit. Zij gaan terug naar Nederland, terug naar de afbeulende trainingen. Ik zie hen pas op 31 oktober weer terug, want dan (lach niet) zenden we onze eerste schaatswedstrijden alweer uit. Ik weet die datum uit mijn hoofd.

Aan het ontbijt wordt bekendgemaakt dat we de avond tevoren ruim 800.000 kijkers hebben getrokken. Met een licht ronkend gevoel horen we die mededeling aan: niet slecht. We weten allemaal dat het programma beter had gekund. Hoge kijkcijfers zeggen nog niets over de kwaliteit van het programma.

Het is kil en winderig op deze zondag. We doorkruisen Bretagne via kleine, vooraf uitgestippelde wegen. We moeten 's avonds in Plancoët zijn, meer in het noorden.

We lunchen bij aankomst, kijken naar de etappe, zien de verwoestende uithaal van Thor Hushovd, die al eerder in zijn loopbaan in Bretagne een identieke krachtsprint won en maken ons op voor een gezamenlijk diner, dat vreselijk tegenvalt. Koud en liefdeloos gemaakt eten is nergens lekker. We zitten in een oud klooster en of hier nou gasten welkom zijn, betwijfel ik.

Ook de ploegen van Silence-Lotto en Rabobank slapen hier, maar de Fransen tonen een vreemde, kille afstand. Waarschijnlijk voelen ze zich overvallen omdat er zoveel grote vrachtwagens het terrein op komen rijden, later ook nog gevolgd door de ploegbussen én onze technische wagens.

In de uitzending zijn Piet Kuijs en Erik Dekker te gast. Kuijs blijkt een goede verteller, die sympathiek overkomt. Heeft zijn Brabantse accent daarmee te maken? Hij is de onbekende coach-begeleider van veel jonge Nederlandse renners. Met Dekker dreigt even een fel debat te ontstaan als het over Thomas met dezelfde achternaam gaat, maar op het pittoreske binnenplaatsje van het klooster blijft de vrede toch gehandhaafd. Sommigen van ons hebben na de uitzending weer het gevoel van 'net niet'. Hebben we een tekort aan filmpjes?

Als we klaar zijn zie ik het lachende gezicht van Willem van Kooten in een deuropening. Dat wil zeggen: ik zie eerst een sigaar en dan de man. Prachtig hoe verstokte sigarenrokers hun verslaving botvieren op de meest verboden plekken ter wereld.

De ober in de bar van de abdij is ongelooflijk vervelend en weigert alle medewerking. Hij heeft zeker dertig wachtende klanten (onder wie, dat zij toegegeven, een stel flink bezopen Vlaamse wielerfans), maar werkt opzettelijk zo traag dat de lust verdwijnt om nog iets te drinken. Het duurt twintig minuten voor je je bestelling hebt en vooral de technische ploeg, die altijd het laatst binnenkomt, moet het ontgelden. De Fransman haalt zijn neus voor hen op: hij gaat nog trager werken en onder luid gevloek gaan de meesten slapen. Dan niet, lul.

In de hotelkamer check ik mijn sms'jes. Tjerk meldt dat er met 6-4 van Taiwan verloren is in de Haarlemse Honkbalweek. Hij baalt.

7 juli

Om tien uur in de ochtend mag ik even naar mijn nek en bovenrug laten kijken door Björn, de osteopaat die de Rabobankwielerploeg bij zich heeft. Hij drukt op pijnlijke punten in mijn lijf en verricht handelingen die flink aankomen. Ook hij rept over een nekhernia, maar zeker is hij er niet van. Dat er van alles verkeerd zit, is wel duidelijk en dus draait en wringt hij aan mijn tors en heb ik het gevoel dat vierendelen niet ver meer weg is. Hij stuurt me van zijn tafel met de woorden: 'Ik hoop dat je je beter gaat voelen.'

Op weg naar Nantes valt me op dat ons hotel niet in de *Guide Michelin* te vinden is. Nieuw? Het lijkt me onwaarschijnlijk, helemaal als we in een vieze, groezelige buurt terechtkomen waar je geen hotel vermoedt. Met het adres in de hand ga ik de huizen langs en kom bij een deur waar ik aanbel.

Een jong meisje doet open en ik vraag of ik hier bij het Residhome ben. Ze zegt iets onverstaanbaars en wijst naar een man die half ligt te slapen in een rotzooikamertje. Ik tik tegen het raam en hij maakt een gebaar van 'oprotten'. Ik loop naar een tweede deur en vind daar een vrouw die lakens staat te vouwen. Ik herhaal mijn vraag: ben ik hier bij het Residhome?

Zij knikt en gaat me voor naar een ander kantoortje waar ik, na mijn naam genoemd te hebben, een sleutel van haar krijg. Ik moet op de tweede verdieping zijn, zegt ze en loopt weg.

Met moeite parkeert K. de auto en met nog veel meer moeite slepen we de bagage een klein liftje in dat drie maal op en neer moet.

In een donkere gang vind ik een open deur en maak licht. Jezus te paard. Ik loop de stinkende gang in, open de deur van de kamer die me aangewezen is en schrik: een hokje van drie bij vier met een oud opklapbed in het midden en één stoel tegen een muur. Meer niet.

Ik kijk K. aan en zij zwijgt.

Vier minuten later heb ik een iets grotere kamer. Deze stinkt ook, er zitten overal vlekken in de beddensprei en er is slechts één krakkemikkig stopcontact. K. komt met een opmerking die hout snijdt: 'Dit is toch ook het onderkomen van de gasten van het programma van vanavond en morgen? Dat kan niet. Je moet Astrid bellen.'

Ik ga naar de receptie terug en vraag of er geen schone, grote kamers zijn en het meisje schudt haar hoofd. We hebben nu de beste kamer in het hele pand, de rest is minder. Ik vraag haar wat voor hotel dit dan is en ze vertelt dat ik hier in een gebouw sta waar Afrikaanse en Aziatische studenten voor ten minste een week een kamer kunnen huren. Koken mag alleen op de gang (en dat gebeurt dus iedere middag en avond, vandaar die dampen), je moet cash betalen, er is geen zeep of shampoo, geen wifi (daartoe verwijst ze me naar het internetcafé twee straten verder) en je kamer wordt één keer per week schoongemaakt. Of ik verder nog iets wil weten?

Verbijsterd kom ik met dit verhaal terug bij K., die gedecideerd haar spullen oppakt. Er moet iets anders geregeld worden, zeker voor de gasten.

Ik bel dat door aan producer Astrid Dutrenit, die meteen aan de slag gaat. Zij had dit 'hotel' doorgekregen van mensen van de plaatselijke VVV, die haar ook geholpen hadden bij het uitzoeken van de uitzendplek in het fraaie Château des Ducs de Bretagne, niet ver van deze onheilsplek verwijderd. Ze hadden haar gezegd dat het weliswaar geen driesterrenhotel was, maar dat je er best kon slapen.

Omdat ik me al voor de Tour heb voorgenomen niet over dit soort zaken te vallen, lachen we het voorval weg. Ik geef toe: met moeite. Ik zal die middag wel een naam en een adres van een nieuw hotel ge-sms't krijgen, neem ik aan.

Ik loop Nantes in, ga binnen bij de Fnac voor het aanschaffen van cd's en koop, omdat het steeds guurder en natter wordt, in de uitverkoop een stoer uitziende Ierse trui (60 procent eraf). Dan bekijk ik de finale van de etappe.

Daarna rijden we snel naar het nieuwe hotel, een kleine dertig kilometer buiten de stad. Het is een motel, dus tel hier ook maar je zegeningen. Alleen als je heel laat of moe of desperaat bent, ga je hier slapen. Ik schat dat het ook een gunstig gelegen wip-hotel is; je loopt langs de receptie, noemt je naam, het meisje kijkt in een lijst en je krijgt zonder vertoon van paspoort of creditcard je sleutel. Ik neem er een snelle douche, trek behoorlijke kleren aan en pak wat reservespullen.

Eenmaal terug in Nantes is het echt gaan regenen. We besluiten buiten onder ons tentje te gaan zitten, niet in de tuin van het kasteel, maar ergens op een pleintje, met op de achtergrond wat cafés en restaurants. Authentiek Frans. Nood breekt wet.

Ik kijk nogmaals naar de etappe en zie dat Denis Mentsjov, de kopman van de Rabobankploeg, in een vlakke etappe een halve minuut verliest. Als je kandidaat Tourwinnaar bent, mag zoiets je niet overkomen. Ik weet niet of ík hem langer als kopman zou willen hebben. Daarover gaat het gesprek in een restaurant waar we lang moeten wachten op piepkleine porties eten. Bijna niemand aan tafel ziet het zitten in de Rus, juist door dit soort foutjes. Bij de bank zullen ze waarschijnlijk de boel wegwuiven en zeggen dat zoiets erbij hoort, maar dat is natuurlijk niet zo. Topsport vraagt toppresteren en ook top-opletten. Mentsjov is weer eens in het luchtledige komen te fietsen. Lummel.

Overigens is het een etappe zonder echte winnaars. De Fransman Dumoulin wint de etappe en zijn landgenoot Feillu krijgt de gele trui, maar wat moeten we met die twee? De Tour der kleine lieden. Je moet niet te veel van dit soort uitslagen hebben, want het grote sportpubliek kan niet met dit soort namen overweg. En wie was de aanstichter van de lange vlucht van vandaag? De Amerikaan William Frischkorn. Wie heeft hem in zijn Tour-toto opgenomen?

De gasten doen het die avond goed. Wielrenner Aart Vierhouten en Willem van Kooten dus, oftewel Joost den Draaijer, met afstand de beste diskjockey die we in ons land gehad hebben. In 1973 deden wij samen drie dagen in de Tour. Het was ons beider debuut. Hij werd zakenman, daarna het geweten van de Nederlandse popmuziek en nog later man in bonis; ik sta nog steeds op de loonlijst bij de NOS. Er zijn weinig mensen die zo direct en oorspronkelijk zijn en die in hun ongedwongen manier van leven zo 'vrij' oreren als Willem doet. Dat bewijst hij ook deze avond weer. Zijn verhalen zijn gewoon goed, nadat hij ons al in geuren en kleuren verteld heeft hoe zijn dag was naast Erik Breukink in de ploegleiderwagen.

Kees Jongkind heeft een sterk filmpje gemaakt over de werkwijze van de radio tijdens de Tour en mede daardoor krijgt dit programma, zonder dat we een prachtige setting hebben, een mooie lading.

Ik krijg direct na afloop sms'jes van vooral radiomensen uit Hilversum. Ons blijkt ons niet alleen te kennen, maar ook te waarderen. Voor velen is Van Kooten een icoon. Voor mij zeker, daarom vind ik het ook zo leuk dat hij daar zat; de kwajongen voor altijd.

We komen om half twee in de nacht in ons fraaie motel aan, nadat we met z'n allen eerst hebben opgeruimd in Nantes en in een lange sliert de stad hebben verlaten. Een van de nieuwe gasten, de jonge Lars Boom, zit aan een biertje en voert goede gesprekken; hij sluit volgens mij de bar die nacht.

Pas tegen half drie kom ik met strakke nekpijnen kamer 409 op. Aspirines helpen niet meer. Om met Joost den Draaijer te spreken: Ungaaaaaaaaaaaaaaaaaaaaaaaah!

8 juli

We moeten vandaag een beetje om de koers heen rijden en dat vraagt enige inventiviteit. Onze eerste discussie in de auto, als we om elf uur bij het motel wegrijden, is dan ook: vertrouw je blind de TomTom of moet je toch altijd een kaart bij de hand houden? K., scherp rijdend langs de Loire, heeft een derde vorm, zeg maar de vrouwelijke variant daarbij gevonden: je zegt 'ja' tegen de TomTom, maar als je het zelf beter denkt te weten, dan volg je je eigen weg. Ik zeg dat zoiets niet werkt. Half werk is hier dodelijk. Het is hinken op twee gedachten; je weet óf zelf de weg en rijdt consequent hoe je eigen richtingsgevoel je dat ingeeft óf je zet dat ding aan en volgt gedwee wat de computer je aangeeft.

Ik denk dat wij in de auto bijna dagelijks wel een woordenwisseling hebben over de richting waarin we gaan. Dat zijn geen schreeuwpartijen, maar opmerkingen (van mijn kant) als 'Is dit werkelijk de goede weg?', waarna een antwoord komt à la: 'Anders kies ik deze route niet, want ík rijd toch, en dat ding geeft het ook aan.'

'Dat ding' onderscheidt geen wegopbrekingen, geen omleidingen, geen afgesloten wegen voor de Tour de France, geen uithollingen overdwars. Het levert wel mooie momenten op in de auto. De TomTom zegt 'links' terwijl vlak voor je neus een bord 'rechts' zegt. Wat doe je dan?

Ons volgende onderkomen is een prachtig kasteel aan de Loire, Hotel Le Prieure in het stadje Chênehutte-les-Tuffeaux. Eerst lunchen we goed (een zeeduivel, lamsboutjes, samen een half flesje wijn) en daarna komen we in het chateau aan. Ik ga vanwege de rugpijn eerst slapen en zie dan de etappe. Stefan Schumacher wint de tijdrit en Mentsjov herstelt zich. Hij staat nu elfde in het algemeen klassement.

Bert Wagendorp, columnist bij *de Volkskrant*, en Lars Boom zijn de gasten. Het wordt een zinnig en zeer goed gesprek. Maaike steekt na afloop direct haar duim op: de inhoud was prima. Bert is een goede maat van me. Hij volgde vroeger als *Volkskrant*-journalist de Tour, week later als correspondent uit naar Engeland, kwam weer terug naar Nederland en heeft zijn draai nu gevonden op pagina drie. Hij schrijft helder en mooi, ook in zijn boeken. Al vier jaar hebben we hem gevraagd in het programma te komen, maar het kwam er nooit van. Hij houdt niet van vliegen.

'Was het wat?' vraagt hij direct na afloop. Iedereen is enthousiast en we gaan nog wat drinken.

Boom blijkt een geboren verteller. Zijn jeugd hindert hem niet in dit gezelschap, sterker nog, hij is een jonge hond. En hij drinkt vrolijk mee; het zijn vakantiedagen voor hem, aan het einde van de week gaat hij er weer hard tegenaan.

We gaan allemaal laat naar bed.

9 juli

Aan de ontbijttafel zegt iemand dat *de Volkskrant* vrij lovend heeft geschreven over de film over Lemond. De vlag gaat natuurlijk direct uit. Zelfs met *Volkskrant*-man Wagendorp aan tafel worden er gekscherende opmerkingen gemaakt over de krant, hun journalisten en hun televisiecriticus, Wim de Jong. Ik bedenk dat er eigenlijk een afdruk van het besprokene naar hoofdredacteur Pieter Broertjes zou moeten worden opgestuurd. Tot lering ende vermaak.

Als zo vaak, schud ik even met de schouders en ga verder. Kritieken, cursiefjes, leuk bedoelde cynische bijdrages of andere probeersels om televisie 'te bespreken' laten me al ruim twee decennia vrij koud. Dat heb ik wel geleerd. Vroeger kon ik er met Maartje van Weegen fel over debatteren. Zij was echt geraakt als er weer eens een kritisch stuk over haar verschenen was. Ze zocht de onwaarheden in de redeneringen die ze las en die vond ze moeiteloos. Kees Jansma was ook zo fel in die dingen. Hij belde direct de scribent op en zocht de tegenaanval. 'Aanpakken die lummels,' riep hij strijdvaardig en schold dan weer iemand de huid vol. Ik maakte zo'n gesprek weleens mee: echte humor was er heilig bij.

Ik heb een wat andere benadering. Ik stam uit een tijd dat Herman Hofhuizen bij *De Tijd*, Nico Scheepmaker voor de GPD-bladen en Wim Jungman bij *Het Parool* over televisie schreven. Soms belden die mensen je op en vroegen dan over het hoe en waarom achter een programma, een documentaire of een studiogesprek. Scheepmaker deed dat vrijwel altijd. Het gaf een vertrouwenwekkend gevoel; hij was dan geen vreemde voor je als je het stukje later las en hij kon toch duidelijk maken dat hij het ergens niet mee eens was. Zijn kritieken werden algemeen gewaardeerd in het vak, net zoals die van de andere twee mannen.

Vanaf het begin van de jaren tachtig ben ik van mening dat die mannen en vrouwen die in kranten en bladen stukjes schrijven over wat ze gezien (en ook weleens: niet gezien) hebben, gewoon moeten doen wat ze denken te moeten doen. Ik lees die stukjes zelden, ben heus weleens flink geraakt geweest, maar weet ook dat er soms best reden is voor kritiek. Ik zeg niet dat kritiek me niet raakt, maar ik kan ermee leven. Ik bel niet op, ga niet schreeuwen, stuur geen ingezonden brieven. Ik herinner me dat Ephimenco in de NRC (op de sportpagina) ooit eens een kwetsend stukje over me schreef. Ik liet toen voor het eerst in mijn leven weten dat ik boos was. Hij schreef terug dat ik er toch ook niet vies van was om mensen aan te pakken en dat ik er maar tegen moest kunnen. Na dat antwoord raakten zijn woorden me niet meer; ik zag bovendien in al zijn stukjes een onaardige tendens.

Bovenstaande laat onverlet dat het prettig is als er positief over een programma geschreven wordt waar je aan meewerkt. Ik denk dat er van alles aan te merken is op de werkwijze van de NOS afdeling Sport, maar dat we deze zomer toch geregeld behoorlijk goede uitzendingen hebben verzorgd, eerst in Zwitserland, nu in Frankrijk en later proberen we dat ook in China. Of Wim de Jong van *de Volkskrant* ons werk mooi vindt of niet, wij werken volgens onze principes en ik doe wat in mijn vermogen ligt om daaraan bij te dragen.

We besluiten na een onverwacht lange autorit eerst de spullen in ons hotel te gaan neerzetten; een daad die gevolgen heeft.

We moeten in het stadje Le Blanc zijn, in een hotel dat Domaine de l'Étape heet, zoals ons Tourboek aangeeft. De TomTom weigert in het stadje dienst, burgers op de stoep hebben geen idee als we de weg vragen.

We vinden een oud bord en rijden voorzichtig een oprijlaan in.

Eén kilometer, twee kilometer en op het moment dat we willen omdraaien, staat er weer een bord: Château a 500 mètres.

Midden in een bos staat een groot, oud, vervallen kasteel met links ervoor koetshuizen. Ik loop naar de deur en klop. Niets. Ik loop om het gebouw heen. Niets. Ik roep. Niets.

Dan gaat ineens een deur open en staat er een meisje van een jaar of twintig in de deuropening. Ze draagt een vieze voorschoot en kijkt me lacherig aan.

Ik kom dichterbij en vraag of zij van het hotel is. Blozend draait ze zich af. Ik zie dat ze verstandelijk gehandicapt is.

Ik vraag haar of er nog meer mensen in het pand aanwezig zijn en zij roept een naam de gang in.

Een andere werkster komt aansloffen en monstert me. Ik vraag of de eigenaar er is en zij zegt dat ze zal bellen. Het hotel gaat vanavond pas open, zegt ze streng. En maar voor één nacht, roept ze me na.

Een kwartier later komt een aardige man ons helpen. Hij bewaakt de boel een beetje. Een Belg heeft dit oude, gammele ding gekocht en soms zijn er bruiloftsfeesten, vooral op zaterdagavond. Hij, Fransman, woont in het dorp en is zo'n beetje toezichthouder.

Hij gaat ons voor naar de kamers. Muf, warm en vol insecten, constateren we. De man haalt zijn schouders op: er komen weinig mensen de laatste weken. Hij zal proberen de zaak zo goed als het kan schoon te krijgen. De vrouwen die ik in het hoofdgebouw gezien heb, zijn al een dag aan het werk. Hij wil die avond graag een glas aanbieden. Weten we ook hoe laat we allemaal arriveren? Ik reken snel en zeg: '*Vers deux heures...*' Hij kijkt me aan of ik gek ben.

We zetten onze spullen op een van de kamers, hopen dat het allemaal goed komt en gaan op weg naar de uitzendlocatie, die eveneens moeilijk te vinden is.

Het heet er Moulin de Bord in Argenton-sur-Creuse en we doen er een dik uur over. K. zet me af en draait meteen de weg weer op; ze gaat naar haar zuster, die honderd kilometer verderop met haar man een huisje heeft. 'Ik meld me wel weer,' zijn haar laatste woorden als ze gas geeft.

Om met de technische wagens bij de oever van het riviertje te komen, hebben onze jongens flink moeten zagen aan dikke takken die over paden en het water hangen.

We kijken, lui liggend in de warme middagzon, hoe de jonge Brit Mark Cavendish de sprint wint. Gedurende de hele etappe zijn er Franse renners vooruit die, uiteraard, vlak voor de finish bijgehaald worden; het sjabloon van de eerste Tourweek. Niet goed voor de kijkcijfers, roept iemand.

We krijgen bezoek van weervrouw Marjon de Hond, haar man, (de grappige en goede) televisiemaker Arjan Nieuwenhuizen en hun onvolprezen leuke, jonge dochter Roos. Ik haal bij een traiteur worsten, kaas, andere hapjes en wijn en het wordt gezellig.

's Avonds gaat een leger van miljoenen insecten de aanvliegroutes naar onze lampen bezetten en vluchten wij even met al onze gasten naar een restaurant dat niet op het bezoek van de Tourkaravaan is berekend. Terug bij het water, in het schijnsel van de lampen, zien we wolken insecten hangen. Het wordt dus insmeren en wrijven en krabben voor iedereen.

Gast Tijs van den Brink voldoet niet aan het cliché van de EO'er (geen kennis van sport) en blijkt een gepassioneerd radioluisteraar van de Tour te zijn. Tijs is gewoon zichzelf en heeft een goed verhaal. Zijn tafelgenoot is Guus Moonen, een man die vooral lang fietst, 1600 kilometer in één ruk en dat soort maffe dingen. De introverte man ziet niets vreemds in zijn hobby. Hij fietst liever dan dat hij praat, zegt hij maar steeds. Ik krijg er niet veel meer uit dan dat lang achter elkaar doorfietsen zijn passie is.

Als we afgebroken en opgeborgen hebben en er miljoenen dode insecten stinkend op de kade liggen, proberen we 'en groupe' naar het hotel terug te rijden. Als je midden in de nacht voor het eerst ons onderkomen moet zoeken, verdwaal je zeker.

Tegen tweeën 's nachts komen we inderdaad aan en staat die aardige man van 's middags er weer. Hij trekt vlot de champagneflessen open en dan wordt het nog even gezellig. De meesten gaan om half drie slapen. Een enkeling probeert nog een biertje.

10 juli

Bij het ontbijt komen de verhalen. De een had een muis in de kamer, de ander vlooien in bed, er zoemden ettelijke muggen, pissebedden op de dekens, de wc stonk, te dunne handdoekjes...

Mijn ochtend begint met een telefoontje. Ik weet dat het radiomaker Giel Beelen is, die ik echter niet kan verstaan. We zitten hier *in the middle of nowhere* en voortdurend valt zijn stem weg.

Giel stalkt me al een tijd. Dat is niet leuk en bij tijden zelfs ronduit vervelend. Hij denkt waarschijnlijk dat hij gevat of misschien wel geestig is, ik vind hem brutaal en bij tijden dom. Onaangekondigd trekt hij je in zijn uitzending, vaak met botte, half provocerende opmerkingen die vuig en smerig van toon kunnen zijn. Zijn taalgebruik is beperkt voor een radioman. Beschaving is ver te zoeken en dat weet hij ook. Ik doe niet graag mee aan die provocaties. Wat hij ermee voor heeft, snap ik niet. Waarschijnlijk worstelt hij met zijn talent of zijn identiteit, maar het slaat allemaal nergens op wat hij nu doet. Hij moet ongelukkig zijn, of ergens een klap in het leven gekregen hebben, is onze conclusie als we zijn werkwijze bespreken.

Ik zeg deze ochtend netjes en correct dat ik niets kan verstaan en leg dan neer. De dag kan beginnen.

Om in ons volgende hotel te komen moeten we uren snelweg nemen; geestdodend, maar wel beter dan het doorkruisen van het Central Massif over D-wegen. We lunchen matig in Tulle en halen ons hotel in Chatelguyon halverwege de middag. De etappe boeit, helemaal omdat de jonge Italiaan Riccardo Riccò de andere toppers te kijk rijdt. Hij wint sterk.

K. is al twee dagen triest nu ze weet dat haar broer door de doktoren opgegeven is. Definitief. Het kan een kwestie van maanden zijn, maar ook van weken. Volgende week gaat ze bij hem langs. Hij woont bij Orange en daar komen we in de buurt. De onuitgesproken vraag blijft die avond boven ons hangen: is dat op tijd?

De gasten aan tafel hebben beiden geen wielergeschiedenis. Jaap de Hoop Scheffer, geëscorteerd door vier gorilla's van de Navo, van wie we overigens geen enkele last hebben, klimt op de fiets om het parkoers te rijden. Voortdurend wordt de Navo-secretaris van zijn fiets gehaald door Franse dienders die niets snappen. Het houdt het maken van een boeiend filmpje flink op.

De andere gaste is Janna Rijpma, een kennis van vroeger, toen ze bij de AVRO werkte. Janna doet tegenwoordig in wijnen en weet daar veel van. Haar charmante verschijning valt op, maar ik heb in de uitzending te weinig overwicht om haar 'optreden' enigszins in te perken of zelfs maar te sturen. Haar idee is goed: ze vlecht wijn en karakters van mensen door elkaar en verhaalt daarover.

Later zullen kijkers reageren dat ze het een 'enig onderwerp' vonden. Anderen vonden het niets omdat het te ver van het fietsen stond. Ik neem mezelf kwalijk niet goed te hebben ingegrepen. Ik besef ook dat de Tour deze avond inderdaad wel erg ver weg was. Riccò? Waar? Wie? Ook mijn schuld. Slecht gewerkt dus. Ik had beter moeten weten. De nazit met heel veel wijn en champagne mis ik. K. wil slapen. Heel lang. Ze is triest.

11 juli

Na het karige ontbijt praat ik met Jan Stekelenburg over het gebruik van meer filmpjes. We hebben beiden een wat katterig gevoel over de laatste uitzending, hoewel we alletwee telefonisch veel complimenten hebben gekregen.

We rijden lang via de snelweg naar het zuidwesten en spelen twee complete cd's af: eerst de altijd rustgevende 3e symfonie van Sibelius (dat staat K. me steeds weer moeiteloos toe) en later Leonard Cohen.

Ons hotel is keurig en opgeruimd en ik zie de etappe met Frans commentaar. Die mannen schreeuwen voortdurend en Laurent Fignon, hun analist, verbetert de commentatoren met speelse hardnekkigheid. Vóór in het peloton ontstaat een valpartij, maar de Franse regisseur mist die beelden. De gevolgen van die val zijn groot. Een armada aan CSC-renners gaat voluit rijden en het wordt een krankzinnige etappe waarin gejaagd wordt en slachtoffers vallen. Is dit een open rekening die vereffend moet worden? Damiano Cunego lijkt het grootste slachtoffer. Hij geeft deze middag al op; geen toppositie voor hem dit jaar in de Tour, hij zal kansloos doorrijden. De Spanjaard Luis Sanchez wint solo de etappe en we plannen, als we elkaar bij de uitzendlocatie treffen, een gezamenlijk etentje om half negen.

Dan komt het bericht dat Liquigas-renner Manuel Beltrán positief is (epo) en begint het bekende circus weer. Extra bijdragen voor onze eigen programma's, het *Journaal* meldt zich ook meteen en dus sta ik in een winkelstraatje van Sarlat en draai teksten af als: 'Beltrán behoort bij de generatie oudere renners, inderdaad een suspecte groep, want ze wisten hoe het moest in de laat jaren negentig...' Soms, als ik mezelf hoor, denk ik dat garnalenvisser of meubelmaker ook een heel mooi beroep voor me zou zijn.

De gemaakte promo's voor die avond kunnen weggegooid worden, want weer is de Tour 'geraakt' en de zedenmeesters nemen hun stellingen direct in. Ik stel mezelf de vraag: ben ik verbaasd? Mijn antwoord: nee, niet in het minst. Wat bewijst dat? Dat ik immuun ben geworden voor verhalen over 'gepakte' renners? Waarschijnlijk wel. In dit geval zeker.

Aan tafel zitten die avond fotograaf Chris Keulen, een man die buitengemeen fraaie reportages in Afrika gemaakt heeft en die leuk de linkerkant van het menselijk speelveld bewandelt. Hij heeft niets van de fotografen die duwend voor een goed plaatsje bij de finish staan. Hij toont ons vaak de mens in zijn naakte bestaan. Opsmuk bestaat niet bij hem en als het er is, werkt het potsierlijk.

Zijn tafelgenoot is wielrenner Maarten Tjallingii, een nogal atypische renner. Vegetariër, bijna veganist, wereldburger, reiziger, avonturier, ontdekker en ja, ook profwielrenner. Hij was eerste reserve bij Silence-Lotto, maar ik denk dat zijn persoonlijkheid, zijn gedragingen en zijn manier van denken en doen niet goed passen in de ploeg van Cadel Evans.

Ik ben erg blij met de uitzending, Jan ook. Na afloop loopt hij op me af en steekt zijn hand uit. Dat is een goed teken. We drinken bier en wijn op de marktplaats; er heerst een goede sfeer in de groep, zelfs om één uur in de nacht.

12 juli

Het regent hard. Al snel wordt besloten de binnenstad van Toulouse te mijden voor de avonduitzending. We blijven bij ons hotel, een merkwaardig golfresort (maar dan Franse stijl), dat die middag stil en rustig blijft. Regen betekent ook: geen golf.

Pas tegen de avond komen renners van vijf ploegen naar dit oord en is er enige reuring, maar gezellig wordt het er nooit. Het is een beetje troosteloze situatie hier. Golf en Frankrijk, dat werkt niet goed. De obers in het hotel hangen verveeld te wachten op klanten en als die er eindelijk zijn (wielrenners en Tourvolgers) hebben ze ineens geen zin meer iets te doen.

Cavendish heeft weer gewonnen en lijkt de niet te kloppen sprinter in deze ronde. Ik heb naar de finale van de etappe gekeken en ben een aantal maal in slaap gevallen. Verveling of grote moeheid? Jezus, wat een verschrikkelijke dag: regen en een saai hotel en we moeten nog een uitzending gaan maken.

Het gekke is dat ik al de hele dag weet dat het vanavond goed gaat worden. Noem het overdreven zekerheid, maar het onderwerp vandaag is gewoon goed: Kai Reus.

Voordat we beginnen, hebben we het over de uitspraak van de Franse minister van Sport op de Franse televisie: 'Wij in Frankrijk hebben nu de juiste wijze gevonden om de valsspelers te vangen. Ons systeem werkt.' Akkoord, de Fransen hebben Beltrán nu gevangen, een oude, trouwe strijder die al anderhalf decennium zijn edele delen afdraait in de zware etappes waar hij voor welke kopman dan ook rijdt. Hij heeft waarschijnlijk gedaan wat hij altijd gedaan heeft: zichzelf een beetje sterker maken voor etappes dat hij op kop moet gaan rijden. Een wielrenner is ook een gewoontemens, denk ik. Ik wil daarmee al die epo-slikkers niet vrijpleiten. Het is zo ongelooflijk stom, want die arme jongens snappen toch ook wel dat met het verbeteren van allerlei technieken de pakkans groter wordt. Beltrán is dus een domme jongen en voor hem is het meteen einde loopbaan. Hij heeft veel geld verdiend bij Armstrong en hangt nu. Hij kan naar huis en hij kan proberen in het normale leven een plaatsje te krijgen, terwijl hij weet dat hij nagewezen zal worden. Jammer voor hem, maar dan had hij zijn hersens maar moeten gebruiken. De vraag is wel: had hij zonder epo ook gereden zoals hij nu nog steeds rijdt? *That's the question!*

En die minister, Laporte, is een mislukte rugbyspeler zonder verstand. Zijn tegenstanders roemen zijn ongekende domheid en het feit dat hij geen enkele dossierkennis heeft. Hij is een schoolvoorbeeld van de moderne politicus: hij weet weinig, maar heeft een goede naam en presenteert zich goed, zeker als oud-sporter. Maar om nou in het openbaar te stellen dat alleen en juist Frankrijk de plaats is waar valsspelers in de sport 'gepakt' kunnen worden, is vreemd. Ik denk dat er heel wat laboratoria ter wereld te vinden zijn die ook heel goed werken. De Fransen komt wel de eer toe al snel in deze Tour met een opmerkelijke vangst te komen, dat is waar. Renners die dachten dat hun nieuwe, derde generatie epo niet traceerbaar zou zijn, hebben pech.

's Avonds aan tafel gaat het goed. Reus is een aimabele, wat schuchtere jongen gebleven. Hij is zich bewust van zijn positie. Naast hem zit Jos Benders, arts uit de omgeving van Maastricht en rondearts bij veel Nederlandse wielerwedstrijden. Hij doet dat onder de naam van de organisatie waar hij erg druk voor is: Service Médicale. Er zijn ook mensen die hem herkennen van zijn bijdrages in *De Telegraaf*.

Benders is een typische Limburger in zijn doen en laten. Het leven heeft prettige kanten daar, maar in zijn vak moet je toch serieus zijn. Hij is zich dat bewust. Omdat het verhaal van de jonge renner zo prangend is, omdat Reus zo diep in zichzelf durft af te dalen, beseft Benders dat hij moet zwijgen. Alleen op goede momenten komt hij er even tussen met nuttige aanvullingen; deze avond is het toch vooral het indrukwekkende verhaal van die jonge renner die een jaar eerder voor bijna dood op een Franse bergweg werd gevonden en die nu, heel voorzichtig, bezig is op te krabbelen. Reus vertelt, wij luisteren en we zijn door de uitzendtijd heen voor we het weten. Tot slot zegt hij dat hij zijn meest intieme momenten, waarschijnlijk de beelden die hij in zijn hoofd heeft van zijn bijna-dood, nog moet verwerken voordat hij daar met anderen over kan praten. Hij is nog niet zover.

Zo zijn we erg ver van de Tour vandaan geraakt met dit gesprek, maar vanavond vind ik dat het kan. Dit was zeer wielrennen-gerelateerd en uiterst boeiend. Na afloop zijn we er ook allemaal stil van. 'Indrukwekkend,' zegt Pascal Clement, die de regie in handen heeft nu Matthias Bouman naar Nederland terug is. Die laatste zie ik later in Peking weer terug. Pascal staat er bijna trillend en met een shagje in de hand bij. Hij had mooi materiaal vanavond, want de jongensachtige kop van Reus, zijn rustige manier van praten en vooral de kleine, priemende stiltes die soms vielen, waren machtig speelgoed voor een televisieregisseur. Anderen spreken van een topuitzending en ik zeg dat ik de beelden nog weleens terug wil zien. Dat zal er niet van komen.

Omdat we vanwege het slechte weer nergens lekker kunnen uitzakken en de bar van het hotel van ongekend diepe droefenis is op dit vroege uur, vertrekt iedereen naar haar of zijn kamer. De meesten doen dat in stilte. Het verhaal van Reus heeft er bij ons allen flink ingehakt.

Op mijn kamer bekijk ik mijn mail en de vele sms'jes. In de middag meldde Nynke zich. Omdat het in Haarlem ook pokkenweer was, werd de wedstrijd van de nationale honkbalploeg eerst uitgesteld en vervolgens afgelast. Om het wachtende publiek bezig te houden werd een originele homerun-derby georganiseerd.

Ze heeft een keer gebeld dat Tjerk de ballen er in de eerste ronde ruim uit staat te timmeren. Haar enthousiasme groeit als ze later bericht stuurt dat hij er nog steeds in zit. Hij blijft maar knallen: 'Pap, hij slaat ze er allemaal uit!'

Dan, om 16.47.42 uur stuurt ze de volgende tekst: 'Homerun King! Jeeee! X.'

Ik kan me indenken hoe ze zich daar in dat natte stadion in Haarlem voelt. Haar broertje, met wie ze zo'n speciale band heeft, wint de homerun-wedstrijd en bewijst zich op dit vlak. Zelfs in de koele lettertjes op mijn display voel ik haar trots. Ik deel dat gevoel in stilte.

13 juli

We kiezen voor een rustig vertrek uit Toulouse en hebben richting Bayonne uitsluitend autobaan voor ons. Op zondag rijden er geen vrachtwagens en is het dus tamelijk rustig.

Ik weet dat de spelers van de honkbalploeg deze ochtend te horen krijgen of ze meegaan naar Peking of afvallen en teleurgesteld het hotel kunnen verlaten. Tjerk heeft me eerder in de week verteld dat ze op alfabetische volgorde naar de kamer van coach Eenhoorn worden geroepen. Hij zit vrijwel achteraan en moet lang wachten. Ik dus ook.

In de auto is het stil. Ik hoop zeer dat hij de ploeg haalt, maar ik ben er niet zeker van. K. kijkt me van opzij aan en zegt niets, ze klopt me alleen op mijn linkerbovenbeen. Even later doorbreekt ze de stilte met: 'Spannend hè?' Ik knik. Heel spannend.

Het wordt elf uur en de telefoon blijft stil. Kwart over elf. Niets nog. Half twaalf. Ik zet de radio iets harder en K. kijkt me weer aan. Ik zeg niets. Mijn binnenste rommelt en ik voel een lichte hoofdpijn.

Zeven minuten over half twaalf. Eerst trilt het apparaatje, dan volgt de ringtoon. Ik neem op: 'Zeg het maar Tjeb.' Hij antwoordt met rustige stem: 'Ik zie je volgende maand in Peking.' Over *famous first words* gesproken.

Ons gesprek duurt niet al te lang. Ik feliciteer hem en K. roept hard: '*Yes, yes, yes,*' en balt haar vuist in de lucht. We hangen op en ik voel dat ik natte ogen krijg.

Hij heeft bereikt wat hij wilde. Helemaal alleen. Ooit had hij een droom en die heeft hij waargemaakt. Ik heb daar enorm respect voor. Ineens zie ik hem weer terug als achttienjarige jongen. Alleen naar Amerika, alleen proberen honkballer te worden. Alleen op weg naar iets dat hij in zijn hoofd had gezet. En wat er bij hem inzit, krijg je er niet snel uit.

In de auto blijft het even stil, dan lachen we elkaar toe. Ik zeg alleen maar: 'Geweldig.' K. knikt. Ik tik het nummer van Jan Stekelenburg in en als hij opneemt zeg ik alleen maar: 'Je hebt een oud-leerling in Peking.' Jan reageert kort en warm.

Later vertellen de mensen die op dat moment bij hem in de auto zaten, dat hij grote vochtige ogen had toen hij het nieuws doorvertelde. Hij kent Tjerk zo goed en heeft hem, niet alleen als rector, maar al lang daarvoor en daarna van dichtbij gevolgd.

We lunchen en ik bied maar een flesje champagne aan, dat hoort er nu immers bij. Als ik Kale Kees Bos zie, onze manus-van-alles en ons geweten op het gebied van keihard werken, krijg ik een *bearhug* van jewelste. Kees is een groot honkbalfan en snapt wat er gebeurd is. Hij knuffelt me en roept dat hij enorm trots op Tjerk is. Weer voel ik die enorme warme gloed door mijn lijf trekken. Ik wist niet dat het zo diep bij me zat.

Gast Peter Ouwerkerk, vriend sinds jaren, heeft een zak vol Nederlandse kranten meegenomen en iedereen zit in de late middag lekker te lezen in het parkje voor ons hotel. We doen de uitzending uit de muziekkoepel. Daaromheen staan nu nog allemaal kunstenaars hun waar te verkopen. Sommigen schilderen nog of boetseren.

K. zegt later dat de uitzending met Ouwerkerk en Maarten Ducrot een ongekend hoog 'wiellulgehalte' kende. Ze noemt ons drie fanatieke, grote kinderen die het heerlijk vinden ongegeneerd over de Tour te kletsen.

En zo was het ook. Ongeremd, nauwelijks bespied door camera's en gestoord door microfoons konden we ons gang gaan. Praten over de Tour, het ophalen van verhalen, het vertellen van anekdotes of, in dit geval zelfs het stellen van quizvragen. Alles was deze avond gepermitteerd. Dit was de insideravond in deze Tour en we schaamden ons er niet voor. Tot half drie bleef de bar van het hotel open. We zaten op de veranda en ik gaf nog een grote ronde voor iedereen. We dronken op een Peking-ganger, die nu waarschijnlijk wel lag te slapen in Amsterdam.

14 juli

We blijven drie dagen in dit hotel dus worden koffers en tassen uitgepakt. Op zoek naar een wasserij moeten we vaststellen dat Quatorze Juillet inderdaad een feestdag is. Jammer dus. Alles gesloten.

Ik slaap uit. Doordat ons bereik op de telefoontjes hier zeer matig is, mis ik mijn vaste lastpost. Dat scheelt ergernis.

De renners van Saunier Duval rijden in de finale van de mooie bergetappe de anderen helemaal zoek. Je dient dan tegenwoordig direct te roepen: 'Dat kan niet.' Was dat vroeger bij Merckx, Hinault of Rooks & Theunisse ook zo? Gingen toen ook direct de voelsprieten omhoog en vertrouwden we de boel niet?

Onze uitzending vindt plaats aan een snel stromend gekanaliseerd watertje dat door de stad loopt. Vakantie vierende Nederlanders kijken van afstand toe. Een man roept me toe: 'Hé Smeets, wie is die man naast Boogerd?' en ik antwoord: 'Minister Eurlings,' en de man roept terug: 'Maak dat je moeder wijs, dat is toch een televisiepresentator van RTL! Kom hoe heet ie? Die met dat lekkere mokkel van jullie *Journaal* getrouwd is. Je weet wel!'

Minister Camiel Eurlings blijkt een grappige man van deze tijd te zijn die zich moeiteloos aanpast aan het gezelschap. Zijn Limburgse afstamming en zijn drang alle aspecten van het leven maximaal te testen, maken hem direct tot een favoriet van de hele crew. Hij heeft al eens met Michael Boogerd gekoerst, dus de gasten aan tafel kennen elkaar. Het wordt een goede, spontane uitzending. Ik mis de nazit omdat de nek weer niet meedoet en slapen vereist is. Later begrijp ik dat de minister van Verkeer een grote voorganger was en dat vrijwel de gehele ploeg koorddansend door de nacht is getrokken. De eerste rustdag is op komst en dan gebeurt dat vaak.

15 juli

Al vroeg op pad met cameraman Peter Bakker. We gaan een filmpje maken in Pau en moeten flink doorrijden om op tijd bij het hotel van CSC te zijn. Peter en ik maken al twintig jaar samen televisie over de hele wereld en hebben een hechte band. Hij weet wat ik wil en ik ken zijn camera-instellingen. Het monteren van zijn materiaal is een fluitje van een cent.

Bij CSC horen en vooral zien we hoe Bjarne Riis zijn ploeg als eenheid naar voren brengt. Alle renners zijn aanwezig; niet alleen de succesnummers die de broertjes Schleck nu ineens zijn in deze Tour, maar ook de knechten en al het personeel. Niemand van de niet-Spaanssprekenden heeft die ochtend aandacht voor Carlos Sastre. Peter maakt een waanzinnig shot met scherpteverlegging waarbij de grappig georganiseerde chaos bij deze Deense ploeg heel goed vastgelegd wordt. Het beeld toont de introverte Riis op de voorgrond en daarachter de wriemelende zooi rond de broertjes Schleck.

Peter gaat met Kees Jongkind verder voor een ander onderwerp en ik word gedumpt in het hotel waar de Rabobankploeg huist en waar onze montagewagen staat. Bijna besmet gebied zou je mogen zeggen, want uit dit hotel werd een jaar eerder Michael Rasmussen 'geschaakt' en weggevoerd naar een geheime plaats. Is het onkies van de Tourorganisatie om deze ploeg hier weer te huisvesten? Heeft iemand daar überhaupt over nagedacht? Of tellen zulke sentimenten niet in deze wereld? Ik spreek Erik Breukink daar kort over aan en hij zegt: 'Ik heb er inderdaad vanochtend even over nagedacht. Wel een gek idee inderdaad.'

Ik monteer eerst en zie later de gebruikelijke rustdagdrukte aan: veel toeristen die, als ware het een dierentuin, langs de wielerbussen slenteren in de hoop een glimp van de renners op te vangen. De brutaalsten lopen het hotel in en proberen dingen te scoren: petjes en posters. Je moet je spullen dus goed in de gaten houden.

Er ontstaat aan de koffiebar een gesprek met wat Rabomensen over het 'nauwelijks in beeld rijden van de Nederlandse renners'. Het is een tamelijk hot-item aan het worden de laatste dagen, iets dat 's middags tijdens een NOS-radiouitzending nog maar eens bewezen wordt: het is hét gesprek van de dag. De kijkcijfers bij onze rechtstreekse middaguitzending vallen licht tegen en in de avondprogramma's valt ook weinig te juichen over Nederlands succes. Dat voelen wij het eerst in onze rapportcijfers. Een Nederlands succes genereert moeiteloos drie- tot vierhonderdduizend kijkers meer.

De Rabobank is er op deze rustdag vrij simpel over: alle ballen op Mentsjov. Is dat verstandig? Zijn de Nederlandse Tourfans geïnteresseerd in deze fraaie Russische zwijger?

Tot nu toe heeft hij een duur foutje gemaakt door zich te laten verrassen in de windetappe, maar staat hij in het algemeen klassement nog geruisloos in de top. Zoals manager Harold Knebel stelt: 'Hij voldoet. De pers wil graag een goedlachse, honderduit pratende vedette. Jammer, maar zo zit hij niet in elkaar. Wij accepteren dat. Wij kijken slechts naar zijn uitslagen.'

Een collega roept: 'Naar de zee kijken is interessanter dan Mentsjov hier te volgen.' Er wordt stilletjes gegniffeld.

Ik zeg Knebel dat de andere kant van de medaille is dat we zelden of nooit zijn Nederlandse ploeggenoten in beeld krijgen. In een dikke week Tour hebben we alleen Niki Terpstra gezien. Iedereen begrijpt het standpunt van de bankploeg, maar heeft men binnen die club wel oor voor de vox populi? Of is een én-én-situatie niet mogelijk, nu ze hebben gekozen voor een topplaats van Mentsjov? Dan maar geen Nederlandse jongens mee in de aanval? De bankmensen nemen wat kribbig afscheid, zo voel ik.

De avonduitzending komt uit de tuin van Hotel Navarra in Pau, waar Lance Armstrong in zijn Tourdagen vaak verbleef; ver weg van de massa, in een stille wijk met Engels aandoende villa's.

Omdat de Australiër Cadel Evans nog steeds een geduchte kandidaat voor de eindoverwinning is, lijkt het een goed idee zijn Vlaamse (in Nederland wonende) ploegleider Henrik Redant uit te nodigen. Aan de zijde van Boogerd schetst deze rustige man een mooi beeld van hoe men bij Silence-Lotto denkt te gaan winnen. Evans doet niets anders dan meerijden. Etappezeges zijn niet belangrijk, als hij maar bij de beste drie klimmers meegaat. Redant maakt duidelijk dat de slottijdrit dan allesbepalend is. Boogerd vindt dat een gevaarlijke tactiek. Hij wil graag aanvallend fietsen zien. Redant zegt dat Evans zich prettiger voelt met een defensieve manier van koersen.

Daardoor ontstaan op het nazitterras weer gesprekken over de tactiek. De meeste aanwezigen vinden dat deze Tour bepaald geen grote ronde genoemd zal gaan worden omdat het ontbreekt aan aanvallend ingestelde renners. Defensief fietsen blijkt hier meer op te leveren dan het aanvallende fietsen van de broertjes Schleck. We zijn nog niet eens op de helft van de Tour en de grafrede lijkt al geschreven.

We moeten nog drie kwartier door de nacht naar ons hotel rijden, waar nog een piepklein glaasje klaarstaat. Wat nou rustdag? Acht uur in de ochtend de deur uit en om half twee 's nachts terug.

16 juli

We rijden naar Mirepoix. Ver weg dus en eerst tweeënhalf uur autoweg. Om de Tourkaravaan te omzeilen, moeten we vervolgens al behoorlijk ver voor Foix kleine weggetjes gaan rijden. Kaartlezen vind ik leuk. Tony Eijck belt en zegt dat ik die avond in een goede tent zal eten en slapen. Hij is al ingeseind.

We bereiken Relais Royal ruim op tijd en de eigenaren staan klaar met een welkomstglaasje champagne. Kijk, *now we are talking*. Twee Nederlanders hebben het gewaagd hier een klein paradijsje op te bouwen. In deze relatief stille streek, de Ariège, getuigt dat van lef.

Ik kijk op mijn gemak naar de etappe (met Nederlands commentaar, via de schotel op het grote huis) en maak aantekeningen.

Omdat ik even een kleinigheidje wil eten, verlaat ik mijn kamer en moet ik een ruimte passeren waar zojuist de gasten van de Rabobank zijn neergestreken voor hun middagborrel. Ik excuseer me netjes en hoor een van de dames op licht-geaffecteerde toon zeggen: 'Goh, die NOS zit hier ook.' Ik weet niet waarom het me zo opvalt. Is het omdat er 'díe NOS' wordt gezegd, iets dat krom en licht geforceerd aandoet, of is het de manier waarop de vrouw in kwestie haar verbazing, vermengd met welke andere gevoelens dan ook, uitspreekt. Ik zeg alleen maar: 'Inderdaad,' en er volgt stilte.

Het is avondmarkt in het stadje en dat trekt in dit geval een apart soort toeristen. Laat ik zeggen: licht artistiek, veel ruim zittende broeken, mondaine, opvallende brilletjes en de geur van Groen Links. Freek de Jonge zei ooit: 'Hangtieten en een rugzak.' Die mensen zien ons, zien wagens met opschriften als 'NOS' en 'Tour de France' en hebben over het algemeen geen idee. 'Komen ze hier dan langs?' vraagt een rustige zestiger die zegt dat hij me herkent.

De vakantiegangers kopen hier mooie gevlochten manden, rustgevende kaarsen, windorgels en fraai met een tandenborstel geschilderde stillevens van bosmeertjes. Eerlijk is eerlijk: ik schaf ook een mand aan, voor de lege flessen thuis. Handig, met een lederen handvat.

We eten groepsgewijs in een restaurant dat ook ingericht is om mensen van het bovengenoemde slag te ontvangen; mensen die 's avonds geen grote haast hebben. We moeten lang wachten. De patrones, een oma die van wanten weet, schreeuwt haar bestellingen de keuken in en maant haar personeel tot snelheid. Die snelheid blijft uit, zodat sommigen al van tafel opstaan voordat de hoofdmaaltijd is uitgeserveerd; het werk wacht.

Ik moet sowieso eerder weg, want we hebben een straaltje te doen. Voor het eerst in deze ronde hebben we een landgenoot die mee is in een kopgroep en de vierde plaats van Koos Moerenhout moet worden gevierd. Ja, het is overdreven, maar een kinderhand is gauw gevuld. Of is het alleen een licht-cynische knipoog naar onszelf en naar de Rabobankploeg?

Koos komt, honderd kilometer bij ons vandaan, voor de camera staan en ik praat met hem. Later 's avonds plakken we dat gesprek in de live-uitzending.

Als we de promo's gaan opnemen, merk ik aan de cameramensen dat er iets is. Reuring. Ik zie ze eerst gebaren maken en dan zelfs van de camera's weggaan en naar het dichtbij staande publiek lopen. Er staat er weer eentje, zo blijkt. De stoorzender vanavond is een vroege zestiger met een opmerkelijk gezonde tint en gekleed alsof hij de vrijdagborrel van de plaatselijke Lions-club net verlaten heeft. Een eerlijk en oprecht AVRO-lid zo te zien, maar deze wil héél graag in beeld. Hij heeft zijn mobieltje aan en spreekt met het thuisfront: 'Kunnen jullie me zien?'

Nee lul, dat kan niet, want we nemen promo's op, maar leg dat maar eens uit aan zo'n man. Onze camerajongens vragen hem of hij zijn kinderachtige acties wil staken. De man loopt langzaam weg, mokkend waarschijnlijk, maar verschijnt weer in het volgende shot, zijn blije kop in een grote grijns getrokken. Over het algemeen heeft Kale Kees de juiste woorden wel in huis, maar dit is een echte doordouwer. Hij probeert het ondanks de verwensingen tijdens de uitzending nog een paar keer. Steeds maar weer in beeld gaan staan, licht zwaaien en steeds weer dat telefoontje erbij. Ik loop op een goed moment naar hem toe en vraag wat hem bezielt. Hij noemt me brutaal omdat ik dat vraag en zegt zijn lidmaatschap van de NOS op te gaan zeggen. Ik schiet terug: 'Graag, en nog een prettige avond.'

Gerard van Maasakkers, de Brabantse zanger, en Tristan Hoffman (nog altijd Hoffie voor de wielerwereld) zijn de gasten. Gerard zingt een mooi lied (*Op de Madeleine*) en heeft een aangenaam rustige manier van vertellen. Hoffie is zichzelf: enthousiast, gepassioneerd en nog altijd renner, hoewel hij toch al drie jaar ploegleider is. De twee vormen een gelukkige combinatie: twee mannen die respect voor de mening van een ander hebben.

Als we opgeruimd hebben, lopen K. en ik langzaam door Mirepoix. Het is stil geworden, de laatste kraampjes sluiten nu pas en bij binnenkomst in ons hotel verwelkomt Rogier, een van de gastheren, ons met de woorden: 'Nog een glaasje?' Goed gastmanschap begint met die woorden, maar wat verder volgt, is geweldig. We proeven wijnen, foie gras, kazen, worst, nog meer rood en wit, en tollen tegen drieën ons bed pas in. Wat zijn er nog ongelooflijk lekkere wijnen in dit land te ontdekken en hoe goed kunnen sommige kazen smaken met stroop of een zelfgemaakte chutney erbij. De vertellingen van de twee Nederlandse gastheren erbij doen de rest. Dit is leven als God in Frankrijk.

17 juli

Onze volgende uitzendplek bevindt zich ergens buiten Narbonne aan zee, maar de chambres d'hôtes van K. en mij liggen dik vijftig kilometer landinwaarts en een klein uur rijden weg. Op zichzelf is dat geen probleem, maar om twaalf uur komt het bericht door dat de domme mijnheer Riccardo Riccò van de al langer zeer verdachte Saunier Duval-ploeg 'positief' is (uiteraard: nieuwe epo) en dat hij direct weggestuurd is en dat, na kort overleg tussen ASO en de ploegleiding, besloten is de hele ploeg maar uit de etappe te halen. Dit is nummer drie; de Tour staat weer op ontploffen, voel ik, en ik bedenk wat ik nu weer moet gaan zeggen in de komende extra uitzendingen.

Riccò – jong en goed en veel bravoure, uit een ploeg met oudere bewindvoerders die allen uit het epo-tijdperk stammen – heeft zijn hand dus overspeeld. Wat een enorme hufter.

Nog geen drie dagen geleden hadden de immer verkeerd gokkende mannen van *l'Équipe* hem als mogelijk nieuwe held in de wielrennerij voorgesteld en pagina's vol loftuitingen over hem gepubliceerd. Hij was fris, reed aanvallend en gaf de Tour kleur. Ja, ja.

Verleden jaar peerden deze lieden ook al zo vreselijk mis met Alexander Vinokourov, die ze eerst heilig verklaarden en later, na het dopingvergrijp, doormidden zaagden. Zeker deze journalisten hebben geen enkel geweten. Hun salonfähige manier van werken is net zo verwerpelijk als onze onkunde in deze materie. Wij buitenstaanders weten gewoon niets en rennen achter de feiten aan, maar zij doen of ze het wel weten en rennen de andere kant op. Riccò zal morgen wel opgehangen worden in hun kolommen.

Zijn ploegleider Mauro Gianetti, de Zwitser, heeft een lang verleden als grootgebruiker, zonder dat hij ooit gepakt is; hij stamt uit de tijd dat epo niet verboden was. Ploegleider Matxin Fernandez had ook al geen beste naam en de hele wielerwereld had met interesse, verbazing en argwaan naar de gele klimmers gekeken, die in de Pyreneeën huishielden als nooit tevoren. Waren we nu allemaal gek geworden? Of waren bij hen de stoppen doorgeslagen? Is in deze wereld waar wetten en regels nauwelijks nog tellen, nu alles gepermitteerd? Het lijkt erop.

We rossen dus over D-wegen en moeten de deadline halen van even voor half drie; het begin van de middaguitzending. We zijn nog ver weg en het verkeer is hinderlijk druk op deze smalle wegen. Dit is geen gemakkelijke opdracht. Maaike van den Broek en Martijn Hendriks bellen dat zij buiten het kustdorpje zullen staan wachten; zij weten de snelste weg naar de pier waar ik de stand-up moet doen.

Het strijdplan lukt wonderwel, wij komen precies aan die kant de kustweg afzakken. Het is nu de kunst om op beschaafde wijze langs het zomervakantieverkeer te komen en dat lukt maar net. We scheuren Gruissan Port binnen en het is inderdaad goed dat zij de weg weten. Ik stap snel uit, loop vijftien passen, krijg een oortje ingeclipt en hoor het sonore stemgeluid van de Hilversumse eindredacteur Jeroen Koster. Hij zegt in tien seconden wat we gaan doen en dan begint de uitzending. Net gehaald, nog bijna veertig seconden over zelfs.

Na een lange, late lunch in het vrijwel uitgestorven haventje begint een reeks aan extra bijdrages. Steeds weer aangevuld met nieuwe gegevens en beelden vertel ik dat Riccò een stomme hond is en hoe het verdachte gezelschap van Saunier-Duval waarschijnlijk snel ontbonden zal worden; geen sponsor kan met deze tegenwind omgaan.

We hebben nu twee renners van naam en een klein Spaans valsspelertje met de hoofden in de strop hangen en de Fransen zoeken een tactiek om hun nationale trots overeind te houden. Ze vinden die door te stellen dat het Franse opsporingssysteem superbe te noemen is en een voorbeeld voor de rest van de wereld. We moeten geloven dat wat hier gebeurd is, nergens ter wereld had kunnen plaatsvinden. Met andere woorden, zeg ik cynisch: wat hun in de jaren Hinault en Virenque niet lukte, kan nu wel.

Dat Franse schreeuwen is vals klaroengeschal en de ijdele Tourbaas Preudhomme beseft hopelijk ook dat zijn speelgoedje nu al drie maal is besmeurd: wéér de Tour.

Ik denk nog even terug aan het geval-Moisés Dueñas. De kleine Spaanse coureur van Barloworld was zelfs zo dom een half laboratorium mee naar zijn rennerskamer in Tarbes te nemen en daar wisten de Franse dienders wel raad mee. Die Dueñas werd overigens twee jaar geleden aangekondigd als een groot talent voor grote ronden. We zouden nog veel van hem gaan horen, werd er toen in de Tour de l'Avenir gesteld. Zijn vertrek uit de ronde ging eigenlijk *matter of factly*, we haalden onze schouders op; hij was een klein coureurtje uit een kleine ploeg. Het was een zielig, simpel vergrijp, meer niet. Wielrenners interesseert het blijkbaar helemaal niets waar, in welke koers ze pakken. Sterker nog: om de Tour goed te rijden, moeten sommigen het hier wel doen.

Een van de gasten die avond is Leontien Zijlaard-van Moorsel. Als ze aankomt roept ze van afstand al excuses. Een paar dagen eerder is ze, onder valse voorwendsels, door radiomannetje Giel voor zijn zieke karretje gespannen. Zij kwam in de ochtenduren aan de telefoon met mij en dat moest dan heel geestig zijn. Die middag stuurde ze de volgende sms: 'Beste Mart, sorry van deze morgen ik heb aan een prog. van giel beelen meegewerkt en vanmorgen belde hij in de radiouitzending voor een reactie. Plotseling confronteerde hij mij met jou aan de lijn. Een flauwe grap die ik niet kon waarderen! Hopelijk kon je nog in slaap komen. Groeten en tot snel, Leontien.'

Van Moorsel heeft een opvallende, vrij dunne jurk aan als ze in de vroege avond arriveert. Die robe staat haar goed. Dan slaat het weer ineens om. Het gaat waaien en het wordt fris. We eten niet ver van de uitzendplek en de andere gast, de Vlaamse televisieanalist José de Cauwer, komt ook vanaf de finish van de etappe aanrijden en we proberen orde in de chaos van de dag te scheppen. Wat doen we met Riccò, wat doen we met 'pakkers', wat doen we verder nog met de Tour?

'Doorgaan, altijd doorgaan,' zegt De Cauwer, die de mores van het peloton van binnenuit kent.

''t Is wel jammer van de sport,' zegt Van Moorsel en bibbert zich verder door de late avond heen. Steeds als er filmpjes zijn, krijgt ze een jas om de schouders geslagen.

We ruimen snel op en K. en ik zoeken ons een weg naar 'Les Jardins de Truilhas'. Zelfs met de TomTom als padvinder is dat een heidens karwei.

18 juli

We koersen aan op Arles. Autoweg dus en veel vakantieverkeer. In de auto praten we over het positieve geval van atleet Simon Vroemen. Hij zat verleden jaar nog bij ons aan tafel en wekte toen de indruk goed in balans te zijn. Hij was hardloper af en er kwam een nieuw leven aan. Dat ging hij waarschijnlijk mooi inkleuren, zo dachten wij allen. Maar nee, schijnbaar heel standvastige mensen kunnen dus ook fouten maken, want ook Vroemen lijkt te hangen.

De etappe kent weer een massasprint. In Nîmes is Cavendish makkelijk de snelste. Hij klopt Robbie McEwen, die toe moet zien hoe de jonge Brit al voor de vierde maal toeslaat. Tien kilometer voor de finish wordt Niki Terpstra door het jagende peloton bijgehaald. Hij heeft de hele dag vooruit gereden en lijkt al aardig 'op' te zijn in deze Tour. Hij slaakt de kreet dat hij hoopt nog wel Parijs te halen.

De uitzending kent een merkwaardig gastenpaar. Voor het eerst in tien jaar is Ad Bos terug in de ronde. Hij, de grote sponsor van de TVM-ploeg, verdween in 1998 na het zonnebrilinterview met Cees Priem schijnbaar definitief uit deze contreien, maar na enig duwwerk van zijn achterban is hij terug. De vernederingen van dat rampjaar moeten diep ingeslagen zijn bij de trotse, koppige Zeeuw die nog graag wil wijzen op de menselijke aspecten van de chaos binnen de ploeg van toen. We komen ook niet echt uit de schuldvraag. Wel komen die beroemde 104 ampullen epo langs in het gesprek en ik twijfel of ik hem daar persoonlijk verantwoordelijk voor moet stellen. Nee, want misschien wist hij daar niets van. Hij en ploegleider Cees Priem waren wel vier handen op één buik, maar ik neem toch maar aan dat het ondergrondse verkeer binnen de wielerwereld deze Zeeuw bespaard is gebleven in de jaren dat hij miljoenen in 'zijn vriendenploeg' stopte.

Naast de voormalige sponsor, die nu overigens met zijn groene garde op het ijs voldoende furore maakt, zit deze avond een man die volkomen onbekend is bij het Nederlandse publiek: Daniel Rouwkema. Ik ken hem niet en zal hem pas laat in de middag de hand gaan schudden.

K. rijdt door naar haar broer en schoonzus, een paar uur verderop. Spannend, want ze heeft geen idee hoe ze haar broer zal aantreffen. Doodziek? Opgegeven en daarom stil en zielig? Strijdbaar en levendig? Met natte ogen verlaat ze de kamer. 'Ik zie je vanavond wel ergens,' zegt ze.

Ik lees op een terras de informatie over de koorleider en organist Rouwkema. Hij moet een jonge, vlotte, snapse muziekman zijn die min of meer toevallig in het klassieke genre terechtgekomen is. Als er mensen terugkomen uit Nîmes waar hij in de werkelijk prachtige kathedraal heeft zitten orgelspelen, hoor ik hoe aardig het onderwerp kan worden. Het staat weliswaar weer ver van de wielerdag van vandaag af, maar hij laat via zijn orgelspel een demarrage horen, een afdaling en een sprint; een leuke vondst.

Ik doe een rondje door de stad, drink koffie waar Vincent van Gogh dat volgens de menukaart ook gedaan heeft, kijk naar overhemden en koop hairspray. Er is die avond immers weer wind voorspeld.

Voor het eerst in tijden drink ik een biertje mee met de ploeg als we tegen zonsondergang de shots uitproberen. Ik maak wat promo's en dan eten we in een tentje tegenover onze uitzendplek. De

Italiaanse baas dacht kennelijk: die stomme vreemdelingen fles ik eens flink en dat gebeurt ook. We krijgen naargeestig slecht eten voorgezet, waarvoor ik mijn excuses aanbied bij Baas Bos en de ongelooflijk organische organist: dat zijn dingen die je zelf niet in de hand hebt, zeg ik. Beiden hebben begrip voor de situatie.

Tussen de jonge jeugd van Arles zoeken we plaatsen op het enige terras dat na enen nog open is, drinken wijn en toosten op een geslaagde avond. Daniel is reuze blij dat hij, als klassiek orgelspeler, in dit leven van fietsende heidenen zo vriendelijk is opgenomen en bij Baas Bos heerst zichtbaar opluchting. Hij was er niet helemaal gerust op dat ik hem 'heel' zou laten, want tien jaren mogen dan voorbij zijn, een oude wond uit het rampjaar 1998 was natuurlijk zo opengekrabd. Dat wist hij en dat wist ik. Ik vond het niet gepast hem op de grill te leggen, zeg ik tegen hem en hij lacht. 'Zullen we daar dan nog maar een flesje voor opentrekken,' zegt hij. Ik bedenk, als ik terugloop naar het stille hotel, dat hij tien jaar lang met al die diepe geheimen heeft rondgelopen. En nog steeds staat hij pal voor zijn mensen, zijn renners en zijn personeel. Dat is knap. Wat ze ook allemaal uitgevreten hebben, hoe ze hem ook belazerd hebben, hij houdt nog steeds onvoorwaardelijk van ze. 'Ze hebben in 1998 veel misbaar gemaakt, maar bij mijn mannen niets gevonden,' zegt hij die avond tot drie maal toe en hij is daar trots op.

Eenmaal samen op de kamer vertelt K. hoe haar dag was. Ze is geraakt. Haar broer is aan het doodgaan en zij heeft naast hem gezeten en met hem zitten kletsen. Ze zegt blij te zijn dat ze hem nog gezien heeft, maar dat ze niet weet of ze hem ooit nog levend zal meemaken.

19 juli

Ik heb er weleens advertenties van gezien: Souleiado, de speciale kleurencombinatie die je in de Provence tegenkomt in kleding en home & garden-decoratie. Het betekent iets als 'de stralen van de zon als het net geregend heeft'. De hemden worden gedragen door stoere mannen, Camarque-cowboys, zo zegt men in de winkel. In goede hotels zie je hun kleurencombinaties; kussens, ligstoelen en andere tutteligheden die erg aan Jan des Bouvrie doen denken. Ik val op de kleuren en koop zo'n hemd.

Dan de weg op voor een groot gedeelte van de ochtend en voormiddag. We denken dat de smalle toegangsweg naar Grasse de beste is en dat lijkt inderdaad redelijk. Onderweg vertelt K. over haar broer. Steeds weer en weer. Er vallen ook lange stiltes en ik stel voor ergens koffie te gaan drinken. Het wordt in een tankstation, uiterst prozaïsch, maar wel snel. Ik koop *l'Équipe* en ja hoor: van held naar misdadiger in drie dagen, daar zitten deze mannen niet mee: Riccò is opgeknoopt. *Vive le Tour*, kraaien ze. Met Cadel Evans in het geel vaart de ronde dit weekend tenminste op safe. Saai.

We logeren op een golfbaan in een prettig hotel waar beschaafde rust hangt. De golfers onder ons willen een snel rondje gaan lopen, maar worden afgeschrikt door krankzinnige prijzen: meer dan honderd euro voor achttien holes, stokken nog niet meegerekend.

In een wat kille avondsetting (weer is er wind opgestoken) zitten Jean-Paul van Poppel en Stefan Veen, de ex-hockeyer, aan. Het onderwerp die avond: het nemen van snelle en ook de juiste beslissingen.

Van Poppel heeft een merkwaardige afwijking, waar we al eerder mee te maken kregen in de Tour. Hij kijkt, automatisch naar blijkt, naar het van ons af staande scherm. Dat valt te verklaren, want op dat scherm zien we de beelden van de etappe en later de filmpjes. Vreemd genoeg blijft zijn blik, ook als hij met Stefan en met mij praat, vrijwel voortdurend op dat scherm gericht. De beeldcompositie is dan vreemd, want hij praat daardoor vrijwel steeds van de mensen weg tegen wie hij het juist heeft. Ik zie dat de camerajongens daar iets aan willen doen door het scherm te verplaatsen, maar die actie lukt nauwelijks.

Veen blijkt een standvastige verteller, die ooit olympisch kampioen kon worden door de laatste strafbal van de wedstrijd raak te slaan. Hoe beslis je in welke hoek je schiet? En hoe hard? En wat doe je met de keeper?

Van Poppel vertelt over de laatste jump die je geeft in een sprint. Wanneer? Hoe? Intuïtief? Berekend?

Het is een goed gesprek dat, vreemd genoeg, toch ook boven de tafel blijft hangen. Ik zeg tegen K. dat ik niet echt in vorm was. Ze lacht: ‘Ik ook niet.’

20 juli

Peter Bakker gaat naar huis. Frits Schrijvers, ook al een veteraan en een vaste kracht van de Touravonden, is er al. Deze mannen hebben nu te maken met vakanties van opgroeiende kinderen en dus worden diensten zoals deze gedeeld. Frits gaat overigens na de Tour meteen door naar Peking.

We moeten een eind rijden en passeren boven Monaco de Frans-Italiaanse grens. Ik stel voor de grote weg te blijven volgen en dan de brede weg naar Turijn te kiezen; dat schiet tenminste op.

We komen in een van God verlaten hotel aan in het dorpje Bene Vagienna (de woordspelingen zijn ’s avonds inderdaad niet van de lucht), ongeveer dertig kilometer van de uitzendplaats vandaan.

De jonge vent achter de balie heeft geen idee, maar is enorm behulpzaam. Het verschil tussen Frankrijk en Italië wordt hier meteen duidelijk. De jongen doet van alles om het ons naar de zin te maken en lacht soms om zijn bijna hulpeloze houding; hij spreekt een streepje Engels en wij drie streepjes Italiaans. Toch krijgen we lekkere koffie en belegde broodjes, wordt de was ingenomen, en kijk ik nu naar de Italiaanse televisie om de Tour te volgen.

Ik hoor collega Davide Cassani (juist, die van Rasmussen verleden jaar) vertellen over de gladde afdalingen en even later komt het bericht dat de Tourwinnaar van 2006, Óscar Pereiro Sio, gevallen is en de ronde al per ambulance heeft verlaten. De rustige Rus Mentsjov waagt een kansje. Het is eerder potsierlijk dan zielig, maar als hij wegrijdt bij de favorieten (nooit gezien), stuurt hij een bocht in en slaat zijn fiets onder zijn gat uit. Daar ligt hij dan, de grote aanvaller. Cassani moet erom lachen.

De schrik zit er bij de grote groep goed in. Simon Garrans, die de hele dag voorop gereden heeft, wint de etappe en geletruidrager Evans koerst weer eens laf en zonder aanval. Waarom rijdt die man zo? Is het volgen van andermans achterwiel een kick voor hem? Dat gaat hem nog eens opbreken.

In de avonduren nemen we onze posities in op een pittoresk pleintje in Cuneo. Het heet de Piazza San Pietro Mondovì en het is volgestroomd met mensen die een soort witte zondag vieren; de winkels gaan 's avonds open, iedereen loopt op straat of zit drinkend op het terras. Tussen dat gewriemel door zoeken onze jongens hun weg.

De gasten kennen elkaar. De een is John van den Akker, thans verantwoordelijk voor de bezetting van de criteriums in Nederland en deze dagen dus erg druk een interessant startveld bijeen te kopen voor zijn opdrachtgevers in Nederland. Hij reed ooit een keer de ronde voor een klein Italiaans ploegje. Sinds die tijd ken ik hem. De andere ex-renner heet Erik Breukink en is een vertrouwde gast in ons programma. Hij draagt zijn tamelijk lange haar als een filmster, zeggen wij en hij lacht, op typisch bescheiden Breukiaanse wijze, die grappen allemaal weg. Hij kent ons allemaal, een erfenis van zijn tijd als analist bij de NOS.

Het wordt een leuke, vlotte uitzending met aardige vertellingen. Deze avonduitzending zal later de best bekeken blijken te zijn van drie weken Tour. Komt het door de bergetappe? Doordat Frank Schleck de gele trui aankreeg? Doordat Breukink, nog immer de ideale schoonzoon, bij ons zat? En het is nog wel zondag! Blijkbaar willen de kijkers toch ook weten over de handel en wandel (en de salarissen en bonussen) van de renners. Daar wordt vrij open over gesproken.

De nazit is beperkt; iedereen is moe na een lange reis- en werkdag en we moeten allemaal nog de auto in.

21 juli

Rustdag nummer twee en weer vroeg de weg op, nu met Frits. Omdat de gele trui in CSC-bezit is en die ploeg nog steeds een gevaarlijke klant op de achterhand heeft (wie praat er over Carlos Sastre?) kiezen we voor weer een kijkreportage bij de grote internationale ploeg.

In hun rennershotel is het een enorme drukte. Die wordt om kwart over negen in de ochtend niet veroorzaakt door de dan al aanwezige journalisten, maar vooral door twee busladingen oudere Duitse toeristen. Omdat er geen enkele controle is bij de deuren van de zaal waar Riis om tien uur de persconferentie zal openen, stromen de oudjes rustig binnen, krijgen een wielerpetje, zoeken een stoel en gaan zitten; dat willen ze weleens meemaken.

Een half uur later puilt de zaal uit en als Riis en zijn renners in aantocht zijn, wordt aan de Deen gevraagd wat er met die toeristen moet gebeuren. Hij denkt twee seconden na en zegt: 'Laat ze rustig blijven, dat is toch leuk.'

Niemand valt over die beslissing. Het werken wordt wel moeilijk, maar het levert voor ons filmpje prachtige beelden op. Frits is in grote vorm, klimt op stoelen en probeert steeds beeldend te tonen hoe de fietswereld en die verdwaalde oudjes elkaar treffen. Hier zit nota bene de geletruidrager uit 's werelds grootste fietsronde en vlak voor hem staan twee omaatjes klaar met een petje en een ballpoint. Schleck tekent of er niets aan de hand is, en heeft een leuke lach en een aardig (Duits) woord voor de vrouwtjes over. Daarna wendt hij zich tot mij en geeft vlot een vrolijk interviewtje. Kom daar eens om bij willekeurig welke andere sport, zeggen Frits en ik tegen elkaar als we om half twaalf wegrijden.

Ik monteer de filmpjes in de middag. In het hotel waar de Rabobankploeg huist, komen we op een gegeven moment samen en leggen de onderwerpen voor die avond op tafel. Filmisch gaat het aardig kloppen. De gasten zijn 'Los Adries', zoals Maaike die avond roept: Adrie van der Poel en Adrie van Diemen, de inspanningsfysioloog die ingelijfd is bij de Garmin-ploeg waar onder anderen Martijn Maaskant rijdt.

We zitten aan een tafel die neergezet is in een binnenplaats van een museum; mooier kan bijna niet. De belichters, Jelle Hiemstra en Misha Gort, kunnen hier hun hart helemaal ophalen. Iedere nis, iedere zuil, iedere hoek, krijgt een aparte lamp, een flair of een kleur. Dit soort avonden is voor hen eredivisie belichten en ze blijven tot dertig seconden voor de uitzending bezig met verbeteringen. Mensen die het vak niet kennen, zullen denken dat je een paar lampjes rond zo'n tafel neerzet en dat het dan goed komt; het tegendeel is waar. Dit zijn grote vakmensen en vanavond hebben ze er iets prachtigs van gemaakt. Ik durf moeiteloos te stellen dat een deel van het succes van het programma door de jaren heen vanwege het mooie plaatje op hun rekening geschreven moet worden.

De ene Adrie praat over zijn leven als coureur, de andere Adrie praat als wetenschapper. Dat levert een boeiende causerie op. Van der Poel was vroeger een trainingsbeest. Liever zeven dan zes uur op de fiets, want dan zou je beter worden. Van Diemen zegt: liever vier goede uren dan zes slappe, want pas dan word je echt beter.

Als Maaike de NOS-wielershirts die iedere gast als aandenken krijgt komt uitdelen, knikt ze me toe: in orde. 'Inhoud,' zegt ze.

22 juli

We moeten op de schone was wachten alvorens we kunnen vertrekken. Dan volgt de altijd terugkomende 'herpak' van de koffers en tassen na een rustdag, en rijden we na een originele Italiaanse cappuccino in het hotelrestaurant weg.

We hebben inmiddels gehoord waarom dit relatief goede hotel zo vreemd tegenover een industrieterreintje gebouwd is: de grootste klant van dit hotel is de enorme drukkerij aan de andere kant van de straat. Daar drukt men voor de hele wereld: etiketten voor bijna alle grote merken van eetproducten en wijnen. Door de week zit het hotel mudvol met zakenmensen en ontwerpers.

We rijden de rustige en makkelijke klim via Montgenèvre. Terug dus naar Frankrijk. Het waait zoals altijd flink in Briançon; het is de hoogst gelegen middelgrote stad in Europa.

We kijken eerst naar de uitzendplek, met uitzicht over een dal met huizen die 's avonds mooi verlicht zullen zijn. Daarna ga ik naar een winkeltje waar ik eerder geweest ben. Ze verkopen er posters en ansichtkaarten van oude tekeningen, veelal uit het begin van de vorige eeuw, vooral aan wielrennen en fietsen gerelateerde prenten. Die avond laten we wat van die prachtige prenten in onze '*beauty shots*' zien, gewoon omdat het anders en opvallend is. Als ik in de winkel sta te selecteren, komen er Noren en Britten binnen die ook speciaal voor de fietstekeningen zijn gekomen.

Het wordt de middag van John-Lee Augustyn, een volkomen onbekende jonge Zuid-Afrikaanse renner uit de Barloworld-ploeg. Ten eerste schrijft hij zijn naam op een beroemd lijstje: hij is na Federico Bahamontes en Robert Millar de derde renner die als eerste in een etappe de top van de kolossale Cime de la Bonette-Restefond passeert. Het is daarboven, op 2802 meter, koud en guur en daar rijdt hij, de grote onbekende coureur die de durf heeft gehad met een vroege kopgroep mee te gaan, dus als eerste over de streep.

Na klimmen komt dalen en nog geen minuut later is Augustyn ineens wereldnieuws. De weg buigt af naar rechts, maar de Zuid-Afrikaan uit Port Elizabeth mist de curve en rijdt pardoes het ravijn in.

Twee camera's van de Franse televisie begeleiden deze spectaculaire duikeling; die uit de helikopter en die van de motor die Augustyn volgt. De beelden zijn ongelooflijk en gaan de hele wereld over. Hoe het kan, kan het, maar op 2700 meter is op de plek waar hij over de kleine afrastering heen kukelt, geen diep gat, maar bevindt zich een smalle, schuine helling van, zo op het oog, kiezelstenen. God moet dat bedacht hebben, want links en rechts van die glijbaan gaapt de diepte.

De renner vliegt even, zijn fiets stuitert over hem heen en hijzelf glijdt op de buik een meter of twintig, dertig door over de steentjes. Als je de beelden ziet, schrik je. Je denkt dat je een medemens een doodsmak ziet maken. Het beeld vanuit de helikopter toont de renner die heel even stil ligt, zich omdraait en probeert te gaan staan. Je ziet hem klimmen en wegglijden over de steentjes. Dan ineens zie je een tweede mens in actie. Een dappere toeschouwer laat zich van de stenen afglijden. Het is een fietsliefhebber die in die bocht heeft gestaan. Hij draagt een rode trui en bereikt de renner. Je kunt alleen maar raden wat er geroepen of gesproken wordt. Het lijkt aannemelijk dat de ander een Fransman is. Iets van 'Ca va?' lijkt aannemelijk. Dan beginnen beiden de weg omhoog naar de rand tussen weg en ravijn, waar cameramensen en volgers staan. De beelden beklijven.

Een behoorlijk aantal renners is inmiddels door en dan gebeurt er iets dat ook prachtig in beeld gevangen is. De renner bereikt de weg weer, hijst zich omhoog en gaat, bestoft en geschramd, op het muurtje staan en klapt boos in zijn handen: hij wil godverdomme een nieuwe fiets. Hij wil door. Hij is Tourrenner en de Tour wacht op niemand. Ook vandaag niet op deze imposante berg, na deze curieuze valpartij. Hij wil door en schreeuwt om een fiets. Shakespeare revisited: *A bike, a bike, my Kingdom for a bike.*

En zo krijgt deze middag een enorme lading door de buikschuiver van de onbekende renner.

In de uitzending 's avonds noem ik hem John-Lee 'Hooker' Augustyn, een trucje afgekeken van de Amerikaanse sportverslaggever Chris Berman van ESPN, die in de loop der jaren met namen van bekende Amerikaanse sporters goochelde. Ik google 's middags even naar Berman en zijn beroemde nicknames en kom er een paar tegen. David 'Sili' Cone, Butch 'Oil and' Wynager, Bo 'Didley' Johnson, 'Red Hot' Chili Davis, Jamie 'Men at' Quirk, allemaal Amerikaanse sportlieden die Berman een nieuwe naam gaf. Geestig!

Gasten die avond zijn Michael Boogerd, die even naar huis is geweest en voor de Alpen twee maal terugkomt, en voetbalscheidsrechter Dick Jol.

De laatste komt aan de dinertafel en vertelt aan één stuk door: hij heeft zijn ogen uitgekeken. Wat een andere sportwereld dan hij gewend is! Wat een kerels! Wat een spektakel! Zijn bekende Haagse humor en brutaliteit vallen in het niet bij zijn verbazing. Hij had altijd naar de Tour gekeken via de televisie, maar nu weet hij beter. 'Je ken die verwende jongetjes waar ik tussen loop toch geen topsportmensen noemen als je ziet wat deze renners kennen en doen... Ik heb me ogen uitgekeken en je ken ze ook zo aanraken ook, dat was voor mij helemaal nieuw. Ik heb zo naast al die topgozers gestaan, niet te geloven toch... De gele trui, zomaar naast je. En Bogey stelt me nog aan hem voor ook...'

Soms heb je van die gasten die van verbazing nauwelijks te stoppen zijn. Jol is er zo een. Hij is dankbaar dit meegemaakt te hebben en neemt een nachtelijke rit naar een tamelijk eenvoudige Alpen-slaapplaats geheel voor lief.

'Ik heb moorddagen gehad,' zegt hij bij het afscheid en iedereen voelt dat hij dat meent.

Kees Jongkind heeft een filmpje op de Alp gemaakt om werkelijk je vingers bij af te likken: de oranje vla stroomt al van de berg af en de mensen zijn er klaar voor het volkse schouwspel dat de Tour op Alpe d'Huez altijd al oplevert. Kees zei dat hij zijn filmpje nog veel 'erger' had kunnen maken, want je weet werkelijk niet wat je allemaal op die berg ziet. Het is er al dagen vette lol, er wordt gezopen en geweldig veel plezier gemaakt.

23 juli

Hoogtijdag in de Tour, want de rit gaat vandaag inderdaad naar Alpe d'Huez. Wij kiezen voor een ander gedeelte van de berg. Als je eenmaal voor de wedstrijd uit boven bent gekomen, bestaat er geen enkele zekerheid meer in het leven, weten we uit ervaring. We slapen er niet meer, maar verkiezen de rustige kant van de berg. Je mist dan wel de sfeer van de aankomstplaats, maar die kennen we wel van de vorige keren, en die kan de meesten van ons ook gestolen worden.

Dus zorgen we dat we vroeg onderweg zijn, dat we niet door het dorpje Bourg d'Oisans hoeven te rijden, waar iedere Nederlandse Tourwagen belaagd wordt door het feestvierende oranjepubliek, en dat we op ons gemak de klim naar Oz en Oisans kunnen beginnen. In alle rust richten we daar in voor de middag en avond, hoewel we voor de uitzending besluiten toch maar in Allemont te gaan zitten, waar we twee jaar geleden een leuke, spontane avond hadden met veel Nederlands fietsvolk in het publiek.

K. gaat Dick Jol naar het vliegveld van Lyon brengen en wacht daar op Ton Boot, die later op de dag zal landen.

Ik loop het uitgestorven dorpje in, koop wat broodjes, chips en een flesje wijn en merk dat het flink koud is in ons grote appartement waar we met zijn zessen in aparte slaapkamers verblijven. Ik bekijk de Franse uitzending met een deken om me heen en dommel even weg.

De CSC-truc werkt. Carlos Sastre moet zijn hele wielerleven op dit moment gewacht hebben: hij wordt voor het oog van de wereld de belangrijkste renner in de Tour. Denis Mentsjov sneuvelt eerst op pijnlijke wijze en herpakt zich later behoorlijk, maar verspeelt voor de Rabobank toch zijn kansen op de eindzege. Evans raakt verstrikt in zijn eigen onwil om aan te vallen en eigenlijk is Andy

Schleck de beste van allen. De uitkomst is echter dat Sastre voorrang krijgt binnen de CSC-ploeg. De Spanjaard moet zoveel mogelijk tijdwinst boeken in zijn solo en dan maar kijken of dat genoeg is voor de tijdrit van zaterdag. Dat is het plan van Riis en als het stof neergedaald is heeft Sastre anderhalve minuut voorsprong op Evans en meer dan twee minuten en dertig seconden op Mentsjov. De Tour lijkt beslist, maar wat moeten we nou met Sastre als winnaar?

Of kan Evans dan toch nog iets gaan laten zien in de tijdrit? Direct worden de boeken erbij gehaald. Hoe zit het met de verschillen in grote tijdritten tussen de Aussie en de Spanjaard? Ook dat biedt weinig houvast. Er moet maar om gereden gaan worden.

's Avonds zit Boogerd naast Jac Zwart, een fanatieke wielerschrijver die allerlei roemruchte en heilige plekken op wielergebied in boekvorm gevangen heeft. Deze zestiger uit de IT-wereld laat ons een drietal monumenten van de wielrennerij zien. Leuk en leerzaam. Als je er oog voor hebt en als je er genoeg tijd voor hebt, kun je ook zo naar wielrennen gaan kijken.

Ik open het avondprogramma met een trucje. Er zitten veel mensen om ons heen en zo te zien zitten er geen oproerkraaiers bij. Ik stel de gasten voor en eindig met Boogerd. Ik vraag, met nogal wat overacting en mooie woorden, een speciaal applaus voor de Nederlandse wielrenner die ons de afgelopen jaren zoveel kijkplezier heeft gegeven.

De ovatie duurt maar en duurt maar en er zijn mensen die 'bravo' roepen, opstaan en Michaels naam scanderen. Dit heb ik niet voorzien en ik kijk naar Boogerd. Hij is er stil van; het ontroert hem en ik zie dat hij slikt. Het gebeurt onverwacht, dus is het aardig.

Na afloop drinken we nog een klein glaasje bij de Nederlandse familie die dit hotel (nog even) bestiert. Ze gaan eruit en willen wat anders gaan doen. Jarenlang hebben ze hier horden vooral Nederlandse fietsfans over de vloer gehad.

Om een uur beginnen we de klim naar Oz. Daar, in het chalet, hebben we nog een nababbel. Over hoe het ging en over hoe het verder moet, want de harde kern van deze ploeg weet uit ervaring dat de zwaarste dagen nu gaan komen. Je denkt er bijna te zijn, iedereen is moe en de ideeën voor aardige onderwerpen raken langzaam op en dan moet je nog een tandje bij kunnen schakelen. Dat is hondsvervelend en zwaar, weet ik. Ieder jaar weer zie je een neergaande curve in bijna alles wat we doen. Hoe kan zoiets? Daar hebben we het over tot een tweede fles rood leeg is.

Om half drie eet ik nog een banaan. Hoogte maakt hongerig, zei mijn vader vroeger.

24 juli

We willen graag voor de grote meute uitrijden en moeten dan ook op tijd deze kant van de berg verlaten. De koers verlaat Bourg d'Oisans in de richting van Grenoble en wij moeten in ieder geval voor de reclamekaravaan uit zien te komen; dat verschaft rust en ruimte.

Een merkwaardig optredende Franse agent wil ons van het parkoers af hebben als we getankt hebben, maar K. geeft gas, wijst op de stickers en de man foetert luidkeels. Moet je je voorstellen: hij staat daar al uren en er gebeurt weinig tot niets. Soms rijdt er een Tourwagen hard langs hem. Dan draait er een auto de weg op die zichtbaar bij de Tour hoort, en wat doet de lummel? Hij gaat breed op de weg staan en wijst ons terug. Hoe bot en blind moet je zijn om zoiets te doen? Als we langs hem rijden, vloekt hij luidkeels: *putain*, hoer. Wij lachen.

In Saint-Etienne, waar we tegen tweeën binnenrijden, speelt de TomTom weer op. Hoewel het adres waar we zijn moeten (Musée d'Art et d'Industrie op Place Louis Comte nummer 2) goed is ingetikt, lukt het maar niet dit pand te vinden. We moeten een aantal maal keren en zien drie maal hetzelfde pleintje voordat we eindelijk voor het statige pand stilstaan.

We lunchen en dan begint het lange wachten. De etappe is zeldzaam oninteressant en van de samenvatting die avond zullen we het zeker niet moeten hebben. Weliswaar wordt het eerste uur van de koers verreden in recordtempo, want 55 kilometer in één uur lijkt gekkenwerk, maar later daalt de stilte in. Cunego rijdt als slachtoffer op grote achterstand en Marcus Burghardt blijkt de meest verse sprinter van de twee die zich voor de bloemen komen melden. Tegenstander Carlos Barredo is te nerveus en maakt zichzelf wel duizend verwijten, maar daar heeft hij niets aan.

Er volgt een tweede golf van wachten. We hokken bij elkaar rond de wagens. Een van de gasten van vanavond, UCI-president Pat McQuaid, komt pas laat aan, de ander, Ton Boot, is nog bij de koers en de derde en vierde gast, de twee jongens van Rowwen Hèze, hebben al een soundcheck gedaan in het fietsmuseum dat achter ons ligt. Dus hangen we, kletsen, drinken wat en wachten op het moment dat er in afdelingen gegeten kan gaan worden. Saint-Etienne is geen gezellige stad, zeker niet aan de kant waar wij zitten.

Ik doe nog een klein shopje en koop twee grote hemden voor de presentaties in Peking. In de betreffende winkel moet ik aanbellen om binnen te komen. Ik vraag de vrouw die me binnenlaat waarom dat is en dan krijg ik een verhandeling waarmee Geert Wilders waarschijnlijk heel erg tevreden zou zijn, maar die droef maakt: drie tot vijf overvallen in een maand. Altijd buitenlanders. Altijd grof geweld, fysieke bedreiging en vernielingen en geen politieman die er iets aan durft te doen. Dan maar altijd de deur op slot, is haar oplossing.

De UCI-voorzitter schuift aan in het restaurant waar we met de redactie zitten te eten. Ik ken hem vrij goed en maak even een kort rondje met hem, maar hij neemt dat moeiteloos over: hij schudt iedereen aan tafel de hand en geeft dan in Iers-Frans zijn bestelling door. Hij is aan komen rijden uit Lausanne en wij zeggen blij te zijn dat hij enkele wielerproblemen van de laatste tijd bij ons wil bespreken. Later zullen buitenlandse collega's aan me vragen waarom hij juist bij de NOS komt om zijn zegje te doen. Ik geef aan dat niet precies te weten en ik jok dan een beetje.

We zullen deze uitzending 'doen' met ongeveer dertig seconden vertraging, dat wil zeggen: wij sturen ons signaal naar Nederland en daar tikken collega's van de afdeling Vertaling razendsnel de vertaling van de Engelse delen van het gesprek in. Ik ben erg blij dat we deze nieuwe mogelijkheid hebben, in plaats van de Ier apart op te nemen en dat deel door te sturen voor vertaling. Nu bestaat de mogelijkheid dat basketbalcoach Ton Boot zich met de materie gaat bemoeien en dat gebeurt ook.

Het lied van Jack Poels en Tren van Enckevort klinkt goed en vertrouwd en zo'n kleine muzikale breker fleurt het programma op.

Nederlands succes hoeven we niet te bespreken. Boot maakt zich daar boos over. 'Bij Rabo reageren ze altijd, terwijl je moet ageren. Zeker in deze sport. Dat maakt hun manier van rijden zwak en dit jaar zelfs oninteressant voor ons.'

Boot en ik kennen elkaar al meer dan veertig jaar. Vroeger deelden we bij de nationale ploeg nog weleens de kamer, we waren tegenstanders op het veld en ik heb hem later lang gevolgd in zijn roemruchte loopbaan als basketbalcoach in een land dat geen basketbalcultuur heeft; een land dat mensen van zijn statuur niet of nauwelijks kent. Boot staat voor een cerebrale manier van sport volgen. Hij is eerst streng voor zichzelf en daarna pas voor zijn spelers en hij is bij velen onbegrepen. Er zijn spelers gillend gek weggelopen, maar er zijn er veel meer die beter zijn gaan spelen en die hun leven met andere denkbeelden hebben voortgezet. Zijn manier van werken is moeilijk te omschrijven. Hij eist inzet en devotie, maar niet in de blinde vorm. Je moet als sportend mens wel weten waarom je doet wat je doet. Hij stelt nadenken op prijs.

Als analist, wat hij werd toen hij geen club meer had, hanteert hij een ijzeren rechtlijnigheid. Zelfs de grootste NBA-sterren die zich binnen de lijnen asociaal gedragen, kunnen rekenen op zijn verbale oorwassingen. Klootzakken vindt hij ze, net zoals de lange rij jonge voetballers die hij in het weekend bekijkt en snoeihard veroordeelt.

Als je Boot in een sportprogramma zet, heb je één zekerheid; het zal niet saai worden, ondanks zijn lijzige stem. Met zijn denkbeelden is helemaal niets mis. Hij haat opportuun vedettegedrag en zegt dat ook vaak. Liever drie harde, middelmatige werkers dan een mispunt van een topper. Zo blijkt hij ook naar wielrennen te kijken. De misstap van Tom Boonen eerder dit jaar, die in de partydrugs verzeilde, wordt door Boot niet weggewimpeld met het gangbare 'hij is nog jong en zoveel kwaad kan dat toch niet', nee hij zegt streng: 'Hij is een lul. Hij moet zich realiseren wat zijn positie in de Belgische sport en samenleving is.'

Boot onderbreekt McQuaid vanavond een paar maal en er ontstaat een aardig gesprek, maar wel met een zeer serieuze toon. Of de doorsnee Tourkijker van het avondprogramma dat ook wil, weet ik niet.

Na afloop heerst er opluchting. Het is toch gewaagd: een zwaar beladen onderwerp als 'de huidige stand van zaken in het wielrennen', en dat ook nog in het Engels, maar de algemene opinie is: ruim voldoende.

We ruimen snel op. Ik kan geen zware stukken meer tillen door de stekende nek- en rugpijnen en zeg dat ook. Ik kan op begrip rekenen. 'Leeftijd,' roept iemand. Ik knik.

We moeten nog naar Lyon rijden voor ons hotel en ja, daar is hij weer, de TomTom. Er is een stuk snelweg afgezet en daar bevindt zich precies de afslag die wij nodig hebben.

We komen tegen drie uur aan in het ingeslapen Novotel Gerland. Er zit nog een nachtportier en... Ton Boot. Hij zegt dat hij nog even op een nette manier gedag wil zeggen. Boot heeft de afgelopen twee dagen buitengewoon interessant gevonden. Hij moet vroeg op, lacht hij, over een paar uur al.

We staan handenschuddend in de lift. Dit is ook de Tour de France.

Ik denk dat ik slaap voordat mijn hoofd het kussen heeft aangeraakt.

25 juli

Aan het ontbijt pas horen we het verhaal van de vader van de broertjes Schleck. Johnny, ooit zelf profrenner en knecht van Jan Janssen, is gisteren op de snelweg bij een betaalpoort aangehouden door leden van een speciale eenheid van de Franse politie. Er zijn zelfs verhalen dat Schleck sr. een pistool op zijn hoofd gericht heeft gekregen voor het geval hij zou proberen te vluchten.

De hanige Fransen waren op zoek naar dopingproducten en die dachten ze bij de vader van de renners aan te kunnen treffen. Zijn auto en bagage werden geheel uitgekamd. Men vond niets. Moet het nog gekker worden?

Hoewel? Ooit hielden de flics op een autoweg, ver van de Tour vandaan, een smoezelig wagentje aan waar mevrouw Rumsas, echtgenote van de man die op dat moment derde stond in de Tour, aan het stuur zat. Er werd een bijna volledige apotheek uit het Italiaanse autootje gehaald en Madame verdween de bak in. Het was het einde van de grote carrière van Rumsas en het begin van vele onverkwikkelijke zaken, rechterlijke uitspraken, echtelijke ruzies, heropstandingen van de renner en opnieuw grote problemen.

En dit verhaal zit ook in mijn geheugen gegrift: de vrouw van een Nederlandse Tourcoureur schaduwde zo'n beetje in haar eigen wagentje de Tourkaravaan. Als manlief wat versterking nodig had, kon zij dichterbij komen. Zo ging dat.

Dus?

We ontbijten op ons gemak, lezen kranten en peppen elkaar op: kom op, nog maar even en dan zijn we er. 'Parijs is nog ver,' Joop Zoetemelks lijfuitspraak doet het goed deze dagen. De meesten van ons zitten er goed doorheen. Met name de lange en nachtelijke verplaatsingen breken ons op. Wij leven als zigeuners, maar wel vrijwillig.

K. en ik besluiten eerst noordwaarts te rijden en dan dwars de Beaujolaisstreek door te steken, richting Vichy. Dat betekent kleine wegen, maar meteen ook lichte rust: je kunt er eenvoudigweg niet jagen. Dus gaat er goede muziek aan en verbaas ik me over het verzameld werk van The Zombies dat ik in Nantes gekocht heb. De groep kon veel meer dan hun wereldberoemde hit *She's not there* doet vermoeden.

In die sfeer doen we er bijna vier uur over en komen aan als de late lunch geserveerd wordt in Castel Bois Clair in Espinasse Vozelle. Hans Nelissen en zijn Helmi zwaaien daar de scepter. Hij komt uit het vak, een aantal cameramensen van onze groep heeft met hem samengewerkt. Dit wordt een lekker lange middagzit met veel wijn en lekkere happen.

Dat lekker luie verdwijnt bij K. en mij als er een telefoontje komt. K.'s broer is in het ziekenhuis opgenomen. Het ging slecht vanochtend. Tranen dus en zij is verder de hele dag van de kaart.

Vlak voordat we 's avonds aan tafel gaan zegt ze: 'De dood komt nu wel erg dichtbij hoor.'

Ik vraag of ze naar het zuiden wil gaan rijden, maar ze twijfelt. Wat kan ze nog doen? Ze heeft het even overwogen en zelfs de kaart erbij gepakt. Vijf uur rijden, meer niet. Ze heeft contact met andere familieleden en besluit te blijven.

De etappe ontgaat bijna iedereen, maar dat is niet gek. Het is een bekend verhaal, de laatste vrijdagetappe in elke Tour blijkt een rit om niets te zijn. Kijk de lijsten er maar op na: er is een groep dapperen die wegrijdt en dan blijft de fysiek sterkste van die doordouwers over en wint. Vandaag heet hij Sylvain Chavanel, maar er wordt, zeker bij ons, weinig naar de televisie gekeken.

Er dreigt regen, maar we eten nog buiten. Bobbie Traksel is er met zijn vrouw, de spontane dochter van ex-renner Frits Pirard. Traksel is Mr. Pech in het Nederlandse profpeloton. Die avond zal hij zeggen dat het goed is dat zijn vrouw ook werkt, want alleen verdient hij te weinig om te kunnen bestaan. Dat is de andere kant van de wielermedaille. Het lijkt een mooie wereld, maar Traksel is van een groot talent bij de Rabobank naar een klein ploegje gegaan met alle consequenties van dien. Hij is niet zielig, eerder beschaafd, rustig en reëel en hij schildert heel mooi het leven van de wielerprof die in de kantlijn leeft.

Ook Marije Randewijk is er, zo ongeveer de enige vrouw die in het internationale wielerpersleven een vooraanstaande plaats inneemt; ze schrijft zeer goede stukken voor *de Volkskrant* en toont een soms bijna kille nuchterheid. Ze vindt de sport leuk en interessant, maar relativeert veel tot nul terug. Ze heeft geen enkel mededogen met de valsspelers en rapporteert daar droog en feitelijk over. Ik lok haar uit haar tent: ze gaat chef worden bij de sportafdeling van de krant en verlaat dus het veldwerk. Jammer, zeg ik. Ja, zegt zij, jammer, maar die andere baan is ook een uitdaging.

Dan valt de nacht met onweer en slagregens. Goddank kunnen K. en ik en de Jongkinds hier blijven slapen. De telefoon ligt naast het bed van K., maar het blijft stil.

26 juli

Naar Parijs is het ruim vierhonderd kilometer, maar het moet in één ruk. Dat betekent gas geven en kletsen aan boord. Mieke, de vrouw van Kees Jongkind, rijdt mee. De dames gaan in Parijs direct de stad in. Ik beperk me tot de aanschaf van twee paar Dexterschoenen, een fles Australische shiraz (bij Nicolas), de Franse en Nederlandse kranten en vind mijn vaste schoenmakertje waar ik mooie schoenenspanners denk te kunnen kopen. Dicht, jammer.

Dan kijk ik op mijn kamer naar de allesbeslissende tijdrit en zie dat Cadel Evans zijn kansen vergooid heeft in deze ronde. Wat is dat toch met die renner? 's Avonds zien we een mooi filmpje van Jongkind waaruit blijkt dat de Aussie zijn hele familie naar Parijs heeft gehaald. Hij heeft ook een huis gehuurd vlak bij de start van de tijdrit om zich binnen warm te rijden, onbespied door de pers. Er zijn grenzen, denk ik weleens.

En zo wint een tamelijk saaie renner, de Spanjaard Carlos Sastre, deze Tour. In de voetsporen van Pereiro Sio in 2006, roepen velen. Sastre rijdt natuurlijk al een aantal jaren mee en kan goed klimmen en wordt er over het algemeen op het vlakke nergens afgereden, maar om nou te zeggen dat hier een echte vedette aan het werk is geweest!

De vraag is of we nog iets met het bericht over Thomas Dekker willen en kunnen doen. Dekker heeft nu ook afgezegd voor Peking (wat ik vier weken geleden al voorspelde aan Ducrot, waarna hij steigerde) en lijkt als een dolende door de wielerwoestijn te trekken. Moeten we nog proberen hem in de uitzending van vanavond te krijgen? Het zou een stunt zijn, maar hoe, waar, wie?

We laten het er maar bij. Dekker heet in een crisis te zitten. Of dat zo is, weet ik niet. De hele rimram met de Rabobank heeft hem kopschuw gemaakt. Het is me al enige tijd duidelijk dat de bankmensen hem graag kwijt willen, maar daar doet men geen uitspraak over en ook dat hindert me. Wees verdomme duidelijk en zeg waar het op staat. Het voortdurend moeten leven met kleine leugentjes kan toch ook geen genoegen zijn, denk ik.

K. en ik eten samen, een luxe, ook ingegeven doordat onze groep wat groot is geworden omdat er veel familieleden en vrienden naar Parijs zijn gekomen. We zitten in een Italiaan en laten het ons nog maar eens smaken. K. wacht op het moment dat haar telefoontje gaat. Dat is vervelend leven, wat ze door veel actie draaglijk probeert te maken.

Ik ga een jasje aandoen en meld me bij de uitzendplaats, schuin voor restaurant Le Doyen aan de Champs. Ik maak een idiote promo, lopend over de brede boulevard, samen met Frits, die zich doodlacht. In die sfeer gaan we de een na laatste uitzending in. Parijs is niet ver meer.

Jan Janssen vertelt die avond dat Parijs voor eeuwig zijn stad is; kopje koffie, krantje, de lucht, de mensen. Jan Mulder zegt volkomen terecht: ‘Ik hoef Parijs niet uit te leggen, toch?’ Een van de leukste uitzendingen vliegt om. Beide Jannen (inderdaad: Los Juans, volgens Maaike) schieten met scherp in hun verhalen en

↑ Bij de start van het NK Wielrennen in Ootmarsum op 29 juni

↓ In gesprek met Niki Terpstra (Milram) op het NK Wielrennen

↑ Tijdens de programmapresentatie van de Spelen op 1 juli in Hilversum

↓ *De Avondetappe* op 13 juli vanuit de muziekkoepel in Salies de Béarn met Maarten Ducrot en Peter Ouwerkerk

↓ Aan tafel met Michael Boogerd en minister van verkeer en waterstaat Camiel Eurlings (r)

↑ Extra uitzending op 17 juli vanuit Port Gruissan over het dopingnieuws van Riccardo Riccò

↑ *De Avondetappe* op 24 juli vanuit het Musée d'Art et d'Industrie in Saint-Etienne met UCI-voorzitter Pat McQuaid en Ton Boot

↑ *Studio Sportzomer* met Bart Veldkamp

↓ Nederlandse olympische equipe tijdens de openingsceremonie op 8 augustus

↑ Kletsen met aanstaande schoondochter Minke Smabers na afloop van de gewonnen hockeywedstrijd tegen Australië op 16 augustus

↑ Feestje met het dameshockeyteam dat goud heeft gewonnen (22 augustus)

↓ Huwelijksaanzoek van Tjerk Smeets aan Minke Smabers op 24 augustus

een presentator hoeft dan maar weinig te doen.

In aanloop naar deze uitzending had ik van buiten ons groepje gehoord dat 'Mulder voorbij was'. Ik had toen geroepen 'net zo voorbij als ik dat ben' en dat houd ik ook nu vol.

De romanticus Mulder is een goede verteller en dat bewijst hij ook nu. Met zijn Johanna (die ik jaren niet gezien heb en die zegt: 'Ik ben de moeder van Youri.') gaat Jan na de uitzending nog lekker op een terras zitten pimpelen. De volgende dag is hij te gast bij de VRT. Hij is beroemd in België, geliefd zelfs en in Nederland roepen jonge snotneuzen in het vak dat hij 'passé' is. Ja, ja. Zo zijn onze gewoonten. Plurken dat we zijn.

Ik ben blij met de twee Jannen. Janssen komt de volgende middag nog terug, maar meldt ook dat hij nog een glaasje gaat drinken ergens. Wij breken af, sjouwen de spullen weg en zijn dan klaar om even voor enen. In plukjes lopen we terug naar ons hotel.

27 juli

Waarom weet ik niet, maar om zeven uur zit ik al klaarwakker en droog achter de tekstverwerker mijn stukje voor *Sportweek* te maken. Het laatste cursiefje voor de GPD-bladen volgt spoedig en als ik omkijk, zie ik dat K. nog slaapt.

Eerst maar iets van een ontbijt, dat goed verzorgd is in dit vreemde hotel. Veel ander volk komt uit landen waar men Arabisch spreekt. Mensen betalen hier ook veel contant is me opgevallen. Ze pellen dan biljetten van ontzagwekkende rollen af. Olie?

Om elf uur zijn we bij de uitzendlocatie, honderdvijftig meter achter de Champs. De gasten van de Rabobank worden ontvangen, zoals altijd, in het befaamde restaurant Le Doyen, vlak naast ons. Daar heerst gratie, ouwe muk, oranje gevoel en er hangt een flink prijskaartje aan alles. Een jaar geleden moest deze hele tent bijna geel geschilderd worden en moesten allerlei acties op het allerlaatste moment gestopt worden. Voor het groen van Freire bestaat hier niet veel belangstelling. De setting daarbinnen is als verwacht: keurig publiek dat zich laat fêteren en dat later op vip-tribunes naar de slotronden mag gaan kijken. Helemaal niets mis mee, want zo doen vrijwel alle sponsoren binnen de ronde het. CSC heeft bijvoorbeeld op een steenworp afstand van de finish een héél hotel afgehuurd, waar stijve Denen met jolig aandoende T-shirts rondlopen. Zij gaan winnen en drinken er vast eentje.

En wij? Wij wachten. De belichters zijn naar huis en ik zit koffie te drinken met de technische ploeg: Bart de Grood, de montageman en schakeltechnicus die deze Tour vijftienhonderd foto's heeft genomen, schuift zijn stoel aan. Naast hem zit de rustigste van allen: Gerard Dijksman. Hij is eigenlijk de OPL, de leider van de groep. Als er dingen verkeerd gaan begint er bij hem een tweede mechanisme te werken dat luidt: we hebben een probleem, hoe lossen we dat op. Naast hem zit Thijs van Gend, de stilste van ons allen. Hij is beeldtechnicus en is erg belangrijk voor de uitzending. Thijs heeft een ongelooflijk prettige gewoonte: hij kan mooi zwijgen en er toch zijn. De koffie wordt nu ingeschonken door Bart Reitsma, die zich over al het geluid heeft ontfermd. Hij kent het klappen van de Tourzweep en blijft ook altijd rustig. Remon de Groot was dit jaar de rookie van de technische ploeg. Ik vraag of hij zich thuis gevoeld heeft in zijn eerste ronde. Hij vond het een ervaring die hij niet had willen missen, zegt hij. Hij zorgde voor het geluid rond de tafel en moest zich als rookie aanpassen aan alle veteranen binnen de ploeg, bepaald geen makkelijke opdracht.

'Heb je niet iets lekkers te eten?' vraag ik aan Cees Bos. De trouwste van ons allen, de man die nergens te beroerd voor is geweest en die een stevige kater overhield aan zijn stappartij met minister Eurlings, sniert terug: 'De moorkoppen worden zo op een gouden schaaltje gebracht, mijnheer Smeets.'

Wat zou een serie uitzendingen zonder deze mannen betekenen? K. en ik hadden het er weleens over als we de kleine colonne van drie wagens op de snelweg passeerden. Altijd in dezelfde volgorde, altijd met steeds twee man aan boord, altijd dat claxonsignaal en die zwaai. Zes jaar achtereen waren we nu met ze op stap geweest. We waren niets ouder geworden. We hadden wat butsen in ons leven opgelopen, dat was alles. Deze kerels gingen bijna een maand van huis, bij gezin en vrienden vandaan. Ze namen een grote plunjezak met kleren mee en een hoop vakkennis in het hoofd. En maar reizen en hard werken, of het niets was. De hugs en handen en schouderkloppen later die dag zouden zeer gemeend zijn. We waren een groep, een clan, een uitzendclub en we reisden door Frankrijk en probeerden er mooie televisie te maken.

Die twee maffe lichtmannen waren al met tweehonderd kilometer per uur naar huis gereden, zoals gewoonlijk. Wij deden het deze middag wel zonder hen. Ze hadden wat simpele lampjes achtergelaten, dat was het dan.

Regisseur Pascal Clement zit naast me te roken. Hij is nog een van de weinigen die dat doen binnen onze groep en soms heeft hij daar gewoon zin in voor of na een uitzending. (Toevallig is ook de andere regisseur, Matthias Bouman, een roker.) Dit programma goed de lucht in krijgen, is een zware taak. Ik gun hem zijn shagje. En hij weet dat. Nog een middagje en dan heeft hij een goede job gedaan. En dat weet ik.

Jan Janssen is weer te gast en nu zit Philip Freriks naast hem, de nieuwe held van het zomeravondpubliek: Fifi. Och, wat heeft hij zijn rol fraai vormgegeven. Hij verving de schetsjes van Jean Nelissen met verve, bleek prachtige humor te hebben en had de mazzel dat Pascal Clement en ook Richard de Wilt in Hilversum zijn opnames goed bewerkten.

Aan tafel wordt er gepraat over de Tour van 1968. Wat deed Freriks toen in Parijs? We tonen filmpjes die zijdelings met Jan te maken hebben en voor we het weten zijn we vijf kwartier onderweg. Vijf kwartier met vertellingen en soms wat oud filmmateriaal en een grappig filmpje over de bril van Jan Janssen.

De etappe schiet maar niet op, zoals gewoonlijk, en soms schakelen we even door naar de commentatoren, die vertellen dat er inderdaad niets gebeurt. Herbert Dijkstra en Maarten Ducrot nemen op een gegeven moment toch de uitzending maar over; de renners naderen Parijs en wij hebben niets meer over. Alle filmpjes hebben we gehad, alle gespreksonderwerpen zijn aangesneden en met plezier hebben we de middaguitzending enige glans gegeven. De renners mogen de rest doen en de massasprint zal wel een winnaar opleveren. Ik schat Geert Steegmans, maar dat idee wordt weggehoond.

Wij beginnen inmiddels voorzichtig met opruimen. Ik val nog even in een vrolijk middagslaapje als het allemaal te lang duurt (zeer oncharmant, werd me duidelijk toen ik later foto's van mezelf zag), en daarna ga ik op mijn plaats in de muziektent zitten voor de slotakkoorden. 'Maak het niet te moeilijk,' heeft Jan Stekelenburg geadviseerd.

Het wachten is nu op de snelle werkzaamheden van onze mensen op de Champs. Er komt een filmpje van Bram Tankink, die zijn kind omhelst. Heb ik dat niet eerder bij het EK voetbal gezien?

De familie dus. Wij zijn ook familie. Met 'familieleden' als Astrid Dutrenit, onze regelaarster pur sang, die o zo vilein kan optreden als anderen hun afspraak niet nakomen. God, wat is ze dan goed. Charmant en scherp, snel en doortastend; een echte Française dus. Of Maaike van den Broek, die na de Tour ook naar Peking doorgaat. Ze deed hier interviews met Spaanstalige renners, ze dacht en besliste mee over de inhoud, ze regelde veel voor de gasten en voorzag mij van laatste gegevens. Ze is voor alles betrouwbaar, sterk en goed.

En dan hebben we nog drie rookies aan boord. Lonneke Hooijer, door mij Frizzle Sizzle genoemd, doorstond deze uithoudingsproef met glans. Voor een zeer jonge vrouw moet vier weken werken (productie) onder stress er toch flink inhakken, maar ze heeft geen krimp gegeven. Knap. De heren Martijn Hendriks en Jeroen Huizinga doen hun werk alsof ze dat al jaren zo doen. Zowel Jan als ik hebben in april voorgesteld deze jongemannen mee te nemen omdat er meer bestond in het televisieleven dan in een studio rond te hangen. Buffelen '*on the road*' zou een prachtige leerschool voor beiden zijn, en dat blijkt. Het werken onder druk, vermengd met het vele reizen en het nodige improviseren, heeft hen een stuk dichter bij het vak van goede televisiemakers gebracht. Door onder hoogspanning te stoeien met beelden en bandjes leert een mens inventiviteit, orde en sociaal gedrag.

De laatste mannen van de groep, de cameramensen Peter Zijlmakers en Peter Groeneveld, behoren al een tijd tot de categorie goede televisiemaker. Zij lopen nu zonder mokken met katrollen te sjouwen en de boel op te ruimen. Hun inbreng is, net zoals die van Frits Schrijvers en Peter Bakker, van grote waarde voor het programma. Ze zijn toegewijd en standvastig, kennen renners en onderkennen situaties en zijn hier op hun plaats geweest.

Met Schrijvers samen zit ik een glas te drinken. We hebben het over Tjerk en honkbal. Hij is catcher geweest, dat schept een band. Hij reist vanavond naar huis, herpakt zijn tas en dan zien we elkaar volgende week in Peking. Hij doet dat graag; Frits is waar topsport is. Hij levert altijd vakwerk af. O ja, ook hij rookt nog steeds.

Een uur later staan we aan de champagne en eten we piepkleine lekkernijen van Le Doyen. Weer een uur later heb ik de laatste tassen van de kamer gehaald en sta ik de auto in te laden.

Jan Stekelenburg zwaait ons uit. Hij is de perfecte eindredacteur voor deze klus. Hij kijkt en luistert goed en hij kent mij en ik hem.

K. heeft laat in de middag contact met haar oudste broer gehad. Burny heeft lang aan het bed van zijn jongere broer gezeten, maar er is geen contact meer geweest. Frank slaapt heel diep.

Ik heb nog aan K. gevraagd wat ze wil: naar het zuiden rijden, of, zoals ze deze ochtend nog stoer gezegd heeft, 'gewoon naar huis'. Als alle rommel in de wagen gepakt is, zeg ik het nog een keer: 'Jij mag kiezen, ik help je, dat weet je,' maar ze draait de weg naar Lille op. Naar huis dus. Ze heeft haar broer negen dagen geleden nog tamelijk goed gezien, die herinnering wil ze het liefst zo houden.

Om even over tweeën in de nacht parkeert ze de wagen zuchtend voor ons huis. De Tour de France 2008 zit erop. Ik ga uitladen en daarna vreselijk lang slapen.

28 juli

Zoals zo vaak lijkt een uurtje sportschool die avond goed te doen. Ik heb een dag lang lopen uitpakken, de wasmachine draait voortdurend en slapen ging die ochtend slechts tot acht uur.

K. gaat met haar clubje tennissen en ik fiets en step en trek een beetje aan gewichten. Als ik klaar ben en mezelf op een stoomdouche heb getrakteerd, is het even na half elf in de avond. Ik sta me af te drogen als K. thuiskomt en op vier meter afstand in de schemering blijft staan.

'Mijn broertje is dood,' zegt ze, 'Frank is vanavond ingeslapen.'

29 juli

Hoe plan je een vertrek naar China als er nog een crematie in Frankrijk aankomt en ik nog vijf radioprogramma's moet samenstellen en opnemen?

Chaos dreigt, maar dat wordt het niet. Ik schrijf in de ochtenduren drie verhalen en zit verder de hele dag met muziek te rommelen. Vijf programma's betekent de keuze van ongeveer negentig tot honderd nummers plus een bijpassend verhaal. Dat is veel, maar het lukt.

30 juli

Opnames in Hilversum. Het is goed Leo weer te zien. We zijn door de jaren heen flink naar elkaar toegegroeid en echte 'music-brothers' geworden. Daarnaast hebben we een sterke band opgebouwd, die veel verder gaat dan alleen plaatjes draaien. Privézaken delen we. En we helpen elkaar met woorden als dat kan.

'S Avonds thuis doe ik een eerste inpaksessie voor China. Hemden en polo's. Het lijkt eenvoudig, maar dat is het niet. Ik neem te veel mee, weet ik nu al.

31 juli

K. vertrekt al vroeg in de ochtend met haar moeder naar Frankrijk voor de crematie. Ze vliegen op Marseille en huren daar een auto. Er is de laatste dagen veel contact met de familie daar geweest. K. regelt de Hollandse zaken rond rouwadvertenties, de opvang van post en telefoontjes en al die dingen.

Ik doe weer een volledige radiodag en zit er 's avonds afgeknoedeld bij. Eten? Alleen? Ik bestel sushi en zoek mijn reisgegevens bij elkaar.

Laat in de avond hebben K. en ik nog contact. De boel is onder controle, zegt ze. Er wordt wel stevig gejankt, maar het gaat wel. We spreken af elkaar de volgende morgen op Marseille Airport te ontmoeten.

1 augustus

Op Schiphol kom ik andere mensen tegen die naar de crematie in Nîmes gaan. Zelfde vliegtuig. Kleine tranen ook. K. pikt me op. In Nîmes verzamelt zich op de parkeerplaats buiten het crematorium een gezelschap van een man of vijftig; familie en vrienden. Velen zijn uit Holland komen rijden of vliegen.

K. is triest en geeft daar blijk van.

Later, als we in Loriol-du-Comtat zijn voor de nazit en borrel, praat ik met wildvreemden en mensen die ik ooit bij K.'s broer weleens gezien heb. Waarover praat je op zo'n borrel? Weinig over de overledene, valt me op. Men begint met mij voortdurend over de Tour (ze hebben daar allemaal een schotel bij hun huis) en ook al over de Spelen. Er komt een vreemd mens op me af: een Nederlandse die al vele jaren in deze streek woont. Ze gilt het uit: 'Ik hoor dat je bekend of zelfs beroemd bent. Nou, ik kijk nooit naar sport hoor. Wat een nare toestand, hè?'

Met een gezelschap van ongeveer twintig personen rijden we om negen uur naar Carpentras, waar we nog een hapje willen eten. De alcoholinname bij de meesten gaat vrij voorspoedig.

Ik zit te denken hoe ik de zondag door moet komen; dan wordt het écht spitsuur in mijn bestaan.

2 augustus

We verlaten onze familie in de ochtend na een gezamenlijk ontbijt. Velen komen nog even langs om dag te zeggen en sterkte te wensen. Wij, K., haar moeder en ik, rijden in de huurbak naar Uzès, een rit van ongeveer anderhalf uur. We hebben daar afgesproken met vriendinnen van K., drie basketbalsters die in de buurt, in het huis van de Française van het drietal, de zomermaanden doorbrengen. De andere twee komen uit het voormalige Joegoslavië en Roemenië. Alle vier de vrouwen speelden vroeger interlandwedstrijden en kwamen elkaar daarin tegen. Nu, dik dertig jaar later, zien ze elkaar nog steeds.

In een klein restaurant waar de patron geen idee heeft wat er aan zijn tafel plaatsvindt, wordt eerst nog even gejankt en dan gelachen en verhaald. Gek: zes mensen aan tafel, vier nationaliteiten en in een mengelmoes van Frans, Duits, soms Engels en Nederlands brengen we de volgende uren door.

Een crematie op vrijdag, een hereniging op zaterdag, wat volgt?

We verblijven in een ellendig airporthotel in Marseille met slecht eten, maar we waren allemaal te geradbraakt om nog een goed restaurant te gaan zoeken in de buurt. We laten alles nu maar over ons heen komen.

Ik probeer nog beelden te zien van de Clásica San Sebastián, maar verder dan de uitslag via de Franse tv kom ik niet. Valverde wint. Volgende week is de olympische wegwedstrijd al. Die mannen vliegen dus de komende dagen allen naar China.

Slapen is verder het enige redmiddel voor ons drietjes. Emotionele moeheid maakt inslapen echter moeilijk.

3 augustus

Wakker om kwart over vijf in de ochtend, dan in het shuttlebusje om kwart voor zes en inchecken om zes uur. *Sunday morning coming down.*

We staan uiteraard in de verkeerde incheckrij en na twintig minuten zijn we nog geen stap opgeschoten. Er staat een familie vooraan met tickets die niet helemaal kloppen en de vader staat voortdurend met kaartjes van Air France te zwaaien. Hij wil geen overvracht betalen, naar blijkt, hij is frequent flyer en dat zullen we allemaal weten ook.

De man achter de balie is een chagrijnige hufter, die denkt dat het zijn tijd wel zal duren. Pesterig langzaam doet hij wat hij moet doen. Soms staat hij op, gaat ergens een deur in en komt op zijn gemak weer terug, alles in een tergend traag tempo. Zeker twaalf mensen staan meer dan een half uur te wachten. Ze zuchten en klagen, maar de Fransman geeft geen krimp: dit is zijn zondagochtend.

De consequentie is dat we ons nog moeten haasten om het toestel te halen. In de lucht slaap ik direct in en word vlak voor de landing op Schiphol wakker; dit is mijn winst.

We lopen ons huis binnen om even over tienen en vijf kwartier later staat de taxi klaar die me naar Hilversum brengt. K. heeft me volkomen getikt verklaard, maar ik ga de samenvatting inspreken van de basketbalwedstrijd USA-Rusland, een avond eerder gespeeld in Hongkong. Het is de eerste kennismaking met de Amerikaanse ploeg voor het Nederlandse kijkerspubliek en daarom doe ik het commentaar. Het is voor mij ook een oefening, want ik ga straks in Peking, als het in mijn schema past, ook basketbal doen.

In Hilversum is de montage bijna klaar, ik zoek wat gegevens bij elkaar, schrijf de namen van de Russen op (ik ken alleen Kirilenko en Holden van uiterlijk), maak een lijstje en ga de inspreekcel in.

Na een half uur laat ik me weer naar Haarlem terugrijden om de grootste beproeving van deze zondag te ondergaan: de finale inpaksessie. Alles hiervóór is kinderwerk geweest.

Ik ben om even na zessen klaar en weet dat ik dingen vergeten ben. Ik neem een snelle douche. Reiskleren aan en weer weg, de klaarstaande taxi in. Een klein half uur later staan we bij de KLM-balie op Schiphol. Wéér Schiphol dus, want zeven uur eerder kwamen we hier immers aan. Thuiskomen heeft zo'n duidelijk andere betekenis dan vertrekken en wij doen het allebei op één dag. Gekkenwerk.

De service van de mevrouw in het blauw is goed en snel. We vliegen naar Chengdu en hebben daar een overstaptijd van ongeveer twee uur, om dan met China Air door te vliegen naar Peking.

In het toestel drinkt K. twee glazen rode wijn (ik doe mee) en dan valt ze in een diepe slaap. Vlak voor we gaan landen, wordt ze verdwaasd wakker. Ze heeft geen idee waar ze is. Het is inmiddels al maandag geworden als we doorvliegen.

Monique Hamer, de chef olympische zaken bij de NOS, staat op het vliegveld van Beijing op ons te wachten. Heel goed van haar, wat een mooie timing. Ik laat haar en K. even alleen. Vriendinnen, nietwaar? Ik zie een lange omhelzing en tranen.

Twee uur later zitten we aan de welkomstchampagne in Hotel Rosedale. De Spelen kunnen wat mij betreft beginnen. Mijn telefoon gaat. Tjerk vanuit Zuid-Korea. Ja, het gaat hem goed. Hij komt eraan, zegt ie. Hij heeft veel meegemaakt. 'Spelen jullie goed?' vraag ik. Hij zegt: 'Nee, het loopt niet. We krijgen de bal niet weg.' Hij eindigt met een lach en zegt: 'Later.' Dan bel ik met

Nynke en krijg een vreemde toon te horen. Gelukkig belt zij een kwartier later zelf. Ja, zij is goed gearriveerd en is hard aan het werk in het Holland Heineken Huis. We spreken af elkaar snel te zien, misschien wel morgen. Ik raad haar aan een prepaid Chinese telefoonkaart te kopen. Dan kan ik haar steeds bereiken.

Ze antwoordt een beetje snibbig: 'Sinds wanneer weet jij van het bestaan van die dingen, pap?'

5 *augustus*

Ik mis ieder gevoel van tijd en richting als ik tegen elven in de ochtend wakker word. Waar in vredesnaam ben ik? Een hotelkamer, maar waar? Ik schuif de gordijnen open en kijk naar buiten: ik zie niets. Ja, een soort blauwige damp die ik maar smog zal noemen en waarvoor ernstig gewaarschuwd was voordat we in China aankwamen.

Ik kom langzaam bij zinnen. Hoe was het ook weer? Als ik op tijd wakker zou worden was er een eerste redactievergadering in de Starbucks om de hoek. Ik kijk op mijn horloge en moet gaan rekenen. Hoeveel is het tijdverschil met Nederland? Zes uur? Zeven? Hoe laat is het? Ik heb pijn in mijn nek en schouders. Nu al.

Een kwartiertje later sta ik in de Starbucks en bestel mijn ontbijt. Capu, een watertje en een croissant. Alsof ik in New York, Athene of Londen ben. De Chinezen hier spreken behoorlijk Engels en zijn snel en gedienstig.

Ik verontschuldig mijn late komst bij de anderen, die hier al twee of meer dagen langer zijn dan ik, maar dat is niet nodig begrijp ik, want ik schijn eruit te zien als een natte krant en zij kennen dat gevoel. We bespreken wat werkzaamheden voor de volgende dagen en besluiten naar onze studio te gaan kijken. Daar wordt hard gewerkt om donderdagmiddag 'uitzendklaar' te zijn.

Ik klim met gevaar voor eigen leven bij een Chinese Airton Senna in zijn taxi. Zeven minuten later zet hij me bevend af: 24 yuam, *that's all*.

Fooi geven hoort hier niet. Je kunt niet nonchalant zeggen 'houd die luizige 6 yuam maar', want dat is typisch westers gedrag dat hier niet wordt geapprecieerd. Dus wacht ik op het wisselgeld en een bonnetje en krijg een vette lach van de chauffeur.

Ik schrik als ik zie hoe de stand van zaken in ons gedeelte van het gebouw is. Overal lopen mensen te sjouwen, te schilderen, te metselen zelfs en de lift werkt niet. Ik hoor dat er volgens de strenge Chinese voorschriften geen enkel stuk materiaal per lift vervoerd mag worden. Dat hypermoderne ding, kakelvers ingebouwd in het gebouw, is alleen voor het vervoer van mensen, maar op deze dag even niet. De stroom is eraf gehaald, niemand weet waarom. Dat zou acceptabel zijn, ware het niet dat er duizenden kilo's materiaal naar de derde, vierde en vijfde etage van het gebouw gesjouwd moeten worden. En gesjouwd is er de afgelopen dagen ook.

Ik zie het laatste werk nu met eigen ogen gebeuren. Potige Nederlandse jongens, die aangemonsterd zijn door Heineken voor allerlei zomerse werkzaamheden in het beroemde HHH, zijn 'even' op deze NOS-klus gezet. Ze hebben elkaar waarschijnlijk wel even aangekeken, maar toen de handen uit de mouwen gestoken. Die jonge kerels verdienen diep respect, want ze zijn honderden keren op en neer gegaan en hebben alle kisten, koffers, katrollen, dozen, flightcases en alle tilbare radio- en televisiespullen naar boven gedragen. Zoals dat vroeger bij de bouw van de Egyptische piramides gebeurde: alles met mankracht. Tot er op het laatst zulke zware stukken overbleven dat zelfs de inzet van deze beulen onverantwoord was. Dus is er een kraan gehuurd (en dat duurt even in China) en gaat nu het restant omhoog. Ik bedank de mannen die ik tegenkom op de trappen hartelijk voor hun inzet. Ze hebben zich klem gewerkt, in deze klamme hitte en vervuilde lucht. Klasse!

Ik kijk rond in de studio's en zie veel stress bij de mensen die aan het inrichten zijn. Niets werkt nog, er moet doorgebuffeld worden. Voor mij heeft het weinig zin om op de burelen te blijven rondhangen; ik loop alleen maar in de weg.

Gelukzalig moment nummer één: dochter Nynke belt en vraagt waar ik ben. Nadat ik al eerder een rondje had gemaakt in het HHH en haar niet had gezien, blijkt ze in het aanpalende personeelsrestaurant te zijn. Dochter en vader zien elkaar vier minuten later, na ruim zes weken alleen maar telefonisch contact te hebben gehad en dit weerzien voelt goed aan. Ze vertelt van hoe en wie en wat. Ik ben blij dat ze hier in Peking is.

Nu is het wachten nog op die honkballer. Die komt de volgende dag pas aan, uit Zuid-Korea. Als hij er is, zijn we bijna compleet.

Ik vind het nog steeds jammer dat Willemien de lange reis niet wil maken. Ze ziet te erg tegen de rommel en het zware weer van Peking op en de reis is haar ook te lang. Ik had het haar zo vreselijk gegund onze zoon op de Spelen aan het werk te zien, maar het is haar eigen keuze om niet te komen.

Om alle goede voornemens meteen kracht bij te zetten, fiets ik in de late middag een klein uurtje in de sportschool van het hotel, waarna ik me laat masseren door een klein, frêle meisje met ijzeren knuistjes. Uiteraard komt de vraag of ik tot slot nog '*the special treatment*' wil, ofwel de *finishing job*: een keurig rukje onder de handdoek. Ik zeg lachend '*No, thank you*' en zij vertrekt geen spier. Het was slechts 100 yuam meer in prijs.

’s Avonds eten we met een iets te grote groep bij een Chinees om de hoek van ons hotel. Nynke is ook gekomen. Zij leeft op in gezelschap. De tent heet Summer House en ik eet er lekkere Chinese dingen die ik niet ken. We lopen naar Starbucks voor een late koffie en ik ga op de kamer nog wat lezen. Morgen komt Tjerk.

6 augustus

Nu wel op tijd voor de redactiebijeenkomst. Deze Starbucks zit iedere ochtend goed vol. Vrij veel Amerikanen zitten er achter hun Apple en soms loopt er iemand van onze groep binnen. Er komt een moment dat ik mijn vaste ontbijt bestel en een van onze Chinese chauffeurs, Simon, tegen mij zegt (niet aanmatigend): ‘*You know Mart*, dat wat jij nu voor je ontbijt hier betaalt, daar kan mijn hele familie thuis een week van eten.’

Ik kijk naar mijn spullen: een cappuccino, een bakje fruit, een San Pellegrino en een croissant. Ik denk tien euro bij elkaar. Daar kan zijn hele familie dus een week van eten. Als ik om me heen kijk en al die expats zie zitten, denk ik dat niemand zich daar rekenschap van geeft.

Dit is helemaal geen China; dit is een internationale wijk waar rijke westerlingen hun grote appartementen bewonen, hun SUV’s door de straten sturen en hun Starbuckje komen drinken.

Om twaalf uur laat ik bij het IBC (International Broadcasting Center) mijn accreditatie valideren, ik neus wat rond in onze kantoorruimtes en ga dan lunchen met Alex Wolff, mijn Amerikaanse vriend die voor *Sports Illustrated* naar Peking is gestuurd om er over basketbal en vooral interessante randverschijnselen te schrijven. Niet alleen voor het blad, maar vooral voor hun veelgelezen internetsite. Ik heb Wolffje een tijd niet gezien en we moeten in een kwartier een jaar bijpraten. Dat lukt niet.

We proberen ergens een moment te vinden om in de tweede week van de Spelen te gaan eten, nu doen we het met een slechte lunch die in haast genuttigd wordt.

Hij heeft, net als ik, niet het idee in China te zijn. '*This can be anywhere*,' zegt hij als we naar buiten lopen. Ik ren voor de bus naar mijn hotel en merk dat ze precies op tijd rijden. Zonder enig probleem schiet de chauffeur de 'Olympic lane' op en binnen een half uur ben ik er. Dat wil zeggen... we rijden een parkeerplaats af, steken een weg over en staan stil achter een bus met aanhangwagen. Ik zie een oranje tas in het bagagevak liggen en kijk nog een keer goed. Wie zitten er in die bus? Beide vervoermiddelen trekken op en ik zie slechts contouren voor me. Toch pak ik mijn telefoon en tik het nummer van Tjerk in. 'Waar ben jij nu?' vraag ik. Hij zegt: 'Ik zit in een bus. We zijn fucking lang opgehouden bij aankomst op het vliegveld en rijden nu naar ons appartement, hoop ik maar zo. Hoezo?'

Ik zeg: 'Ik denk dat ik achter je in een andere bus zit,' en hij zegt, droog en zonder emotie: '*Small world, isn't it?*'

De bus voor me slaat linksaf. Ik zeg: 'Ik zie je wel ergens de komende dagen,' en hij sluit af met: 'Later.'

Er is een min of meer officiële opening van onze kantoren in het gebouw van waaruit we uitzenden. We zijn inclusief het ingehuurde lokale personeel met bijna honderd mensen. In Moskou, achtentwintig jaar geleden, waren we met zijn tienen. De flessen en hapjes gaan rond en er heerst een lekkere sfeer. Dat moesten we maar eens de gehele tijd vast proberen te houden, die sfeer. Ik neem me voor daar veel aandacht aan te besteden.

K. komt een klein beetje bij van alle toestanden en heeft een voorzichtig shopje in het Lufthansa Center gemaakt. Ik zie haar 's avonds als we met Monique Hamer bij een Italiaan gaan eten, buiten op het terras nog wel. Het eten is niet goed, maar de wijn vergoedt veel. Daarna terug in ons hotel, want een gouden olympische regel is: probeer voordat de Spelen beginnen vooral veel energie op te slaan. Ga niet aan de zuip, ga niet stappen, hoeren of snoeren en slaap veel. De aanslag op je gestel komt immers pas over tien dagen.

7 augustus

Vandaag moet ik voor het eerst een pak aan. Het HHH wordt officieel geopend en daar zijn wij met een camera bij. We laten uiteraard die avond wat beelden zien en ik begeleid cameraman Wilco Lobeek.

In een pak is het nauwelijks uit te houden, maar de meeste mannelijke genodigden dragen nu toch iets keurigs in grijs, dat bij sommigen al donkere vlekken op de rug vertoont. Zo vochtig is het hier.

Als ik weer terug ben in mijn hotel kan ik mijn overhemd letterlijk uitwringen. Hoe gaat dat de volgende weken worden? Als je vandaag buiten loopt, ben je kletsnat in achtendertig stappen. Ik doe 's avonds mijn derde of is het al mijn vierde hemd aan.

We eten deze avond met een flink deel van de redactie en enkele gasten van het avondprogramma in het HHH. Het is een etentje dat nauwelijks naar meer smaakt voor de komende dagen. Wat de achterliggende gedachte van de mensen van Heineken hier is, anders dan flink geld verdienen, weet ik niet.

Je betaalt voor een licht mondain (en uitgeserveerd) voorgerecht, een buffethoofdmaaltijd en een dikke toet het forse bedrag van 75 euro, exclusief wijn, wat ongegeneerd veel is voor Peking. Het restaurant zit redelijk vol, alleen maar Hollanders en veel oranje en zo links en rechts moet ik dag zeggen en handjes geven. Maar eten al die lieden hier nou lekker en gaan ze terugkomen? Ik denk het niet.

Het zal een van de vier maal zijn in bijna drie weken dat ik hier eet. Andere collega's gaan hier niet zitten. Ze bestellen hun eten (lunch of diner), dat keurig op de redactie afgeleverd wordt en betalen tussen de twee en tien euro per keer. Dat laatste bedrag komt zelden voor, ik hoor verhalen van mensen die hier heerlijk zitten te smikkelen voor vier euro. Chinees, Italiaans, Vietnamees, Thais, Koreaans, hamburgers... je belt maar en het wordt afgeleverd.

Ik zit in het oranje restaurant en kijk om me heen. Wat weet ik niet, maar er ontbreekt hier iets. Gezelligheid? Is het omdat je de hoofdmaaltijd elders van een buffet moet gaan opscheppen? Bij dat buffet heb ik overigens wel een leuke ontmoeting met een van de koks. De man vertelt me dat het altijd zijn droom is geweest naar de Olympische Spelen te gaan en nu staat hij hier toch maar mooi te koken. Op een of andere manier ontroert zo'n kort verhaal me. Is het een onderwerp voor een van de komende dagen? Dat prettige moment kan niet verhullen dat het in het restaurant niet echt gezellig is, hoewel gast Arie Haan onvoorstelbare verhalen uit zijn rijke repertoire vertelt en we aan tafel veel lachen.

We beginnen de uitzendingenreeks met Bettine Vriesekoop, Inge de Bruijn en Haan aan tafel; niet slecht zou je zeggen. Haan heeft in China gewerkt als voetbalcoach, Bettine woont en werkt hier en Inge is Inge. Zij toont haar verbazing over alles wat ze deze dagen meemaakt en is uiterst enthousiast over de kansen van de Nederlandse zwemploeg. Ze is in het zwemstadion geweest en loopt daar als een koninginnetje rond. Dat tonen we ook. Arie vertelt zijn ervaringen en Bettine probeert alles in een kader te plaatsen. Het is de eerste uitzending en ik voel dat de lekkere spanning van een live programma ontbreekt. We doen wel alsof en nemen alles in enen op, maar je weet dat een klein foutje, een verspreking, een verkeerde vraag of beweging er desnoods uit gemonteerd kan worden, en dat hindert me.

Natuurlijk hebben we voor deze manier van werken gekozen, want dit is de beste. Live is onmogelijk, gezien het verschil in tijd tussen Peking en Nederland, en dus hebben we besloten om rond elven in de Chinese avond op te nemen en als dat niet kan, zo snel mogelijk nadat de laatste gasten gearriveerd zijn en we uitzendklaar zijn. Dat betekent dat de 'band' een paar uur in Hilversum blijft liggen om dan rond half elf in de Nederlandse avond te worden uitgezonden. Alleen als het echt moet, als er echte missers of later ingestarte filmpjes in het programma zitten, kunnen de collega's in Hilversum de montagekamer ingaan en iets aan de uitzending veranderen. Ik heb nooit gevraagd of dat tijdens de Spelen weleens gebeurd is. Het zal best.

We zijn om half twee pas op de kamer terug. We beginnen dus met lange dagen en dat is nu al voelbaar. De meesten van ons slapen nog steeds zeer onregelmatig en in brokken. Drie uur slapen, wakker worden, twee uur wakker liggen en dan pas weer inslapen. Daar ga je langzaam van kapot, weet ik uit ervaring, dus probeer ik toch vijf uur per nacht te maken. Dat moet het minimum zijn.

8 augustus

Frits van Rijn, de eindredacteur van het avondprogramma, vroeg me twee dagen terug: 'Heb jij het bandje met de items die jij in Hilversum gemonteerd hebt morgen bij je?'

Ik moet hem aangekeken hebben of het sneeuwde in Zaïre. Het bandje. Jezus. Ik had dat ding toch wel in mijn tas gedaan?

Om kort te gaan, ik ga deze ochtend het onderwerp Hennie Kuiper voor de tweede maal monteren. De collega's in Hilversum hebben niets in het computersysteem kunnen vinden, een zoektocht in mijn huis heeft niets opgeleverd en daarom wordt het ruwe materiaal nog maar eens overgestraald naar Peking en zit ik nu om half elf, met Joop Harms, te monteren. Omdat morgen de wielerwegwedstrijd voor de mannen is, hebben we dit portretje van Kuiper gepland. Het is zesendertig jaar geleden dat hij de gouden medaille in München won en nog steeds achtervolgt die wedstrijd hem, en niet altijd met louters positieve gevoelens.

Het filmpje, ietwat anders opgebouwd dan mijn eerste poging, misschien niet zo 'fijn' gemonteerd, is binnen een uur klaar. Dat is zo geweldig van Joop; hij leeft zich in, kijkt goed en zet filmpjes ongeacht het onderwerp moeiteloos in elkaar. Ik laat Frits weten dat ik mijn revanche gehaald heb, maar weet nog steeds niet waar dat verrekte rotbandje is. Ik heb er nog mee in mijn handen gestaan bij het pakken...

Dan lees ik me in over de opening en over de gasten vanavond. We weten nu al dat het moeilijk zal worden om op tijd te beginnen, want de openingsceremonie zal ongetwijfeld uitlopen.

Ik bel Tjerk en hij vertelt wat hij meemaakt. Hij doet dat prettig fragmentarisch, niet gehaast, maar wel met vaart. Hij zegt: 'Ik moet nu opschieten, we moeten ergens aantreden. Later.' Ik heb hem nu al bijna twee maanden niet gezien, alleen maar gesproken, dat is gek.

Op aanbeveling van mevrouw Hamer gaan K. en ik in de vroege avond bij SALT eten. Er loopt wel Chinese bediening, maar de kaart is westers, de wijnkaart is mooi, het eten is zeer smakelijk en de sfeer is onwerkelijk. Je verwacht zoiets niet in China. Ik informeer welke nationaliteit de eigenaar heeft. Het blijkt een Spaanse Amerikaan met Italiaanse voorouders te zijn. De gastvrouw is een Australische van Letse afkomst die lang in Londen gewerkt heeft, en de koks komen van overal en nergens.

We nemen een taxi naar het HHH, waar het volloopt met oranjeklanten. Kaartjes voor de opening zijn nauwelijks in de verkoop geweest en als ze er al waren, kostten ze veel geld – naar verluidt wel 600 euro. Velen kijken dus op de schermen in het HHH en gelijk hebben ze. Dan zie je tenminste nog iets en het is er nog gezellig ook.

Wij kruipen bijeen in de redactiekamer, drinken koffie en kijken. Natuurlijk zit ik geconcentreerd naar het beeld te turen als de Nederlandse ploeg binnenkomt. Ik heb naar het ritme van de (Finse) regisseur gekeken en weet dat middelgrote ploegen ongeveer twintig seconden in beeld zijn; een keer totaal, dan met een close shot van (vaak) een vrouwelijke atleet, dan een half totaal van een groepje en vervolgens nog twee close shots van leuke, vrolijke mensen. En dan komt het volgende land alweer.

Ik zie in een flits van nog geen drie seconden mijn eigen kind lopen. Aan de buitenkant, rechts, stoer, met hoge schouders. Ik gloei van diepe vreugde en liefde. Hier heeft hij altijd van gedroomd, hier hebben we het vaak samen over gehad en nu loopt hij daar. Ik ben zó trots! Ik merk dat K. me van de andere kant van de zaal zit aan te kijken. Ik glimlach naar haar. Ze leest alles in me en weet hoe ik me nu voel.

De hele ceremonie duurt te lang, dat is ook te merken aan de mensen om me heen. Velen gaan zitten kletsen of gaan iets anders doen. Hoe houden we de spanning erin voor de uitzending, vraag ik me af. Volleybalcoach Bert Goedkoop zit bij ons en verveelt zich ook. Hij houdt niet van openingen, heeft ze ook nooit meegemaakt in zijn olympische leven en vanavond heeft hij er, soms geïnteresseerd, soms ook helemaal niet, naar zitten kijken.

We horen hoe het met de andere gasten gaat. Jacques Brinkman, de ex-hockeyinternational, is onderweg uit het stadion en Bettine schijnt ook in aantocht te zijn.

Het is al na twaalven als de drie oud-sporters elkaar ontmoeten in de redactieruimte. De schminkjongen, een Chinese nicht die erg aardig is, op het kleffe af, doet zijn werk bij de gasten en ik loop met een klein draaiboekje in de hand naar het terras. Daar kijk ik uit over een klein gedeelte van de stad uit en voel ik druppels.

Twee minuten later is er iets van lichte paniek binnen de ploeg. De druppels worden even heftiger en onze belichter Martin Beekhuizen schiet heen en weer tussen zijn schakelpaneel en zijn lampen. Hij wil ze uit hebben, dit wordt hem te link.

Regisseur Matthias zoekt op zijn computer naar een weerkaart van Peking, vindt die ook en we zien: plaatselijke regenbuien. We stellen het begin van het programma nog even uit; de regen spettert, maar wordt nooit heftig.

Martin en Matthias overleggen druk. Kunnen we met lichte regen werken? Martin vindt het te link en dus wachten we nog wat langer.

Weer overleg, ook omdat ik zeg dat er nu een beslissing genomen moet worden. De andere optie is de studio boven het terras te gaan gebruiken, maar dan moet er omgebouwd gaan worden. Dan hakt eindredacteur Frits de knoop door en zegt hij: 'We gaan naar binnen.' Ik reken uit dat het een extreem laat aanvangsuur zal worden.

De gasten krijgen nog een kop koffie en dan zegt Bettine ineens: 'Ik haal het niet, ik ga naar huis.'

Er valt een grote stilte. Ze gaat naar huis?

'Ja, ik heb dit een tijd geleden met Ewoud besproken. Dit zou een moeilijke avond voor me worden, maar ik moet mijn verhaal over de opening voor de NRC schrijven en ik wil de commentaren van de persbureaus nog lezen. Ik ga dus.'

Het is even stil. Goedkoop en Brinkman kijken de andere kant op. Iemand roept: 'Je kan hier alle computers die je wilt gebruiken, je kunt hier alles opzoeken. Maar Bettine houdt voet bij stuk. In haar huis wacht haar assistent met de Chinese teksten die ze nog wil lezen en dus gaat ze.

Ik vind het enorm jammer, helemaal omdat ze een prachtige openingszin had toen ze de redactiekamer binnenkwam. Ze zei: 'Zo'n opening krijg je niet voor elkaar in een democratisch geregeerd land.' Ik had willen doorpraten over dat krachtige statement, maar die kans gaat nu verloren. Ze pakt inderdaad haar tas, groet en loopt de deur uit.

Het ombouwen duurt te lang, vind ik, maar ik blijf overal buiten en zeg niets. De jongens van de ploeg doen uiteraard hun best, maar het is al na enen, ik geloof zelfs tegen half twee voordat we beginnen. Het programma lijdt onder alles wat gebeurd is, dat kan niet anders. De gasten doen hun best, vertellen hun beste verhalen, maar zijn ook moe geworden. Een van de thema's is: laat je sporters wel of niet meelopen bij de openingsceremonie. Brinkman vindt van wel; het geeft een sporter een enorme adrenalinestoot in de aanloop naar de Spelen. Hij wuift de bedenkingen van vermoeidheid door het lange staan, speels weg: het zijn gezonde mensen hoor. Goedkoop zegt dat je hier naar de Spelen komt om te winnen en dat je professioneel met je tijd moet omgaan. Een ceremonie als vanavond lijkt hem niet goed voor sportende mensen.

We bedanken de gasten, doen de lichten uit en verlaten het pand. We zijn de laatsten op het grote terrein, we stappen in de klaarstaande busjes en horen Goedkoop nog zeggen dat hij om half zes op moet. Hij kan nog drie uur slapen.

Wij liggen om kwart voor drie in bed.

Mijn gevoel? Mmmmmmm. Prachtig dat ik Tjerk gezien heb, maar over de uitzending heb ik een dubbel gevoel. Het werd nooit flitsend en leuk, er lag een beetje klamme deken over ons heen. In de studio was het tamelijk muf en warm en wat er met Bettine gebeurde, hielp ook niet echt om er een sprankelende show van te maken. Nadat we met camera's en andere apparatuur waren gaan slepen, was het mooi droog gebleven. Er was alleen iets meer wind gekomen. De beslissing om naar binnen te gaan was nu eenmaal genomen, maar we hadden dus buiten kunnen blijven. Shit.

9 augustus

Wakker om zeven uur met kramp in de benen en dat is niet verwonderlijk. Ik douche me snel en zoek mijn wielerspullen bij elkaar. De finish van de wegwedstrijden ligt noordelijk van de stad; sommigen zeggen dat het zeker anderhalf uur rijden is, anderen houden het op een klein uurtje.

Het is goed dat onze cameraman Frits Schrijvers zelf rijdt. Hij vergist zich slechts één keertje in een afrit, moet een klein lusje extra draaien en dan zijn we de stad al uit. Aan boord van het busje hangt een jolige sfeer: de Spelen gaan nu echt beginnen en blij als kinderen gaan we naar onze klus toe. Binnen drie kwartier zijn we op de plaats van bestemming. 'Wat lullen die Chinezen nou?' vraagt Frits lachend.

We blijken met ons wagentje vrij dicht bij de streep te kunnen komen. Daar wachten golfwagentjes waar blij lachende Chinezen ons in zetten en waarmee we tot in de compound gereden worden.

Het is een koddig gezicht, die grote mensen in die kleine wagentjes tegen die helling te zien oprijden, maar ach, het is zoals de Chinezen het willen.

In de perszaal pak ik de laatste startlijst en ga kijken of er iets te eten of te drinken valt. We krijgen koekjes en fruit en de ochtendkoffie wordt op een speciale manier voor de olympische werker geserveerd. Een meisje duwt de knop van het koffieapparaat in, doet dan een stap terug, waarna haar collega het kopje plaatst en aan de gast geeft als er koffie in zit. Dat ritueel zullen we drie dagen meemaken. Het meisje van de knop, pakt geen kopje aan. Net alsof ze van een andere kaste is.

Ik installeer me en zet de koptelefoon op: Hilversum klinkt naast de deur en ik begin in de vroege Nederlandse ochtend een uitzending die me nog lang zal heugen. Zelden heb ik meer plezier gehad in mijn werk; het is alsof ik op een gegeven moment ga zweven. De woorden rollen eruit en ik masseer de renners als het ware richting finish. Dat er twee volkome onbekenden aan de leiding gaan rijden, is te verwachten. Voor de geschiedenisboeken moet vereeuwigd worden dat Horacio Gallardo uit Bolivia en Patricio Almonacid uit Chili samen het vlakke deel van het parkoers op kop rijden.

En God, wat is het heet bij de finish. Bij aankomst die ochtend was er een dunne voile van warmte zichtbaar, maar in de middag valt die ons als een zware deken in de nek. Het is niet te harden zo heet, en het enige wat je kunt doen is water drinken en je rustig houden.

Han Kock, onze stukjesmaker vandaag bij het wielrennen, is zo aardig me twee maal van proviand te voorzien en voor de rest moet ik het maar uitzoeken. Dat is het zelfgekozen lot van de soloverslaggever. Nee, ik ben niet één keer gaan plassen en ik heb mijn positie geen seconde verlaten. Daar is de aanloop naar de finale en wat er in het laatste uur gebeurt, te spannend voor.

Nadat ik met spijt heb moeten constateren dat Karsten Kroon al in de eerste klim gelost wordt en we later zien hoe een gedesillusioneerde Kroon de kleedkamers inloopt, kan ik me richten op een van de mooiste finales ooit verreden in eendaagse koersen. Robert Gesink rijdt goed mee, maar hij is een half maatje te klein voor de mannen die de finale knalrood kleuren. Ik zit te genieten en schakel in mijn verslaggeving door naar een volgende versnelling. Ronkend van genot bezie ik de beelden en ik voel dat ik op sommige momenten zelfs ga staan en armbewegingen maak om mijn woorden kracht bij te zetten

Als de Zwitser Fabian Cancellara een fameuze achtervolging inzet en het veld bijna omver blaast, voel ik een enorme gloed in me opkomen. Dit zijn hoogtepunten in het leven van een sportcommentator, hier doe je het voor.

Er is geen sprake van ploegenspel, over dopinggebruik wordt niet gedacht of gesproken; het enige dat nu telt voor de koplopers is die gouden medaille. De laatste tien minuten zijn van ongekend grote klasse. Dit is topsport die je zelden tegenkomt en ik heb de mazzel dat ik hier mag werken.

Twee uur later rijden we Peking weer binnen. Ik ben moe en gesloopt en ga in mijn hotel een lange, warme douche nemen. Frits belt: Ruben Houkes heeft brons gewonnen en schijnt gelukkig te zijn met zijn optreden. Karsten Kroon komt ook; hij is 'slechts' vreselijk teleurgesteld. Als derde zit Charles van Commenée aan. Hij heeft, als chef van de hele ploeg, te maken met sporters die winnen en die verliezen. Hoe ga je daarmee om?

Houkes blijkt op wolken te lopen en Kroon heeft ongelooflijk de pest in. Precies die tegenstelling doet 't hem in de tafelzit. Beide sportmannen hadden naar deze dag toegeleefd, beiden stonden deze ochtend op met de hoop te gaan scoren en Houkes heeft dat, zo vertelt hij, met zijn bronzen medaille gedaan. Hij is moe maar zielsgelukkig, hij straalt. Kroon is ook moe en voelt zich gesloopt en leeg. Hij weet niet waarom hij ineens moest lossen. Hij vertelt dat hij in zijn voorbereiding op Mallorca met lagen kleding over elkaar had getraind, om te wennen aan het fietsen in de extreme hitte.

Je kunt de teleurstelling met bakken van zijn gezicht scheppen. Hij zegt nog een paar dagen te willen blijven om iets te zien van de Spelen. Houkes zal de volgende dagen co-commentator worden bij de judo-partijen.

Terug in het hotel tegen twee uur. Ik heb een prettig gevoel omdat het thema goed was. De tegenstelling tussen de twee mannen aan tafel had niet beter in beeld gebracht kunnen worden: die brede lach van de judoka tegenover het smalle, teleurgestelde gezicht van de wielrenner. Prachtig.

Ik zeg tegen K. dat ik tevreden ben over deze dag. Over zes uur moet ik er al uit. Slapen is niet moeilijk.

10 augustus

Ik zie de dames (meisjes?) van de 4 x 100 meter estafetteploeg olympisch kampioen worden. Staande in mijn kamer, vlak voor de televisie, geef ik een luide vreugdekreet weg: goud, jaaaaa, fantastisch, roem, eer, geweldig.

Wat moeten die meiden ongelooflijk blij zijn! Ik kan de uitgelaten reacties na de race niet zien; we moeten snel weg, want er wordt weer gefietst. En de Chinezen tonen die blijheid toch niet, bedenk ik als ik me naar de parkeerplaats haast.

Ik weet al dat geen van de meiden die avond aan tafel kan zitten: het zwemprogramma is te vol deze week. Mooie filmpjes moeten het dan maar doen, maar Jeroen Stekelenburg, onze reporter in het zwembad, krijgt natuurlijk steeds meer aanvragen uit Hilversum om leuke, spontane, gekke en vooral jubelende beeldreportages te maken. Als 'we' winnen, willen we dat thuis ook allemaal graag weten. Ik besef dat we met ons avondprogramma helemaal achter in de rij staan en heb daar ook begrip voor. Ik heb deze ochtend nog wel een 'leuk' weetje opgezocht. De Nederlandse vrouwen Willy den Ouden, Jopie Selbach, Tini Wagner en Rie Mastenbroek hebben tijdens hun winnende race van de finale van 1936 in Berlijn de 4 x 100 meter vrije slag afgelegd in 4.36.00. De ploeg van vandaag zwemt 3.33.76, een dikke minuut sneller. Over andere tijden gesproken.

Het begint te regenen en het zal tijdens de hele race voor de dames niet meer ophouden. Weer zijn we er vroeg, weer zien we de ceremonie met de twee meisjes, van wie de een de koffiemachine aanzet en de ander de koffie aangeeft.

Met een beetje mazzel kan Marianne Vos vandaag ook iets moois gaan doen. Intrinsiek lijkt ze de sterkste van allen. Het gekke is dat de gouden medaille haar al voor de start om de nek is gehangen. Dat is een gevaarlijke positie voor een jonge sportvrouw die nog niet al te veel grote koersen in haar leven heeft gereden. Ik denk dat we in Nederland en ook binnen onze eigen geledingen haar kansen iets te makkelijk ingeschat hebben en zet, zeker in het begin van de lange reportage, een rem op dat optimisme.

Als de vrouwen Peking in noordelijke richting verlaten, begint het te hozen. De Chinezen om me heen hebben de apparatuur, het plasmascherm en de computer snel onder een plastic overdekking geplaatst, maar hebben daarbij vergeten dat er ook nog verslaggevers onder die tentjes moeten passen. Ik worstel en kom op een gegeven moment wel boven, maar het water staat me letterlijk tot de enkels, mijn kleding is zeiknat en ik begin het langzaam koud te krijgen.

Hoe is het mogelijk, denk ik en drink mijn tweede warme koffie van de middag: gisteren was het hier bloedheet en klam, nu koud en vet nat.

Ik kijk naar de koers en doe mijn verslag. Ik zeg dat Vos moet opletten als de Britse Nicole Cooke in de aanval trekt. De Engelse vrouw bezit winnaarinstinct en gebruikt dat ook. Ze manoeuvreert zich handig door de finale heen en wint goud. Vos komt net te laat, wint wel de sprint van de tweede groep, makkelijk zelfs, maar daar heeft ze helemaal niets aan. Een moment van onoplettendheid heeft haar de titel gekost. Een duur foutje, denk ik als we terugsoppen naar onze auto. Naast de gouden medaille van die vier zwemmeiden, blijft het verder dus rustig op het medaillefront vandaag en dat verrast sommigen.

Frits zet gemeen lachend de blower in de wagen aan en zo rijden we als een sjieke centrifuge op wielen naar de stad terug. Vlak voor Peking gaat mijn nek pijn doen en niet zo'n beetje ook. Kan er nog wel bij, denk ik, en ik kijk naar mijn nog steeds natte broek en doorweekte schoenen. *What the fuck*... aspirines dan maar. Twee, dat helpt misschien.

Eindredacteur Frits belt en zegt dat onze premier vanavond aanschuift. Hij gaat de volgende dag alweer terug naar Nederland, dus moeten we deze kans grijpen. En nog één ding, zegt Frits: 'Hij wil misschien vooraf nog een klein gesprekje hebben.' Om niet verrast te worden?

Ik zeg dat ik een uurtje voor mezelf wil hebben om bij te komen en hoor dat de andere gast uit een onbekende hoek zal komen: een schermer, Bas Verwijlen. Hij heeft goed gepresteerd en wellicht dat ook de gefrustreerde coach van Marianne Vos, Thijs Rondhuis, nog zal langskomen.

'Doe het op je gemak,' zegt Van Rijn. Ik knik als antwoord.

In mijn hotelkamer zoek ik dingen over schermen op en bedenk hoe we Balkenende moeten positioneren. Is hij echt in de olympiërs geïnteresseerd? Ik denk het wel. Hij zal zijn bekende enthousiasme ten toon gaan spreiden en daar is niets op tegen; mensen die bij ons aan tafel zitten, moeten vooral zichzelf zijn, heb ik al eerder gezegd en de hele redactie is het daarmee eens. Bij Balkie (zoals we hem in het voorlopige opzetje hebben staan) mag het alleen niet uitlopen op een ongebreideld egopraatje over randverschijnselen uit de sport.

Ik heb gehoord dat hij de vrouwenwielerkoers van heel dichtbij meegemaakt heeft. In de ploegleidersauto nog wel. Dat zijn van die privileges die een normaal mens niet krijgt. Moet ik dat benadrukken? Zal ik het aanpakken? Had op die plaats niet de coach van Vos moeten zitten? Balkenende is ook op bezoek geweest bij zijn Chinese collega, premier Wen Jiabao. Dat deed hij toen die zwemmeiden goud wonnen. *Business first*, dus dat valt weer mee. En wat mag ik hem over dat bezoek aan de Chinese leider vragen? Eigenlijk gaat mijn grootste interesse daarnaar uit. Hoe gaat zoiets? Hoe praat je dan? Hoe weet je dat die vertaler ook werkelijk vertaalt wat jij zegt? Hoe is de sfeer? Waar gaat zo'n gesprek over? Mensenrechten?

Als de premier arriveert, zie ik ook de voorlichter aller voorlichters, Gerard van der Wulp, vroeger een geëerd NOS-collega. Ik maak al jaren (te) veel grapjes over zijn in mijn ogen afschuwelijke baan: voorlichter. Maar hij heeft daar zelf voor gekozen, denk ik altijd maar. Hij zegt ook meteen: 'Mijn laatste kunstje. Hierna ga ik naar Washington.'

Alle officials dragen fel oranje dassen. Balkenende en Van der Wulp ook. Wij niet. Waarom moet je meedoen aan die uiterlijke idioterie rond sportief succes van Nederlanders? Hockeystadions zijn tegenwoordig volledig oranje. In het verleden heb ik weleens als grap een enorm oranje pochet uit mijn borstzakje gestoken na de winst van het Nederlands elftal bij een of ander kampioenschap; dat lag er zo dik bovenop dat het pijn aan je ogen deed. Maar dat doe ik niet meer, sinds Ivo Niehe, tijdens het huwelijksfeest van WAMAX uit de Amsterdam ArenA, mij afwisselde voor het showgedeelte van het feestprogramma en met een fel oranje das voor de camera ging zitten.

Het wordt een prettige uitzending. De schermer blijkt een goede prater, Balkenende vertelt over zijn bezoek aan de Chinese premier en hoe dat dan gaat. Soms ontsnapt hij en krijgt hij iets van die politicus die ik liever niet zie of hoor, maar velen zeggen na afloop dat hij goed uit de verf is gekomen. Later hoor ik ook dat hij opgelucht is dat ik hem niet het vel over de oren getrokken heb. Alsof ik daarop uit zou zijn geweest... Het was leuk om onze premier vandaag aan tafel te hebben, meer niet. Hij is en blijft een keurige man, niet van mijn politieke signatuur, maar dat telt niet.

Als het hele gezelschap opgestapt is, drinken we nog een glas. Ik kijk Frits aan: hoe was dit? Hij knikt kort. Ik snap hem. We hebben dezelfde ideeën hieromtrent. Je nodigt zo'n vooraanstaande politicus uit en daarmee laat je een Nederlandse topsporter die vandaag voor Nederland iets gedaan heeft, schieten. Dat is een keuze.

Maaike van den Broek, vaak de nuchterheid zelve en kritisch tot en met in deze vraagstukken, hakt de knoop rigoureus door als ze ons hoort spreken: 'Het was goed zo. Hij heeft zijn zegje gedaan.

Het kon op deze manier. Soms had je hem wat strakker moeten houden.'

Zoals mijn opa vroeger weleens zei: 'Na twee uur in de nacht hebben vrouwen vaak gelijk.'

11 *augustus*

In de late middag gaan we naar het honkbalstadion. Ronald Boot en Frank Snoeks rijden door naar het softbalveld en ik loop gewoon door bij een post waar een stuk of twintig Chinezen rondhangen.

Er staan twee westerlingen op vier meter afstand voor me, een man en een vrouw, sportief gekleed, een honkbalpet met opschrift 'Canada' op het hoofd. De man draait zich om en ziet de kaart om mijn nek. Hij stapt direct op me af, steekt zijn hand uit en zegt dat hij de vader is van een van de spelers van de Canadese ploeg en noemt de naam. Of ik ervoor kan zorgen dat hij langs deze Chinezen kan komen. Hij wil zijn kind zo graag zien.

Ik ben even sprakeloos. Wat is het toch ongelijk verdeeld in deze wereld. Ik mag hier doorlopen omdat ik een geaccrediteerde journalist ben. Ik ben hier net zoals hij naartoe gekomen voor mijn kind. Deze man, natuurlijk even nieuwsgierig als ik en ook gewoon 'vader', wordt tegengehouden omdat hij geen accreditatie heeft. Moet ik me nu schuldig voelen? Ik leg de man uit dat ik slechts journalist ben en hij laat me passeren. Ik zeg hem niet dat ik naar mijn kind toe ga. Laf hoor.

Ik herken de honkballers die even verderop staan; het is de helft van de Nederlandse ploeg. Sommige spelers knikken me toe, anderen komen een hand geven en iemand zegt: 'Tjerk staat bij de kooi.' Ik loop dertig meter verder en sla de hoek om. Voor me staat mijn zoon. Ik heb hem twee maanden niet gezien. Hij lacht, ik lach en we huggen elkaar. Hij is nog sterker geworden. Ik krijg een kus op mijn wang, zoals altijd: 'Hoi pap!' We kletsen wat en tuttelen. Wat heeft hij gedaan in Korea? Hoe was de Tour? Hoe gaat het met K.? Heb ik Nynke al gezien? Ik vraag hoe het met de ploeg gaat. Hij trekt eerst een frons van een meter en kijkt bedenkelijk. 'We slaan niet best,' zegt hij alleen.

Een uur later verlaat ik het honkbalveld omdat ik op tijd op het dakterras wil zijn. De Nederlandse spelers die aan slag gekomen zijn, hebben goed geslagen. Tjerk zit in de dug-out en ik zie hem niet meer. Ik heb hem gezegd dat ik maar een klein uurtje kan kijken en dan weg moet voor werk. Hij heeft geknikt: hij is dat gewend.

Wel opvallend is de komst van drie Chinezen die ineens het veld oversteken en de kant van de Nederlandse ploeg oplopen. Ik zie wat commotie, de mannen komen even terug en gaan dan weer de dug-out in. Ze dragen medische koffertjes met zich. Vijf minuten later hoor ik dat dit een 'at random' dopingtest is die de Chinezen wel heel erg letterlijk 'at random' wensen uit te voeren, in dienst van het IOC. De medische staf van de Oranjeploeg verzoekt de mannen na afloop van de wedstrijd terug te komen en stuurt ze weg. Ik begrijp dat zij de urine- en bloedmonsters graag ter plekke en wel nu meteen, staande de oefenwedstrijd, hadden afgenomen. Veel gekker moet het niet worden, denk ik als ik wegloop.

Op het dakterras tref ik Jacco Eltingh. Hij voelt zich thuis bij de Spelen als sportomnivoor. Je hoeft niet alleen over tennis met hem te praten, want hij leest over veel sporten en ziet nog meer. Sport is zijn doping, heeft hij weleens lachend gezegd. Hij zal die avond het onwaarschijnlijke avontuur vertellen van zijn olympisch optreden in Atlanta 1996; met Paul Haarhuis liep hij toen de medailles mis. Die dagen zijn zwarte bladzijden in zijn bestaan. Hij weet de herinneringen wel te vinden maar stopt ze liever weg, want de nederlaag doet nog altijd pijn.

Deborah Gravenstijn is de heldin van de avond. Vier jaar geleden, in Athene, hadden we afgesproken dat we elkaar in Peking weer zouden zien. Ze heeft vandaag met judo zilver gewonnen en hoewel dat ook verlies inhoudt, toont ze haar onbevangen, karaktervolle persoonlijkheid. Er zijn niet veel Nederlandse sporters die de laatste vier jaar zóveel hebben meegemaakt; haar jongere zus en haar moeder overleden, en ze had blessures. En nu zit ze hier met die medaille, blij en trots.

Wat een goudgoed wijf, denk ik als we naar huis rijden. Het is over tweeën als we gaan slapen. Diepe tevredenheid maakt zich van me meester als ik het hoofdkussen raak.

12 *augustus*

We hebben keurig kaartjes gekocht voor twee basketbalwedstrijden en zoeken de ingang van het grote stadion. Ik heb dan weliswaar een kaart om mijn nek hangen en kan er ook bij de journalisteningang in, maar ik ben nu gewoon toeschouwer op de publiekstribune, dat is gezellig voor K.

We zitten tussen de Chinezen in, mensen die enorm veel lawaai maken en steeds bewegen. Ze staan op, nemen veel foto's van elkaar, lopen naar de rand van de tribune, nemen daar weer foto's en komen weer terug. Op onze rij zitten ook Nederlanders die waarschijnlijk bij ATP gezegd hebben: 'Geeft niet waar je nog kaartjes voor hebt, als we maar iets olympisch kunnen zien.' K. en ik zijn basketbaldieren, ik weet niet of die andere vaderlanders dat ook zijn.

Griekenland speelt Duitsland eenvoudig van het veld en de Duitse sterspeler Dirk Nowitzki is rampzalig slecht en erg vervelend bezig.

Daarna zien we een heerlijke wedstrijd: China-Spanje. De Chinezen zijn niet zo goed als iedereen dacht, maar leiden gedurende een groot gedeelte van de wedstrijd. Met hun frivole spel komen de Spanjolen nog langszij en gaan er in de verlenging overheen. Dit is de eerste heel goede basketbalwedstrijd die ik in jaren zie.

De Spanjaarden doen iets dat bij echte topsport hoort: zij gaan op avontuur en zoeken de randjes van het spel op; hun systeem heet improvisatie. Ze spelen vaardig en met vernuft, soms te overmoedig maar dat is juist leuk. Pau Gasol, een van de topspelers van de Los Angeles Lakers, speelt oersterk, maar K. is helemaal verrukt van het spel van de pas zeventienjarige Spaanse spelmaker Ricky Rubio. Wat een snelheid, wat een passes en wat een heerlijk intens gespeeld basketbal. Deze jonge gast won in zijn eentje, als zestienjarige, het EK voor junioren door met Spanje het sterkere Rusland te verslaan en tweeënvijftig punten, vierentwintig rebounds en achttien assists te laten aantekenen. Hij bezit een onbegrensde frivoliteit en hoewel hij zijn hand nog weleens overspeelt, is hij een genoegen om naar te kijken. Er is niets berekenends in zijn spel, hij gokt soms, mist soms, maar is twee tiende seconde later alweer bezig met iets anders. Hij is een niet versagende, kwikzilveren durfal, die met een hoge technische vaardigheid zijn oudere tegenstrevers aftroeft en als een gek over het veld scheurt.

We eten bij een Koreaan tegenover ons hotel en leren dat er een grote kolonie Koreanen in Peking is neergestreken. Als gastarbeider ooit, maar nu ook in restaurants waar ze hun specialiteiten, vooral rundvlees, aan de man brengen. Ze zijn nog goedkoper dan de Chinezen. Iemand vertelt me dat ze het daar dan ook van moeten hebben, van de lage prijs en het ietwat excentrieke eten.

Later op de avond zitten twee judovrouwen en twee hockeyheren aan tafel. Een niet helemaal tevreden Elisabeth Willeboordse, die brons heeft gewonnen, met haar coach Marjolein van Unen; en de hockeyheren Ties Kruize en Floris Evers, die elkaar kennen. Ties(je), de tophockeyer uit de jaren zeventig en tachtig, straalt kennis en gezelligheid uit. Hij is een gerespecteerde bobo geworden en geniet van het leven. Floris is mijn nieuwe 'side kick' voor de volgende dagen. Hij, uit de nationale ploeg gemieterd door coach Oltmans, draaft als een vrije geest door olympisch Peking, verbaast zich voortdurend en gaat naar andere sporten kijken. Hij heeft geen typische hockeymentaliteit maar is een doorsnee kind van deze tijd. Hij slurpt vreemde indrukken op en schaamt zich er niet voor dat hij nog jong en onervaren in het leven staat.

Ook deze uitzending valt, zij het ietwat traag, in zijn vorm; het is niet heel spectaculair, maar de verhaallijn is er en de sporters krijgen de eer die hun toekomt en daar gaat het mij om. Ik hoop nog steeds op iets meer gepeperde filmpjes, maar ik weet dat de jongens die zich daarmee bezighouden, Martin Vriesema, Ayolt Kloosterboer, Erik van Dijk (als hij van de roeibaan vrij is), Han Kock en Vlado Veljanoski, hun stinkende best doen de hele dag kwaliteit te leveren. Jeroen Stekelenburg zit aan het zwembad geklonken en als hij daar klaar is, kan hij wellicht opvallende filmische bijdragen leveren die soms zo goed werken in praatprogramma's op de late avond.

Er is een beperkte nazit. Een eerste golf van vermoeidheid sluipt binnen de ploeg. Ik kan de matineuze Starbucks-conferentie van de volgende ochtend laten lopen, wordt me verteld. Ik moet naar het tijdrijden.

13 augustus

Voor de laatste maal rijden we het traject naar het noorden om verslag bij het wielrennen te gaan doen. In principe is het geven van commentaar bij een tijdrit saai werk en niet leuk.

Welke spanning kan en moet ik vandaag gaan inbouwen? Kan Marianne Vos revanche halen? Is ze geestelijk hersteld? Kan dat na de klap van zondag?

Bij de mannen rijden Stef Clement en Robert Gesink. De eerste is al bijna uitgereden voor dit seizoen, lijkt me. Een jaar eerder werd hij derde bij het WK tijdrijden, en die plaats heeft hem misschien het idee gegeven dat hij met de allerbesten mee kan rijden. Hij lijkt me te vermoeid uit de Tour gekomen, ik mis frisheid bij hem, dat mag hij zijn Franse ploegleider, Jean-René Bernaudeau, kwalijk nemen. Die man heeft deze leuke Brabantse vent in korte tijd kapot gereden.

Als de vrouwen klaar zijn en de 34-jarige winnares Kirstin Armstrong huilend staat te lachen (of is het lachend staat te huilen?), maak ik de rekening op voor de twee Nederlandse deelneemsters. Marianne Vos is veertiende geworden en geeft ruim twee minuten toe op de Amerikaanse, die uitbrult 'de race van haar leven gereden te hebben'.

Miriam Melchers, die bijna niet in beeld komt, wordt achttiende en daarmee kan de KNWU-afvaardiging met stille trom naar huis terug. Vos is dus zesde geworden tijdens de wegwedstrijd en is ook vandaag niet in de buurt van het ereschavot gekomen. Dat moet hard aankomen bij deze nog pas eenentwintigjarige renster.

Ik zit op mijn commentaarpositie na te denken hoe zoiets kan. Zesde bij je eerste Spelen. Wie overkwam dat nog meer?

Juist, Jeannie Longo. In 1984, in Los Angeles, werd ze zesde tijdens de wegwedstrijd. Ze was jong en onervaren. Pas in 1996, in

Atlanta, pakte zij haar eerste olympische titel. En vandaag? Het is ongelooflijk, maar Longo mist de bronzen medaille op nog geen twee seconden. Vrouwen die twintig jaar jonger zijn dan zij, blijven haar maar nipt voor. De vrouw die 55 nationale titels op haar erelijst heeft staan, wordt de sneuste nummer vier van deze dag. De Franse commentatoren naast me maken er een heel spektakel van. Ze schreeuwen het uit: '*Moins de deux secondes, ce n'était pas possible, non, ce n'est pas vrai...*'

Bij de mannen gaat het duel tussen het Zwitserse precisie-uurwerk Fabian Cancellara en de ondoorgrondelijke, lange en tengere Zweed Gustav Erik Larsson. Niemand kent laatstgenoemde anders dan als een kantlijncoureur die graag alleen rijdt.

Stef Clement vecht een vinnig duel uit met Alberto Contador (die de Brabander al snel inhaalt, waarna Clement koppig dicht in diens wiel blijft) en wordt negende, een paar tikken nog voor Gesink. Ik mis bij de binnenkomst van Clement zijn tijd; een schoonheidsfoutje. Eigenlijk mis ík die binnenkomst trouwens niet, maar doet de tijdwaarneming dat. Toch had ik beter moeten opletten.

Als ik mijn spullen sta in te pakken, marcheren de medaillewinnaars voorbij. Ik kijk naar Cancellara, die groots gewonnen heeft. Op driekwart van het parkoers had hij nog een kleine achterstand op Larsson, maar in de slotkilometers draaide de Zwitser alle kleppen open. Later zal dat voor terpentijnzeikerige criticasters reden zijn om de Zwitser te verdenken van hoge waarden cera in zijn systeem.

Larsson staat er bescheiden bij; hij is van dezelfde ploeg overigens. Zilver voor een onbekende; dat klinkt altijd als een sprookje. Het brons is voor Levi Leipheimer, de meest grijze renner uit het peloton van de laatste acht jaar. Zelfs nu hij hier achter dat podium staat, zie je niets aan hem. De Amerikaan behoort bij de wereldtop, maar er zit kraak noch smaak aan hem. Als ik de klanken van het

Zwitserse volkslied hoor, realiseer ik me dat ik dat niet of nauwelijks ken. Kun je nagaan wat voor een sportland Zwitserland is.

We rijden naar huis, dat wil zeggen eerst naar het IBC en dan door naar Hotel Rosedale. We weten zeker dat niemand van ons ooit nog op de finishplaats van het wielrennen zal terugkomen. We kijken nog eens goed rond: de koersen eindigen op de Muur, dat is toch wel heel apart.

‘Weet iemand iets van judo?’ wordt er in het busje gevraagd. Ik zeg dat Mark Huizinga uitgeschakeld is en dat Edith Bosch er nog in zit.

‘Shit,’ zegt iemand achterin. Huizinga blijkt bij ons allen veel sympathie te hebben. Bosch vinden we allemaal een leuk mens, een sterke flapuit, eentje die je er goed bij kunt hebben op een wild feestje.

Diezelfde judomensen kom ik ’s avonds op het terras tegen. Huizinga is reëel en strak, misschien zelfs wel te onderkoeld. Hij heeft zich vertild aan zijn tweede tegenstander. Mag dat een routinier zoals hij overkomen? Hij twijfelt en zegt: ‘Ik heb er de laatste jaren alles aan gedaan om hier met goud weg te lopen, maar ik was op het beslissende moment niet goed genoeg.’

Ik kijk Kees Jansma, een van de andere gasten aan tafel, aan. Ik voel dat hij hetzelfde voelt als ik: is dit niet een te gemakkelijk, te koel en te vroeg uitgesproken mea culpa van een teleurgestelde sporter? Of is Huizinga werkelijk zo professioneel dat hij zijn gevoelens ook direct weet te kanaliseren? Het lijkt erop.

Bosch is Bosch. Ja, natuurlijk heeft ze gejankt en daar komt ze moeiteloos voor uit. Janken hoort bij het leven. Iedere dag weer. Huizinga knikt. Ook bij hem was dat even gebeurd. De teleurstelling was bij hem snel gezakt en had plaatsgemaakt voor berusting, maar hij was toch maar even helemaal alleen gaan zitten. Verdomme, al die jaren van hard werken en nu zat hij daar met helemaal niets.

Bosch (lang geleden waren die twee 'lovers', daar verbaas ik me soms over als ik ze samen zie) loopt dan tenminste nog weg met de bronzen medaille, maar daar zegt ze over: 'Eerst wilde ik dat rotding helemaal niet. Ik was zo kapot dat ik de finale niet haalde, dat kan ik je niet uitleggen... ik dacht: wegwezen hier, krijg allemaal het heen-en-weer maar, zoek het uit.'

Marianne Vos, aan het einde van de tafel, hoort dit allemaal aan. Ze zit samen met twee veteranen; mensen die kunnen verhalen over meerdere Spelen, die gewonnen én verloren hebben, die ervaring hebben. Die ervaring mist zij en dat dringt nu langzaam tot haar door. Ze is vandaag op afstand gereden, zelfs door Longo. Ze snapt dat ze nog veel moet leren in deze boze wereld van de topsport. Ze zegt dat ze morgen wat anders gaat doen, dat ze naar het honkbal gaat kijken en dat ze volgende week wel weer in orde zal zijn als ze de puntenkoers moet gaan rijden. Ze ziet er smal en ietwat geschrokken uit, maar ik heb het gevoel dat ze weet hoe ze alsnog succesvol kan gaan worden. Van de twee gouden medailles die de oranjegekleurde wielerfans haar bij voorbaat hadden toebedeeld, heeft ze er geen enkele in het vizier gehad. Drie maal is scheepsrecht, zegt iemand tegen haar als we opbreken. Ze lacht, maar het is een dunne lach. Heeft zij ook gejankt? Ze lacht nogmaals dun als antwoord.

Het is goed Jansma weer te zien. Hij zegt, recht uit het hart, dat voetbal niets te zoeken heeft op de Olympische Spelen. De ploeg van Foppe de Haan krijgt een berg uitzendtijd en trekt ook veel televisiekijkers, maar er deugt iets niet binnen die ploeg. Er zijn spelers die niet in vorm zijn, er zijn er met een te groot ego en dat zie je aan de beelden af. Je hoort het ook van mensen die bij de ploeg in de buurt zijn geweest. Ik heb steeds beweerd dat het van groot belang is dat deze vaak eendimensionaal opgevoede sporters, ook de kans krijgen om naar de Spelen te gaan. Maar doordat ze voortdurend elders spelen en in een soort quarantaine door de olympische wereld reizen, krijgen deze verwende jongetjes geen besef van waar het hier werkelijk om gaat. Het zou voor bijvoorbeeld Royston Drenthe heel goed zijn om een half uurtje met Huizinga of Bosch te kunnen praten. En als Bosch hem daarna nog even flink in de houtgreep zou kunnen nemen, graag.

Ik heb in de oranjegekleurde gangen overigens ook voetbalbaas Henk Kesler met zijn trawanten zien lopen. Zo rolt de bal dus ook, dacht ik. *Being there...* Ik heb hem een hand gegeven en we hebben wat smalltalk gedaan.

Die avond gaan we een biertje drinken bij Nynke, die lachend twee bekertjes gerstenat voor zich uithoudt als Kees en ik eraan komen. 'Twee pils voor twee oude mannen,' zegt ze lachend en tapt door. 'Ik zie je morgenochtend wel, pap,' roept ze me na.

14 augustus

Het spel van de Nederlandse honkbalploeg in de wedstrijd tegen de USA is niet om aan te zien. We hebben dure kaartjes gekocht en zitten er niet al te vrolijk bij. Marianne Vos zit schuin achter ons. Tjerk speelt niet en ik heb daar vrede mee; hij is nou eenmaal de tweede catcher van de ploeg en dat weet hij.

Dan gaat het regenen. Er volgt een regenpauze, er wordt weer even gespeeld en dan komt de tweede bui, een hoosbui die aanhoudt. Iedereen vlucht naar plaatsen waar je nog enigszins droog kunt staan. De Chinezen delen gehaast plastic regenjasjes uit, maar ik krijg een maatje L waar mijn schouders niet echt in passen.

Dus loop ik naar de achterkant van het stadion en schuil daar onder een overkapping. Twintig meter van me vandaan zie ik een schouwspel dat me eerst verwondert en daarna ergert. Twee spelers van de Nederlandse ploeg zitten broederlijk naast elkaar en gebruiken deze regenpauze om een sigaretje te roken.

Terug bij Nynke en K. vertel ik wat ik net gezien heb. Nynke zegt: 'Dat is honkbal pap, daar gebeurt dat nou eenmaal, je kunt het niet vergelijken met andere sporten.' Ze meent wat ze zegt. Meer spelers van de ploeg roken, zegt ze, dat is een geaccepteerd fenomeen binnen deze sport. 'Voor sommigen dan,' zeg ik en zij knikt. Gebrek aan discipline, denk ik.

Kletsnat verkassen we van het stadion naar ons hotel. Er staan honderden mensen om een taxi te zwaaien buiten het stadion, en het duurt een kwartier voordat we een wagen hebben. Dan begint de dagelijkse worsteling om de chauffeur duidelijk te maken waar we naartoe willen. Iedere westerling draagt een kaartje bij zich met daarop in het Chinees naam en adres van hotel of restaurant of wat dan ook. De meeste chauffeurs bestuderen die teksten langdurig en vaak begrijpen ze meteen waar ze heen moeten. Soms komen ze er niet uit en vragen het aan collega's en soms ook moet je de wagen maar weer uit; de man heeft dan geen idee. Deze chauffeur heeft geknikt en begint te rijden. Hij rochelt eens flink en wij drogen op. Drie kwartier later staan we voor ons hotel. Nynke gaat met dezelfde wagen naar haar hotel; we zien elkaar vanavond wel weer.

We bestellen de origineelste roomservice die een mens zich kan denken: een hamburger met frietjes, een gerecht dat over de hele wereld, in ieder hotel, hetzelfde is, hetzelfde smaakt en er ook overal hetzelfde uitziet. Met twee glaasjes wijn valt de smaak wel mee. Vooral de frietjes met de bijgeleverde mayo zijn lekker van slechtheid. Ik eet snel door, verkleed me ondertussen en ga naar de studio. K. gaat slapen, ze is moe en heeft zichtbaar zitten balen van de honkbalwedstrijd.

Onderweg belt Frits. Of ik judoman Henk Grol een beetje ken. Ik zeg geen idee te hebben. Heeft hij iets gewonnen? 'Ja, brons en hij dacht voor goud te gaan,' zegt Frits en zegt dat ik voldoende informatie over hem zal krijgen. 'Misschien moet dat wel niet,' zeg ik en vraag hoe Pieter op onze uitnodiging heeft gereageerd. Frits zegt: 'Hij zal er zitten.' Een mooie bezetting: een onbekende medaillewinnaar, daarnaast Pieter van den Hoogenband en tegenover hem de vrouw die zestien jaar geleden in één klap voor eeuwig ons aller harten stal, Ellen van Langen.

'Komt goed,' zeg ik en zie dat ik in een flinke file terechtkom.

Die avond geef ik Pieter van den Hoogenband alle eer die hem toekomt. Hij heeft zijn droom achterna gezwommen en is op de vijfde plaats in de finale van de 100 meter blijven steken. Dit was één Olympische Spelen te ver, zullen sommmige mensen met enig cynisme stellen, maar hij heeft bewezen dat een topsporter ook kan stranden in het streven naar het hoogste. Ook dit parkoers heeft hem geholpen een beter mens te worden, dat weet ik zeker. Ik had best twijfels over hem, maar die gingen meer over de trainingen en de gang van zaken binnen die ploeg dan over de instelling van de man zelf.

Nu zit hij aan tafel en krijgt hij applaus en het is goed zo. Floris Evers zegt: 'Jeetje, man, weet je hoe ik me hier voel! Ik ben maar zó'n klein hockeyspelertje. Ik mag hier niet eens spelen en ik zit nota bene aan tafel met Pieter en Ellen. Jezus man, weet je wat voor een gevoel dat geeft?' Ik snap hem.

Henk Grol is de verrassing van de avond. Weer brons. Weer judo. Weer tamelijk gefrustreerd. Hij heeft zich er nu min of meer bij neergelegd, maar zijn schitterende woede over wat hem overkomen is, heeft de hele dag mooie televisie opgeleverd bij de NOS. Wacht maar tot Londen, denk ik. Als Pieter vier jaar door kon gaan, dan kan deze getergde man dat zeker. Daar is de judowereld nog niet mee klaar.

Ik dank allen. Pieter krijgt een ovationeel applaus van de vele aanwezigen op het terras. Ik moet een paar maal flink slikken. Ik zie zijn oma, die erbij is, ook klappen. Dat ontroert helemaal.

Ik zeg tegen Frits als we elkaar op de trap tegenkomen: 'Een miljoen plus, teken maar in.'

Hij lacht en knikt: 'Dat wilde ik net tegen jou zeggen. Goede uitzending.'

15 *augustus*

We beginnen de dag in de Starbucks. De kijkcijfers lopen langzaam op en er komen positieve berichten uit het vaderland. 'Veel kijkers betekent nog niet dat we goede programma's maken,' zeg ik. 'Het kan iedere avond beter.' Ik ben tijdens grote projecten zoals de Tour en de Spelen altijd op zoek naar verbeterpunten. Daar praten we deze ochtend over. Het steekwoord is en blijft: aansprekende filmpjes.

Het is vandaag vrij helder weer. Bij het opendoen van de gordijnen hebben we voor het eerst de gebouwen op een kilometer afstand gezien. Via een van onze Chinese medewerkers, de altijd vrolijke Cheng Li, een keurige dame die goed Nederlands verstaat en uiterst gevaarlijk autorijdt, krijgen we het adres van een grote buitententoonstelling van moderne Chinese kunst, niet ver van ons hotel. Het project heet '798' en bevindt zich in een groot complex van heringerichte legerbarakken, waar veel moderne Chinese kunst tentoongesteld wordt.

K. en ik kijken onze ogen uit. Autobanden van zwarte T-shirts gemaakt, grote, wonderlijke zilveren beelden, schilderijen van 10 bij 5 meter, kunst die je zelden tegenkomt én ongelooflijke troep én zeer enerverende glaskunst, alles door elkaar. Vrijwel niets heeft een relatie met de Spelen, behalve een merkwaardig bewegende basket waar je grote, pluchen ballen doorheen moeten zien te krijgen, wat bijna niemand lukt.

We lopen ruim twee uur rond en hebben het gevoel nu iets 'cultureels' te doen. Er lopen nogal wat oranjebroeken rond, zoals wij de gegoede olympische gasten uit Nederland noemen die je hier overal tegenkomt. Je herkent ze van kilometers afstand; oranje zit altijd wel ergens in de kleding verwerkt.

We belanden in een Starbucks in de buurt van ons hotel, waar een Nederlandse mevrouw me complimenteert met de Tour-uitzendingen, die ze via BVN hier in Peking heeft gezien. Ze is secretaresse op de Canadese ambassade. Ik bedank haar voor de lof.

Dan doen we wat boodschappen in een buurtsuper. Werkelijk alles is er te koop: topwijnen uit de hele wereld, Douwe Egbertskoffie, Franse kaas, alle mogelijke thee, Amerikaanse tandpasta, Noorse zalm, Durex-condooms, mijn eigen merk scheermesjes, desembrood, haringen op pekel en zelfs drop. Als ik later aan Bettine vraag of dat alleen in deze wijk is, zegt ze dat in Peking zoveel 'buitenlanders' wonen en werken dat het voor deze keten erg lonend is al die topproducten uit de hele wereld te verkopen.

Ook dit is dus China, net als de bazaar waar we langs lopen en waar mensen je staande houden en je in grappig, beperkt Engels voorhouden dat een Rolex echt niet duurder hoeft te zijn dan 100 yuam, zeg tien euro. Zulke zaken zijn leuk om even doorheen te lopen, maar je weet dat het hele assortiment nep is. Chinezen maken alles na, horen we. Het verhaal gaat dat een week na de opening van de eerste IKEA-vestiging in Peking de spullen al in namaakvorm te koop waren, voor een kwart van de Zweedse richtprijs.

Ik kijk rond. Zie Hilfiger, Gant, Nautica en Ralph Lauren-poloshirts, Adidassen in alle kleuren, de meest blitse Converse All Stars en ben geneigd zomaar wat spullen te kopen, voor de lol. Wat kan het kosten? Geld moet rollen, nietwaar? Je moet dus sterk zijn en voortdurend nee zeggen. Alles heeft garantie tot na de eerste was. En daarbij komt nog iets: je moet gaan afdingen en als ik ergens de pest aan heb is het dat wel. Ik ken mensen die met een stalen smoel verkopers tot lichte razernij brengen door bespottelijke prijzen te noemen; eigenlijk willen ze niets kopen, maar ze krijgen er een kick van om het voor bijna niets mee te nemen. Ik kan dat niet en kijk gegeneerd weg als ik ergens Nederlanders zie onderhandelen over T-shirts. Het gaat om een paar dubbeltjes, maar het lijkt wel oorlog.

In China zal ik vier T-shirts kopen. Een ervan is een zwart T-shirt met de beeltenis van Mao voorop. Wat ik veertig jaar geleden niet kon of mocht kopen, doe ik nu wel. De oude verkoopster lacht haar drie resterende tanden bloot. Ik betaal haar drie maal te veel en ben nog maar vijf euro kwijt. Waar gaat het allemaal over? Nou, dat krijg ik meteen te horen, want ineens staat er een aantrekkelijke vrouw voor me, die me in keurig Nederlands vertelt dat ik de markt verpest. Zij woont hier al een paar jaar en heeft me herkend. 'Voor dat bedrag kan ik wel drie shirts bij haar kopen,' zegt ze met de zekerheid van wel tien Gooise vrouwen. Ik zeg dat ik het zo wel goed vind en dank haar voor de toelichting.

Ik zie een uurtje van de honkbalwedstrijd Nederland-Japan. Het gaat iets beter met Oranje. We zien Tjerk nauwelijks. Hij houdt zich bezig met de werpers. In het voorbijgaan heeft hij snel gezwaaid en iets tegen zijn zusje geroepen. 'Hij is niet echt blij,' zegt ze later. Hij wacht nog op zijn eerste wedstrijd.

Dat er iets niet goed zit binnen de ploeg horen we later op de tribune. Insiders praten net hard genoeg om het te kunnen horen. Ik neem me voor erover te zwijgen, zeker tegen Tjerk. Per slot van rekening zijn deze insiders ook een beetje partij, bedenk ik als ik een taxi buiten het stadion neem.

Op het terras staat een lekker briesje. We doen het deze avond met de zwaar aangeslagen Dennis van der Geest, zijn vermoeid ogende vader Cor, schaatser Jan Bos, die hier is om zijn broer bij te staan en Floris, die weer overal en nergens geweest is en van zijn verblijf een grote droomreis maakt.

De mastodont Van der Geest is ineens niet meer zo groot nu hij met een wit koppie rondloopt. Zijn zwaar geblesseerde arm zit in een grote, lelijke mitella. Hij heeft gejankt, gevloekt en doet balend en briesend, maar toch ook gelaten zijn verhaal. Het is het bekende pechverhaal, dat iedere sporter ooit meemaakt. Jan Bos overkwam het bijvoorbeeld verleden jaar in Heerenveen. Hij kan zich nog voor zijn kop slaan, maar aan die val van toen en zijn verloren wereldtitel verander je niets meer. Zoals Dennis nu ook weet dat hij naam- en eerloos van de Olympische Spelen zal verdwijnen. Zijn aanlooproute was al moeilijk, maar deze tegenslag, deze blessure opgelopen tijdens de wedstrijd, dat bedenk je niet.

Hij zegt bedachtzaam: ‘Die gozer kon gewoon mijn arm breken, zo’n gevoel was het. Ik wist meteen dat ik klaar was toen hij over me heen rolde. Uit. Over. Weg. Voor de vorm ga je nog staan en probeer je nog wat. Gewoon heel erg klote.’

Voorafgaand aan het gesprek heb ik met eindredacteur Frits de strategie besproken. Moest de penibele manier waarop Van der Geest zich voor Peking wist te kwalificeren nog gememoreerd worden? Ik herinnerde me de woorden van mijn leermeester Bob Spaak, die altijd zei: je praat nooit over mensen die er niet zijn, altijd over hen die wel spelen. Om nu weer terug te komen op de breed uitgemeten controverse tussen Van der Geest en de gepasseerde kandidaat Grim Vuijsters is journalistiek niet sterk, concludeerden we. Van der Geest stond hier en Vuijsters niet.

Of het een goede uitzending is, weet ik niet. Wel voel ik dat ik alle zeilen bij moet zetten. Een reportage rond de in Peking aanwezige broers en zussen van sportmensen is gewoon goed. Die laat precies zien waar het werkelijk om gaat dezer dagen. Hij is gemaakt door mensen die topsport begrijpen. Ik ben er erg blij mee.

Als ik Dennis vraag om met zijn goede arm de dag 'uit te gongen' legt de judoka met een zuur gezicht alle venijn in zijn klap. Ik kan me goed in hem verplaatsen.

Over zijn blessure en alles eromheen wordt door veel mensen nog lang nagepraat, ook binnen onze groep. Niet door K. en mij, want we liggen er om twee uur al in en slapen direct.

16 augustus

We reizen met de redactie en vandaag ook met producer Christian Vos naar het hockeystadion. Dit heet het nuttige met het aangename verenigen. De Nederlandse damesploeg speelt tegen Australië, op papier een topwedstrijd.

We vinden een ruime plaats op het bovenste gedeelte van de pers- en Olympic Family-tribune. We zitten lekker in de schaduw en drinken koffie die Maaike ergens opgeduikeld heeft. We groeten Peter Murphy, de oud-volleybalcoach en een gedreven sportvolger die, zo denk ik weleens, onder zijn niveau werkzaamheden binnen de Nederlandse sport verricht. Dan kijken we naar een snelle wedstrijd waarin flinke kansen gemist worden.

Het is leuk dat de volledige studioploeg er ook is. Ze zijn nog nooit bij de Olympische Spelen geweest en omdat ze op een nietolympische plaats werken, namelijk in het HHH, weten ze niet wat er elders in Peking aan de hand is. Nu zitten die mannen lekker onderuit, drinken hun ochtendcola en kijken naar sport. Wat wil een mens nog meer?

Nederland speelt stroef, maar wint de wedstrijd wel, omdat de Aussies erg slordig met een paar fraaie kansen zijn omgegaan. Er ontbreekt nog iets in het spel van de vrouwen van coach Marc Lammers.

We hebben het daarover op de tribune. Is het omdat de overschakeling van verdediging naar aanval soms lijkt te stokken? De Nederlandse ploeg wil dominant spelen en zoals in iedere sport is dan vooral die omschakeling van belang; hoe bouw je snel en dwingend op als je in de verdediging de bal in bezit krijgt.

Als na de wedstrijd de bondscoach langsloopt en aan me vraagt wat ik ervan vond, zeg ik dat de zege goed en verdiend is, maar dat ik iets mis in het spel. Ik hoor later dat hij die opmerking negatief vindt. Soms is de realiteitszin van direct betrokkenen even uit balans.

Ik kan aan de zijkant van het veld even kletsen met Minke Smabers, de partner van Tjerk. Ze heeft een hele marathon moeten lopen tijdens deze wedstrijd, zegt ze lachend. Het is me een raadsel dat in dat kleine lijfje van haar zoveel onverzettelijkheid schuilt. Ze blíjft maar gaan, ze ziet gaten dichtlopen niet als een straf en staat er tien minuten na de wedstrijd weer redelijk fris bij. Ook zij is niet helemaal tevreden met de manier waarop er gespeeld wordt, maar samen constateren we dat er vrij gemakkelijk gewonnen blijft worden. De finale is pas over een week. We omhelzen elkaar bij het afscheid. Dat geeft een bijna teder gevoel.

Het blijkt lastig om van het hockeystadion naar de bewoonde wereld te komen. We hebben geen afspraak gemaakt met onze chauffeurs en zijn aangewezen op taxi's, maar die zijn nergens te vinden. We zien overal zwaaiende mensen staan, maar als er één taxi in de vijf minuten langskomt, is het veel.

We lopen een half uur tot we in een buurt komen waar wat meer verkeer is. Pas dan treffen we taxi's en kunnen we onze dag gaan invullen. Sommigen gaan naar het IBC, ik wil naar mijn hotel terug, dus splitsen we ook de taxi's.

Ik lees over Maurits Hendriks, een van de gasten vanavond, en ga daarna naar K., die in het opvallende restaurant WISH, vijf minuten bij ons hotel vandaan, een lunch geregeld heeft met Angelique en Henri, vrienden uit Nederland.

We zitten in een grote tuin tussen rijke Chinezen en een aantal net ontwaakte expats die kranten lezen en aan Martini's nippen. Schuin tegenover me zit een Chinees stel. Hij, een dertiger die heel goed in de kleren zit, heeft drie telefoontjes voor zich op tafel liggen en belt voortdurend. Zij is opvallend mooi, hypermondain gekleed en eerder zijn bijslaap dan zijn vrouw, schatten we zo in. Ze bemoeit zich niet met zijn gesprekken en kijkt verveeld om zich heen. Op zeker moment komen twee obers bescheiden aan hun tafel staan en vragen of hij zijn handtekening op een foto wil zetten. Als ik even later op weg naar het toilet langs mijn neus weg aan de maître d'hôtel vraag wie mijn buurman is, hoor ik dat hij een zeer beroemde televisiepresentator is. Hij doet grappige avondprogramma's met zang en dans.

We eten voortreffelijk, maar hebben een probleem. De voor- en hoofdgerechten komen bijna tegelijkertijd op tafel, wat een grote file veroorzaakt. Hoe kan dat in zo'n goed restaurant gebeuren? De maître d'hôtel legt uit dat de dames twee voorgerechten hebben besteld en dat is in China niet gewoon.

Om half zes zit ik met Nynke in het honkbalstadion; ik kan twee uur blijven. Nederland speelt tegen China en komt met 0-1 achter.

In de vijfde inning ga ik weg: het is dan 5-1 en de eerste, zeer noodzakelijke overwinning voor de ploeg van coach Eenhoorn zit eraan te komen. Ik zie Tjerk niet.

Veel later, als ik Nynke nog even spreek in het HHH, zegt ze dat het nog vreselijk spannend is geworden; de Chinezen kregen in de negende inning nog de winnende run op de honken, maar het bleef bij 6-4.

'Tjerk nog gesproken?' vraag ik.

Zij knikt. Heel kort. Hij zei dat hij wel zou bellen.

'Baalde hij?' vraag ik onnozel. Nynke grimast terug: 'Wat denk je?'

Als ik bij het HHH aankom, ga ik op aanraden van anderen even langs bij de post van Service Médicale. Een kwieke vijftiger stapt op me af en stelt zich voor: 'Van Leersum.' Ik leg uit waarom ik kom. Ik verrek van de pijn in mijn nek, rug en heb uitstraling naar schouders en armen. Ik moet nu vier roze pillen per dag slikken om pijnvrij te functioneren. Hij drukt op wat plekken in mijn ontblote bovenlijf en zegt dat ik er terug in Nederland iets aan moet laten doen. Het lijkt op een nekhernia, zegt hij. Hij geeft me spierverslappers. Ik vraag hem wat hij precies doet in het medische wereldje. Hij zegt: 'Pijnbehandelaar. Anderen noemen dat anesthesioloog. Hier in Peking doe ik alles, van snijwonden tot het behandelen van katers.'

Weer op de redactie bespreken we de avond. Het zal een gevarieerd programma worden. Een balende roeier, een tevreden turnende moeder en een optimistische coach van de Spaanse hockeyploeg.

Eerst die roeiers. De Holland vier, door Maaike in de papieren al snel 'Holland wier' genoemd, zijn uitgeschakeld, wat er diep inhakt bij de betrokkenen. De Nederlandse ploeg was een 'zekerheidje' voor de medailles, daar was iedereen het over eens. Dan komt het verhaal van het wier dat onder aan de boot bleef hangen en volgde uitschakeling in de halve finale. Aan tafel zit roeier Geert Cirkel, die goed uit zijn woorden komt, maar met een levensgroot vraagteken rondloopt: hoe kan dit? Iets verderop zitten zijn balende teamgenoten: Jan Willem Gabriëls, Matthijs Vellenga en Gijs Vermeulen zitten erbij alsof ze grind gegeten hebben, een normale zin komt er niet uit, ze dragen alle leed van de wereld op hun sterke schouders en ook zij vragen zich af: hoe kan dit? Later zal Matthias zeggen dat die baalkoppen wel fabelachtig mooie televisie opgeleverd hebben.

Turnster Suzanne Harmes vertelt hoe het is om als moeder op de Spelen te zijn en van dit item maken we de huiskamervraag: Hoeveel moeders herbergt de Nederlandse equipe in China? We moeten het antwoord zelf ook opzoeken. Het zijn er vijf: Kirsten van der Kolk, Edith van Dijk, Anky van Grunsven, Gillian van der Berg en Suzanne Harmes. De turnster heeft op een haar na de finales gemist en zit met gemengde gevoelens aan tafel: net niet gehaald (ze werd 25ste en er mogen 24 vrouwen aan de finale meedoen). Aan de andere kant vindt ze het fantastisch dat ze deze topprestatie weer kon leveren na de zwangerschap en de geboorte van een wolk van een baby. Ze is bescheiden, charmant en leuk. Ze heeft net niet gehaald waar ze op gehoopt had, maar ze weet dat ze er alles aan gedaan heeft en hoeft zichzelf niets te verwijten.

Hockeycoach Maurits Hendriks past goed tussen dit duo. Hij heeft meer levenservaring dan de anderen en kan winst en verlies beter in een kader plaatsen. Hij beschrijft hoe succesvol Spanje als sportland aan het worden is. Zijn opmerkelijkste statement: 'Dat is begonnen toen de socialisten in de regering kwamen.'

De grappigste uitspraak komt van Harmes. Ze had hier op het moment suprême eigenlijk 'geen springbenen'. De beste koppen zijn die van de roeiers: balen, balen en nog eens balen. Eigenlijk willen ze hier helemaal niet zijn. Zelfs een lading bier kan hen niet opbeuren. Mooi om naar te kijken.

17 *augustus*

De dag begint met een tegenvaller. Marleen Veldhuis heeft geen medaille gewonnen op de 50 meter vrije slag. Zit de klad erin bij de Oranje-afvaardiging? Voorzichtig hoor je die geluiden. We denken dat het filmpje uit het zwembad veelzeggend zal zijn.

'S Middags sta ik bij de roeibaan en zie eerst Marit van Eupen en Kirsten van der Kolk op sublieme wijze olympisch kampioen worden. Daar kijk ik bijna verstild naar; de race en de winst raken me niet zo, ik ben vooral gefascineerd door de bijna klinische zekerheid die de twee tijdens de race uitstralen. Daarna gebeurt het pas. Als de finale van de Holland acht op 300 meter van de finish ontploft en de Nederlandse boot een waanzinnige inhaalrace begint, ga ik bij de NOS-commentaarpositie staan en gebeuren er gekke dingen met me. Bij iedere haal doe ik met mijn lijf mee. Ik beweeg in hetzelfde ritme en als de boten op 150 meter van de streep zijn, ga ik er ook ritmisch bij roepen. Matthias Bouman naast me heeft het ook. Ik heb nooit van mezelf geweten dat ik zo partijdig met een sportwedstrijd kan meeleven.

Het is een waanzinnige finale. De Amerikaanse vrouwen winnen, maar uit geslagen positie komen de Nederlandse vrouwen in een ziedende eindsprint op zilver uit. Ik geloof mijn ogen niet: Roemenië, al jaren de beste boot, wordt met tweehonderdste van een seconde geklopt! In de Hollandse boot zie ik vreugde, ongeloof en negen vrouwen die hun geluk niet op kunnen. Het is een van de heerlijkste momenten die ik ooit meemaakte bij een sportwedstrijd. Die meiden overtroffen zichzelf. Van naamloos vierde, naar leuk derde, naar onverwacht tweede, in een race waarin iedere vezel van het lichaam gespannen stond en die ze geen fractie sneller hadden kunnen roeien.

Later spreek ik in alle rust Van Eupen en Van der Kolk en nodig hen uit voor de avondtafel. De twee staan de Nederlandse pers te woord zoals ze een uurtje daarvoor olympisch kampioen geworden zijn: *cool, calm & collected*. Als ik tegen Van Eupen zeg dat de vrouwen van de acht ook komen, zegt ze: 'Toch niet allemaal aan één tafel?' Dat zet me aan het denken.

Dan doe ik een bepaald niet geslaagd interview met Chef de Mission Charles van Commenée. We willen hem graag een tussenbalans laten opmaken, nu we halverwege de Spelen zijn, maar daar heeft hij geen trek in. Ik probeer drie ingangen, hij slaat ze allemaal dicht. Ik hoop dat we er die dag niet te veel van uitzenden, hoewel de band wel snel naar de studio gaat om doorgestuurd te worden naar Hilversum. De toon van het gesprek deugt niet, er zit iets grimmigs in en dat had niet gehoeven. Ik heb geen idee waarom hij zo reageert.

Terug in het hotel zoek ik wetenswaardigheden over de roeisters op. Het wordt een vol terras, dat is zeker. Acht vrouwen aan tafel? En wie komen er nog meer?

Ladies evening dus. Eerst twee gouden roeisters. Dan de teleurgestelde Veldhuis, met in haar kielzog de dames Ranomi Kromowidjojo, Femke Heemskerk en Inge Dekker, die toezien hoe 'hun' gouden lampion door onze Chinese gastvrouw Wenjun Li (wij noemen haar Janneke) wordt opgehangen. Daarna de blije roeisters uit de acht met Annemiek de Haan, de slagroeister, en Sarah Siegelaar aan tafel en de anderen (Femke Dekker, Marlies Smulders, Nienke Kingma, Roline Repelaer van Driel, Annemarieke van Rumpt, Helen Tanger en stuurvrouwe Ester Workel) iets verder op de achtergrond. Waarom we voor Siegelaar aan tafel kiezen? We hebben in een soort melig Q & A-lijstje van het NOC gekeken en zij zegt daarin dat een avondje uit met Sven Kramer haar wel wat lijkt en dat ze vroeger verliefd is geweest op roeier Dirk Lippits. Kijk, dat zijn nog eens openbaringen en aanbevelingen, nietwaar? Haar broertje Olivier is overigens vierde geworden in de mannenacht. We hadden hem graag in het publiek gehad. Op mijn vraag waar hij nu is, zegt ze: 'Waarschijnlijk aan het bier.'

Jolanda Keizer, de zevenkampster, zit ook redelijk blij te wezen. Van haar laatste onderdeel, de 800 meter, laten we beelden zien. Net zoals de 1500 meter bij de mannen op de tienkamp, zijn dat beelden waar je als sportliefhebber bijna door opgezogen wordt. Je ziet de sporters bij het passeren van de finishlijn letterlijk omvallen. Het zijn hun laatste daden in een tweedaagse uitputtingsslag en juist die laatste momenten, gevolgd door een trage ereronde waar allen hand in hand afscheid nemen van het publiek, maken warme gevoelens los, in ieder geval bij mij.

Beelden van Michael Phelps zijn die avond het enige bewijs dat er ook nog mannen meedoen aan deze Spelen. Het is zijn laatste en recordbrekende race in Peking: acht keer goud. Hij is een fenomeen, maar spreekt hoegenaamd niet aan. Dat vind ik vreemd.

De vrouwenavond wordt waardig afgesloten. Keizer geeft een mep op de gong voor het einde van een bijzondere olympische dag. Er gaat op het terras veel bier doorheen. De stemming is heel goed. In het HHH wordt de boel bijna afgebroken. Duizenden oranjeklanten vieren de medailles met gehos en gezang. Nynke vertelt me dat er niet tegenop te tappen is. Nog nooit heeft ze het zo idioot meegemaakt. 'Doe er maar twintig,' roept bijna iedereen.

18 augustus

Soms rijden taxichauffeurs een route waarvan je denkt: waar komt die in hemelsnaam uit? Aan het einde van de ochtend overkomt ons dat. Tot twee maal toe wijs ik op onze stadsplattegrond en hij knikt heftig en overspoelt ons met Chinese volzinnen, die wij beantwoorden met vraagtekens.

Na drie kwartier en tien euro zet hij ons af en maakt een handgebaar: achter dat gebouw moeten jullie wezen. Dat blijkt te kloppen, maar het is in de Official Olympic Souvenir Shop zo vol dat ik bijna een mensenfobie krijg. Duizenden Chinezen krioelen er rond, sleuren aan T-shirts, passen petten en kopen de onzinnigste dingen die je ooit op olympisch niveau aanschouwd hebt. Ik kan er niet bewegen en kijk wanhopig om me heen. Waar moet ik heen? Waar kán ik heen? Soms zie ik een westerling met dezelfde wanhopige blik.

Als ik een cadeautje voor Nynke heb gescoord, vluchten we naar elders voor koffie met (oh zonde!) heerlijke cheesecake. Veel Chinezen staan naar grote schermen te kijken: China speelt basketbal en dat wil men weten ook in de stad.

K. wil niet naar de honkballers kijken, ze zit zich alleen maar op te winden over het labbekakkerige spel van de Nederlandse ploeg; zij gaat liever naar de dameshockeywedstrijd Nederland-Spanje. We gaan dus ieder ons weegs. Ik reis eerst naar mijn hotel en dan later met Nynke, die in vliegende haast aankomt, door naar het honkbalstadion.

Cuba is de tegenstander en ondanks het feit dat er wel wat Nederlanders de bal raken, is de nederlaag er niet minder om. Op de tribune horen we dat Marianne Vos goud heeft gehaald bij de puntenkoers en ik heb direct telefonisch contact met Frits. Ja, ze zal er zitten, daar hoef ik me geen zorgen over te maken. En ook de zeilmeiden zijn in Peking gearriveerd. Hij vraagt: 'Speelt Tjerk?' en ik antwoord ontkennend. Ik zie Sid de Jong naar zijn vaste plaats lopen. Een kleine rilling van onvrede trekt over mijn rug.

Om op tijd in de studio te zijn, laat ik de wedstrijd de wedstrijd na de zesde inning en spring al vroeg in een taxi. De Cubanen zijn een maatje te groot voor de Nederlandse ploeg. Nynke blijft zitten, trouw als ze is aan haar broertje. Ik geef haar een kus en zeg: 'Misschien? Wie weet. Vertegenwoordig de familie waardig.'

Als ik twintig minuten in de auto zit, gaat mijn telefoon. Nynke. Ze zegt bijna afgemeten: 'Tjerk speelt. Jammer dat je er niet bij bent pap, maar ik kijk wel voor twee.'

Op het dakterras is het nog erg rustig. We maken ons op voor drie zeilsters die ver van Peking zilver gewonnen hebben en die de meesten van ons niet anders kennen dan als 'de Yngling-dames'. Dat komt voort uit een opmerkelijk project dat we bij *Studio Sport* al een jaar volgen: uit een groot aanbod aan jonge zeilsters zijn er ten slotte drie geselecteerd. Die drie, Mandy Mulder, Annemieke Bes en Merel Witteveen zijn jong, blond en in het bezit van zilver. Goddank hebben we enthousiaste filmpjes uit Qingdao gekregen, want anders praat het zo moeilijk.

In Athene 1996 waren de zeilers ook ver weg, en niemand bleek ook maar een moer te geven om die zeilploegen. Nu heeft het NOC er terecht op aangedrongen dat de sporters naar Peking komen om te tonen dat ze bij de Nederlandse ploeg horen. Dat het paardenspul uit Hongkong niet overkomt, is tekenend voor die wereld. Het is dan wel een olympische sport, maar ik blijf te sterk de geur van de paardenmarkt ruiken. In die wereld is het vooral de entourage die de sfeer bepaalt en niet de atleten zelf, hoe leuk die ook zijn. Frits Schrijvers en ik kregen op de laatste dag van de Spelen van Sydney 2000, toen we leuke uitzendingen probeerden te maken over bijvoorbeeld het goud en brons voor de springruiters, van het zogenaamd sjieke paardenvolk de meest onbeschofte opmerkingen naar ons hoofd geslingerd. Die zal ik niet snel vergeten. Waarom mogen deze proleten, nieuwe rijken, wandelende Rolexwinkels en hun onaangepaste hofhoudingen alles zeggen wat hun voor de mond komt? Een opgeblazen paardenman was daar zó brutaal en plat tegen ons, aangemoedigd door bulderend gelach van zijn aangeschoten familie, dat Frits zei: 'Zullen we maar weggaan? Dit heeft helemaal niets met de Olympische Spelen van doen, dit is een tuinparty voor neprijken.'

Goed, de zeilmeiden zijn gearriveerd en doen hun verhaal. Het is jammer dat de blijdschap over de zilveren medaille al gezakt is. Daardoor wordt hun verhaal niet sprankelend, welke invalshoek we ook proberen. De vrouwen zijn moe.

Bart Veldkamp, op dit moment officieel de coach van de Amerikaanse schaatsploeg, is de laatste side-kick. De bijdrage van Floris met zijn blije mening zit er nu op; hij heeft ons tot slot zijn voor drie euro aangeschafte oranje slobberbroek getoond: werelds. Het leuke van Bart is dat hij actief achter alle sporten aangaat. Hij kijkt graag naar van alles, hij analyseert de mensen en heeft een mening. Het prettige van zijn aanwezigheid is ook dat alle sporters weten wie hij is. Bart heeft een pijnlijke vraag voor Floris: 'Waarom speel jij hier niet?' Floris strijkt door zijn wilde haarbos en zegt: 'Omdat de coach het niet in me zag zitten, neem ik aan.'

'Ben je lastig?' vraagt Bart.

'Nee, niet lastig, maar ik heb een mening en die ventileer ik nog weleens. En ik heb ook niet goed genoeg gehockeyd dit jaar, om eerlijk te zijn,' zegt Floris.

Bart weer: 'Dan moet je daar iets aan gaan doen. Het is toch veel leuker te spelen dan hier aan een tafel te gaan zitten lullen?'

Marianne Vos krijgt applaus voor haar goud op de puntenkoers en is blij. We laten haar beslissende demarrage zien en iedereen aan tafel geniet. Het is een machtige jump en het feit dat ook Bart roept dat hij enorm onder de indruk is van juist die actie, doet haar nog meer glimmen. 'Dank je wel,' zegt ze bijna blozend. Ze heeft heel sterk revanche op zichzelf genomen. Haar goud glinstert deze avond extra.

Het laatste verhaal komt van een man die hier wel is, maar toch ook weer niet. Yuri van Gelder heeft een jaar mogen aankijken tegen deze dag. Hij had op willen gaan voor een topplaats in het ringentoernooi, maar het verhaal is bekend. Omdat hij zich niet kwalificeerde voor de Spelen werd hij in Nederland omarmd door het complete sportieve volk. We waren boos over zoveel onrecht en wilden acties beginnen, maar niets hielp. Een simpele ziel uit Jemen mocht wel. Van Gelder was overigens niet het enige slachtoffer van die idiote turnregel. Er waren ook toppers op andere onderdelen die om dezelfde reden thuis moesten blijven.

Het filmpje dat onze jongens van Van Gelder hebben gemaakt, is geweldig goed. Het geeft precies aan hoe een topsporter zich voelt als hij, buiten zijn schuld, letterlijk buitenspel staat. Van Gelder vlucht de turnzaal uit, maar de camera blijft hem hardnekkig volgen, ook als er bijna tranen vloeien. We zien de turner met die geweldige spierballen buiten de turnhal even heel kwetsbaar. De man uit Jemen wordt na een ongelukkige val per ambulance afgevoerd en Van Gelder krijgt er nog een oplawaai bij. Hij moet tot 2012 wachten. Dan mag hij in Londen (als hij zich weet te kwalificeren) proberen iets recht te zetten.

Het is weer een dorstig makende huldigingsavond bij onze buren, zien we als we er na de uitzending langs lopen. We besluiten meteen naar het hotel te gaan om daar in de lobby de afsluitende borrel te nemen.

19 augustus

Dit lijkt een mooie zonnige dag te worden, maar al snel zakt een blauwe smog over ons heen. Jammer. Mijn nek bonkt van mijn kop af en ik neem nog voor de koffie een pil. Die krengen helpen wel.

De honkbalploeg speelt een ochtendwedstrijd tegen Canada. Nynke komt aanrijden in een taxi en zit zich nog op te maken. Ze lag er pas om vier uur in, zegt ze als we doorrijden naar het honkbalstadion. In het stadion zien we duizenden lege plaatsen. K. heeft de pest in. We hebben de grootst mogelijke moeite moeten doen om kaartjes voor deze wedstrijd te krijgen en hebben ze voor zestig euro kunnen kopen. Anderen vertellen dat ze voor drie euro zitten. Dat steekt.

We zien Tjerk met zijn team het veld op komen en zwaaien naar elkaar. Het is een magnifiek moment. Met die zwaai geeft hij aan: zeg maar niets. Ik zie aan zijn schouders dat hij zijn naam niet in de line-up heeft zien staan.

De Nederlandse ploeg speelt ongeïnspireerd. Als de partij bijna voorbij is, als er twee man uit zijn in de negende inning, als de deksel op de doos zit en er helemaal niets meer te verhapstukken valt, zien we met zijn drietjes dat nummer 38 als pinchhitter naar voren loopt. Er staat bij de Nederlandse ploeg een man op één en ik zie mijn kind in het olympische slagperk staan.

We zeggen alle drie niets. Ik kan de gedachten van K. lezen. Ze staat op en loopt weg. Ik volg vrij snel. Nederland verliest: 4-0. Weer een wedstrijd zonder runs, zonder bezieling en zonder zichtbare inzet.

In de taxi naar het hotel blijft het lange tijd stil. Het lijkt een baaldag te worden.

Na huiswerk gemaakt te hebben en naar een leuke dvd van Eric Clapton te hebben gekeken die gratis bij een Engels muziekblad zat, besluiten we eruit te gaan; even weg van sport en de Spelen. We zijn moe en de sporen van de ochtendwedstrijd zijn mentaal te voelen. Wat kan topsport lelijk en wreed zijn. Bleek en slap ook, dat verwacht je niet op dit toneel. We hebben een sportkater.

Ik krijg van Frits de ingrediënten van het avondprogramma mee: het lijkt erg leuk te kunnen worden. Anky gaat er in Hongkong vol tegenaan en haar kennende zal ze gaan winnen. Hoe je het ook bekijkt: Anky is een fenomeen. De meesten van ons hebben weinig met dat paardengedoe, met die knollen met gesponsorde namen en die vriendelijk lachende pianovirtuoos op de achtergrond, maar des te meer met haar. Ook veel topsporters zien Anky erg zitten maar slaan op de vlucht voor haar entourage. Nee, niet voor die vent van haar, want dat is ook een bikkel die deugt. Het filmpje dat we van de twee zien, zal me lang bijblijven. Sjef is zo ongeveer de laatste die haar feliciteert na haar optreden. Zij zegt er iets snibbigs over, de meeste vrouwen in ons gezelschap staan op hun achterste benen en roepen: 'Lul, let dan op,' of: 'Jezus, het is je vrouw hoor,' maar ik denk te zien wat er werkelijk gebeurde.

Het fenomeen-Anky wint dus wéér. Dat is zo knap, daar moet je diep je pet voor afnemen. Iedereen kijkt ingespannen en stil naar de beelden uit Hongkong. Als de uitslag komt hoor je tot diep in de spelonken van het HHH een lange en opgeluchte jubelkreet. Niet Anky wint, WIJ winnen. Zo is het. Anky is van ons, Anky is Nederland. Ik hoop enorm dat ze naar Peking wil komen, maar heb al gehoord dat de kans klein is. Als ze zou weten hoe geliefd ze is bij al die andere sporters, hoeveel respect we met z'n allen voor haar hebben, dan zou ze vast komen. Maar Anky is ook moeder en echtgenote, en mediagenieke zakenvrouw, de spil van een miljoenenbedrijf: de bv Succes. Vandaag wint ook de bv Succes, of misschien ook wel Moeder Anky. Ze komt niet naar de uitzending en vliegt uit Hongkong rechtstreeks met haar kroost naar huis.

K. en ik nemen een taxi naar Bar Street en drinken daar koffie, kijken er naar souvenirs en kleren die we niet kopen en ik zoek een restaurant voor de vroege avond. Bij toeval loop ik Le Parisienne in, een bistroachtige tent waar het Europees uitziende personeel nog zit te eten. Ik begin in het Frans en krijg rap Frans terug. Een uur later zitten we daar te eten en hebben een prachtige vooravond.

We noemen het een redactievergadering. We nemen de dingen van de dag door en plannen de uitzending in, maar het gaat ook om de lekkere sfeer die om ons heen hangt en die voor mij de grauwsluier van de honkbalploeg geheel wegneemt. Geheel? Nee, dat ook weer niet, maar gezellig is het hier wel. De jonge Fransoos die ons bedient, mikt de gerechten op tafel, jongleert met flessen wijn en speelt de bink. Zijn show voor de vrouwen aan tafel mag er wezen. Fransen, nietwaar?

Op het terras maak ik vervolgens kennis met turner Epke Zonderland. Wat een leuke vent is dat. Je kunt het ook aan alle dames merken; ondanks die keiharde val op zijn snufferd in de rekstokfinale is hij wel het mannetje vanavond. Zijn verhaal is goed en samen met Bart wordt het een leuke tafelronde, mede omdat Theo Bos heel goed in dat driehoekje past. Bos heeft niet bereikt wat hij wilde en toont zijn teleurstelling. Dat mag. Dat moet zelfs.

Hij was een jaar geleden onze onvolprezen sprintgod, maar blijkbaar kunnen de Britten op olympisch terrein meer. Dat is niet suggestief bedoeld, want ik kan niets bewijzen; ik zeg niet dat al die Britten aan de soep zitten, want dat weet ik niet. Theo weet dat ook niet, maar hij werkt in die keuken. Hij laat in ons gesprek zijn voet tussen de keukendeur staan en dat is gedurfd. Ik zie hoe breekbaar hij nog is. Een jaar of wat geleden leek alles wat Theo aanraakte te veranderen in goud. Vandaag is het piepschuim. Het maakt hem nederig en ik voel vriendschappelijk erbarmen voor hem. Er is weinig meer over van die stoere bink die hele rissen vrouwen in koor liet zuchten. Nu zit hier een zwaar teleurgestelde sportman.

Zonderland is ook teleurgesteld in zijn prestaties, maar hij is nooit zo omhoog gepraat als Bos. Zonderland is Friesland: nuchter, kalm en aardig. Wat kan hij in Londen 2012 gaan uithalen, denk ik als ik hem een hand tot afscheid geef. Deze jongen heeft het in zich heel goed te worden en de uitstraling van een Ard Schenk te krijgen. Met dat idee trek ik de nacht in.

Iemand roept dat het een leuke uitzending geworden is en laat bier aanrukken. Bart Veldkamp heeft zich geërgerd aan uitspraken van Charles van Commenée. Dat een *mental coach* geen zin heeft tijdens de Spelen. De rook kwam bij Bart uit zijn oren. Hij zegt, met een glas in de hand: 'Hoe komt die lul aan dat idee?'

Wij roepen: 'Bart, hij is *onze* baas van alle sporters en hij weet veel van sport.' Bart lacht terug: 'Daar kunnen ook geweldige lullen bij zitten, hoor. Hoe durf je te stellen dat in de moderne sport de mental coach geen plaats heeft en dat je beter een assistent mee kunt nemen? Die gozer moet zich laten nakijken. Wat heeft die de laatste jaren gedaan? Vanavond hadden we twee jongens aan tafel die misschien veel profijt van een mental coach hadden kunnen hebben. Ik zeg niet dat er een ander resultaat uit was gekomen, maar ik denk het wel.'

Met een goed gevoel gaan we allemaal naar huis. Bart roept dat hij naar de dameswaterpoloploeg wil gaan kijken. Hij neemt zijn werk serieus. We drinken hem toe.

20 augustus

We nemen de zaken van de dag snel door. Starbucks mag ons wel bonussen gaan uitkeren voor ons werk hier. We investeren goed.

Twee dagen eerder waren we hier zomaar Henk Schulte Nordholt en zijn dochters tegengekomen. Ik kende hem van naam, deze entrepreneur en schrijver. Hij woonde hier nu twintig jaar, vertelde hij. 'Met hem moeten we iets doen,' zei ik meteen tegen Frits: een goede verteller, een man van waarachtige waarden en kennis en iemand die vertrouwen uitstraalt als hij iets zegt. Hij gaf zijn kaartje en ik zei hem dat we hem zouden bellen als het plannetje in mijn hoofd gerijpt was.

De honkbalploeg speelt om half twaalf tegen Zuid-Korea en scoort weer niet. De catcher draagt vandaag nummer 38. Ik zie hem goed spelen en ongelukkig slaan, maar in de innings drie tot en met vijf doen Alexander Smit en Tjerk het goed en spelen solide honkbal. Ik ben tevreden, maar kan weer de wedstrijd niet afkijken; werk gaat voor.

Ik moet in de basketbalzaal zijn voor commentaar bij Kroatië tegen Spanje. De Spanjaarden winnen makkelijk. Wat spelen die gasten met plezier! Als je van zo'n honkbalwedstrijd afkomt en dan de Spanjaarden ziet, snap je ineens wat 'spelplezier' betekent.

K. zit intussen bij het dameshockey, waar ze Minke heel goed ziet spelen. Nederland wint met 5-1 van Argentinië en staat in de finale. Mooi. Dat betekent waarschijnlijk weer een feestavond op het terras.

Hoe doen we het deze avond aan tafel?

We hebben weer zeilsters die met zilver van verre zijn komen aanreizen. Joop Alberda hebben we gevraagd omdat hij ervaringsdeskundige is als coach van de mannenvolleybalploeg die in 1996 goud won in Atlanta. En we hebben Oud Goud, vijf vrouwen die in 1984 goud wonnen in Los Angeles en nu naar het hockey zijn gaan kijken en bij ons aanschuiven.

Dat vraagt om een tussentijdse herschikking. Maaike stelt voor met de zeilsters te beginnen: Lobke Berkhout en Marcelien de Koning zijn al wat bekender volk voor het televisiepubliek dan hun collega's uit de Yngling. Ze moeten ook nog gehuldigd en toegezongen worden, dus die volgorde staat. Deze twee meiden weten wat winnen is, hebben al op decembergala's gestaan, maar hebben net als hun collega's van twee dagen terug het nadeel dat de vreugde over hun medaillewinst al gezakt is. Dat maakt hun optreden toch minder spontaan, hoe leuk en enthousiast ze er ook over vertellen.

Alberda, namens de volleybalbond in Peking aanwezig, weet dat de mensen van het NOC*NSF zijn woorden op een goudschaaltje zullen wegen. Hij was technisch directeur van NOC*NSF, maar is daar vertrokken omdat men het niet meer met hem zag zitten. 'Op Papendal snorren de videorecorders,' zeg ik als we zijn rol binnen de redactie bespreken. Laat hij zich kritisch uit over de verrichtingen van de Nederlandse ploeg? Hij kiest zijn woorden zorgvuldig en zegt dat de ploeg op minstens tien plekken niet de doelen heeft bereikt waar op voorhand op was ingezet.

Ik zeg dat je geen medailles op bestelling kunt krijgen en daar is hij het mee eens, maar hij legt nogmaals omzichtig uit waar de eindafrekening verschilt met de schatting vooraf.

Bart zegt dat er dan waarschijnlijk te enthousiast ingeschat is, met te weinig kennis over de concurrentie, en Joop Alberda houdt dat voor mogelijk.

Ik vraag hem of het erg is dat niet aan de verwachtingen is voldaan. Hij schudt het Friese hoofd. De twee zeildames die bij hem aan tafel zitten, had men van tevoren op goud gezet; dat was hun positie op de wereldranglijst. Lachend stellen ze: 'Dachten wij ook, maar in de belangrijkste races hebben we niet scherp genoeg gevaren.'

Alberda knikt, dat bedoelt hij. Ik vraag hem of hij nog wat voorbeelden wil noemen. Voorzichtig zegt hij: 'Over het algemeen valt het presteren van de baanploeg bij het wielrennen tegen. Op de gouden medaille van Vos na is daar niets gewonnen. Van Marleen Veldhuis had men meer verwacht, van Marianne Vos op de weg ook. Van Mark Huizinga wellicht.'

Ik zeg hem dat er in het geval van Vos irreële verwachtingen waren. Hij beaamt dat. Dan worden nog de Holland vier genoemd en een andere zeilploeg.

Al met al vindt Alberda dat Nederland niet maximaal heeft gepresteerd. Hij zou dat een punt van aandacht maken, maar dat is zijn werk niet meer. Hij moet zich nu met volleybal bezighouden. Nederland ontbreekt op beide toernooien. Alberda zegt dat de vrouwen in Nederland onder leiding van Avital Selinger doortrainen in de zomer om straks weer op het hoogste niveau om de World Cup mee te kunnen spelen. Bij de mannen moet gewacht worden op een nieuwe generatie en een nieuwe ploeg. Hij heeft er vertrouwen in dat dit gaat gebeuren, maar dat proces heeft tijd nodig. Het is overigens alweer twaalf jaar geleden dat hij zelf met zijn handen langs zijn hoofd en met grote ogen het speelveld in rende na afloop van de gewonnen finale tegen de Italianen in Atlanta.

Dan komt de wissel aan tafel. De twee zeilmeiden zullen straks crowdsurfend door de massa gaan, en Alberda gaat nog een biertje in de stad drinken. De vijf eerbiedwaardige sportvrouwen die vervolgens giebelend aan tafel komen, hebben ook ooit goud gewonnen, in Los Angeles 1984, twee keer zo lang geleden als Alberda. Nog steeds worden ze in de hockeywereld herkend en geroemd. Geen andere selectie is het daarna gelukt om die gouden medaille te winnen.

Aan tafel zitten: Margriet Zegers, van 29 april 1954; Carina Marguerite Benninga, van 18 augustus 1962; Maria Yolanda Caroline Gertrude Eysvogel, van 16 juni 1961; Alexandra Johanna Le Poole, van 20 oktober 1959; en Francisca Elisabeth Maria Hillen, van 30 september 1959.

Margriet, Carina, Marjolein, Sandra en Elsemiek. Oud Goud! Vijf echte dames nu, leuke, sportieve vrouwen die inmiddels goede betrekkingen hebben. Ze zijn nog steeds gek van het hockeyspelletje en spelen het soms ook nog. Alle vijf weten ze nog hoe hun toernooi in Los Angeles verliep. Er deden toen slechts zes landenteams mee; het was het allereerste olympische hockeytoernooi voor vrouwen. In Moskou 1980 was het nog een demonstratietoernooi geweest.

Er werd vier maal gewonnen en één keer volgens alle vijf de dames 'ongelooflijk stom' gelijkgespeeld tegen Canada. Goud was eigenlijk een zekerheidje toen het toernooi zich ontrolde. Eysvogel: 'Ik heb gehoord dat iedereen die laatste wedstrijd zo spannend vond, maar we wonnen van Australië met 2-0. Goed, die laatste goal viel wat laat, maar we hebben toch niet echt onder druk gestaan die wedstrijd?' Ze kijkt rond en krijgt bijval: het was een verdiende gouden medaille. Benninga: 'We wonnen dik van Duitsland, ik geloof met 5-2, nee, 6-2 en toen was er veel duidelijk.'

Le Poole, thans manager van de hockeyploeg die nu goud wil winnen, zegt dat je die tijd op geen enkele manier met nu kunt vergelijken. Zij waren hardwerkende amateurs, de meiden van nu trainen en leven als profs. Hillen knikt: geen vergelijk, een andere wereld. Ze zegt: 'Wij speelden toen minder grote toernooien, vrouwenhockey is gegroeid sinds onze jaren.' En Zegers: 'Wij hebben de basis gelegd, na onze gouden medaille zijn veel meisjes in Nederland gaan hockeyen, zo mag je het ook bekijken.' Zij waren de eersten en zijn blij er nu in Peking bij te zijn als toeschouwer ('En ik als bobo, vergeet dat niet!' lacht hockeybondbestuurder Eysvogel). Ze zien elkaar nog regelmatig; sommige contacten verwateren, maar zij zijn de harde kern.

Zoals in alle sportploegen van weleer is er altijd wel iemand die het lichamelijk niet goed maakt. Bij de 1984-ploeg is dat helaas doelvrouwe Det de Beus. We wensen haar vanuit China het beste. En zo eindigen we serieus en een beetje aangedaan met onze gedachten bij die beroemde keepster, om dan toch met een lach naar de finale van de ploeg van nu uit te kijken. Zegers: 'We gaan winnen, let maar op. We krijgen na vierentwintig jaar opvolgsters. Het wordt tijd.'

We toosten en doen de lampen uit. Ik heb een goed gevoel over de uitzending, maar tegelijkertijd voel ik iets van vermoeidheid binnen onze ploeg sluipen. Is het de omgeving? Het weer? Gaat het gebrek aan nachtrust ons toch opbreken?

We gaan meteen naar het hotel en slapen probleemloos in.

21 *augustus*

Het is pokkenweer, zo blijkt bij het opentrekken van de gordijnen. Ik zie het park tegenover het hotel niet eens. Er hangt een vette grijze sluier over de stad. Hoe kan dit nou weer?

We doen een snelle vergadering over de vorm van de afsluitende zondaguitzending. Tijd? Plaats? Inhoud? Hoeveel gasten aan tafel? Wie nodigen we uit? We besluiten alle vijf daarop te gaan broeden en aan het einde van de dag met een antwoord te komen. Matthias zegt dat hij het liefst maximaal zeven mensen aan tafel heeft, inclusief Bart en mij dus. Dat betekent dat we gaan denken aan vijf gasten. Ze moeten representatief zijn voor wat deze Spelen ons gebracht hebben.

Ik zeg tegen Frits: 'Ik wil graag die Schulte Nordholt horen.' Hij knikt, hij ook. We leggen de andere twee redactieleden uit wie hij is en hoe we zijn optreden zien.

Dan waaieren we uit, de viezigheid in. Ik ga de sportschool in en loop een uurtje. De nek doet niet mee. Pil.

Het was in diezelfde sportschool dat het leuke gesprek met Ruud de Wild plaatsvond, een dikke week eerder. De Wild is ook een Hilversumse radiomaker die weleens belt, maar hoe anders dan mannetje Giel! Eerst komt er een verzoek of het gelegen komt. Ruud is een prettig mens om mee te praten. Hij benadert ons vak serieus en stelt gerichte vragen die voortkomen uit oprechte nieuwsgierigheid. Zo kan het dus ook, en met graagte ben ik tijdens deze Spelen een paar maal in zijn programma iets komen vertellen, ook toen ik op de loopband bezig was. Aan het einde vroeg hij waar mijn gehijg toch vandaan kwam. Dat legde ik uit, onder luid gelach vanuit Hilversum.

Met mannetje Giel wil het ook hier in Peking maar niet vlotten. Gek toch dat zo'n jongen dat niet snapt. Twee maal was hij niet te verstaan, anders dan soms een kreet, en voor de rest zat hij dom en ordinair te zwetsen. Niemand van onze groep vindt hem leuk, goed of opvallend. De algemene mening luidt: een trieste jongen.

Ik hoop dat hij de resterende dagen van deze Spelen uit mijn telefoon wegblijft, dat spaart energie.

Aan het eind van de ochtend wordt duidelijk dat 'we' weer goud hebben. Het is een langeafstandszwemmer ditmaal, Maarten van der Weijden. Ik ken zijn verhaal, heb twee goede stukken over hem gelezen, maar heb hem zelf nooit meegemaakt. 'Wie weet iets van langeafstandszwemmen?' wordt er in de vroege avond lachend geroepen. Iedereen zwijgt.

'Wie weet er iets van vrouwenwaterpolo?' luidt de vraag vanuit een andere hoek van de redactiezaal. Ook goud. Na een fabelachtige finale met ongekend spannende laatste minuten. Het HHH naast ons ontploft als de zege een feit is.

Dat betekent dus twee maal goud aan tafel en ook de komst van de Antilliaanse sprinter Churandy Martina wordt bevestigd. Deze aimabele, bescheiden man heeft met hooguit één centimeter schoen op de lijn gelopen en heeft zijn mooi verdiende zilveren medaille van de 200 meter moeten inleveren. Na protest van de Amerikanen, die daardoor nog een extra medaille konden winnen en hun bevuilde blazoen (twee Caribische lopers vóór de groothe-den uit de States!) nog ietwat konden oppoetsen. Hij wil komen praten, hoewel hij al voor veel camera's heeft gestaan. Of het deze avond van ganser harte is, betwijfel ik, maar ik ben al blij dat hij heeft toegezegd.

Hij is gelaten, niet eens boos of teleurgesteld. Hij spreekt met zachte stem en zoekt soms naar woorden omdat Nederlands zijn derde taal is. In het begeleidende filmpje zien we Martina met zijn familie als duidelijk is dat hij zijn zilveren medaille moet inleveren. Het grijpt mij aan en ik moet slikken aan tafel en ben even de weg in het programma kwijt. Ik zie die trotse mensen; ouders, zoon en andere familieleden van Curaçao, en die atleet die niets aankan met zijn verdriet. Het filmpje is een klein meesterwerk in deze uitzending, mooi gedraaid, goed qua geluid en sfeer en het laat precies zien waar het in het wereldje van deze man op dat moment om gaat. Hulde dus aan Han Kock en cameraman Martien Appelman! Juist dat soort filmpjes wil ik graag veel meer bij *Studio Sport* zien. Hoe vaak loop ik daar als veteraan niet op te hameren: laat zíén wat er gebeurt. Beelden zijn veel sterker dan dat eeuwige gepraat.

Van der Weijden is nauwelijks te stuiten. Hij leeft op een wolk. Dat is eind van de ochtend begonnen en zal nog tijden aanhouden, denken wij allen. Veel mensen beginnen ook direct over het optreden van zijn maatje Pieter van den Hoogenband. Pieter schreeuwde vanmorgen commentator Jeroen Grueter de uitzending uit. De Nederlandse kijker hoorde een overslaande, bijna hysterische stem. Pieter dus. Hij werd gek, en al helemaal toen hij Van der Weijden op de vlonder tegemoetrende en zijn vreugde toonde. Twee hossende mannen die beiden 'goud' achter hun naam hebben staan. Dit was hún moment samen, wij keken slechts toe.

Alleen al die beelden zijn geweldig, en daarbij komt natuurlijk het indrukwekkende verhaal van de patiënt die kanker overwint en kampioen wordt. Weer zo'n typisch Amerikaans aandoend verhaal op de Spelen, maar dit gaat over een Nederlandse jongen, eentje van ons. Het is niet mooier gemaakt dan het is, er is geen superbe reportage van *Sports Illustrated* of *NBC Sports* aan te pas gekomen; de wereld kent deze lange man niet eens. De eerlijkheid gebiedt te zeggen dat wij hem ook niet kenden. In de aanloop naar deze Spelen heeft bijna iedereen van onze groep zijn verhaal wel ergens gelezen, maar meer ook niet. Misschien is dat ook wel het mooie van de Spelen: op dit toneel kunnen uit het niets zulke sportieve sprookjes werkelijkheid worden. Daarom is ook de tegenstelling tussen Churandy Martina en Maarten van der Weijden zo prachtig: gelatenheid tegenover euforie.

Tot slot zijn er dan die dertien Nederlandse vrouwen van de waterpoloploeg met die opvallend nuchtere coach, Robin van Galen, die het sluitstuk vormen van deze merkwaardige dag. Ze klopten verrassend de vet favoriete Amerikaanse ploeg en de hele dag vulden ze met filmfragmenten en kreten de NOS-uitzendingen, inclusief het in het water gooien van Jack van Gelder. Topscoorster Daniëlle de Bruin en de veterane (en enige moeder) binnen de ploeg, Gillian van den Berg, zitten aan en beschrijven ook hun sprookje. Ik heb veel respect voor de manier waarop Van den Berg getraind en geleefd heeft in het laatste jaar voor de Spelen. Het najagen van een droom kan je dus zo ver brengen dat je als 35-jarige, in het buitenland wonende vrouw samen met je kind weer bij je ouders gaat wonen om 'trainen' en 'de ploeg' centraal te kunnen stellen.

Wie had dit ooit gedacht? 'Sportploeg van het jaar,' wordt er al geroepen in hun midden. En: 'Laat die hockeymeiden maar komen.' Algemeen gelach. Iemand roept: 'Kom, we moeten aan het bier.' Nog meer gelach. In die sfeer eindigt een dag met complete verrassingen. We hebben de uitzending vanwege het weer binnen moeten doen. Er heerst daar in het torentje een andere sfeer dan op het grote, open terras. De belichting is iets roder en het geluid gedempter.

Ik heb steeds volgehouden dat de spontaniteit minder lijkt als we uit het koepeltje uitzenden. Net alsof er een dekentje over de uitzending ligt. Van dat laatste is deze avond gelukkig niets te merken. Of toch? Ik twijfel.

Als we onze veste verlaten horen we de feestgeluiden vanuit het HHH. Twee maal een gouden huldiging, dat hakt erin. We twijfelen: nog eentje nemen of niet? Iedereen verdwijnt echter snel richting hotel. De vermoeidheid is groot. Nog drie dagen uitzenden, de loodzware finale komt eraan.

22 augustus

We proberen in de ochtenduren nog snel wat hemden en blouses te laten maken bij een ons aangeraden kleermaker, maar dat hadden we beter aan het begin van ons bezoek kunnen doen. De Chinezen hebben zo veel opdrachten van al die olympische koopjesjagers, dat er nu minimaal een week staat voor elke bestelling.

We lunchen in een andere wijk dan we gewend zijn. Goede wijn en compleet ander eten dan we die drie weken hebben gehad; dit komt uit het Midden-Oosten, is anders gekruid en erg lekker. Het restaurant heet '1001 nights' en ze accepteren alle creditcards. Behalve Arabisch worden er talen gesproken die een mens zelden hoort. Mannen roken een waterpijp en kijken met hun donkere ogen door alle vrouwen heen.

K. en Nynke hebben een kaartje kunnen bemachtigen voor de hockeyfinale, de mazzelaars. Minke wordt, samen met haar maatjes, olympisch kampioen. Nu heeft ze dus ook de ontbrekende kleur in haar verzameling.

Ik zie de wedstrijd gedeeltelijk als ik voor het laatst in het restaurant van het HHH eet. De opkomst is laag. Er zitten hier nog geen vijftien mensen. Iedereen eet en kijkt. En juicht.

Willem-Alexander is te gast aan tafel. Hij zit op zijn gemak te praten. Het gesprek loopt lekker en na een kwartiertje zijn we klaar. Hij is nog bij het hockey geweest, maar wacht de komst van de dames op het terras niet af. Wel heeft hij nog tijd voor een goed glas wijn, bedankt en prijst onze medewerkers, en verdwijnt rustig.

'Dit was een prettig gesprek,' zeg ik tegen Frits en Maaike. Beiden knikken. 'Hij was erg ontspannen,' zegt Frits. Het valt me altijd op hoe 'normaal' hij over zijn verblijf in deze olympische wereld kan praten. Er heerst vaak een wat zenuwachtige stemming als hij ergens zal verschijnen. Zoiets van: 'Jeetje, de kroonprins komt, wat gaat er allemaal gebeuren?' Het antwoord is simpel: niets bijzonders. En je moet hem ook normaal behandelen, weet ik inmiddels.

We hebben ook Eugene Martineau aan tafel. Deze tienkamper is de bescheidenheid zelve. Hij beschrijft wat een aanslag zo'n olympische tienkamp is. Hij heeft de tienkamp goed volbracht en is tevreden over zijn prestatie. Geen blessures ditmaal, en juist dat machtige gevoel dat hij op tien onderdelen heeft kunnen bewijzen hoe veelzijdig de mens is. De laatste honderden meters op de 1500 meter sneden dwars door alles heen. Er was, zo zei hij, geen vezel in zijn lijf nog heel. Wij, gewone wezens, kunnen ons nauwelijks indenken wat er met het lichaam van een meerkamper gebeurt. Al jaren roep ik dat zij de echte atleten van deze Spelen zijn. Naar de tienkamp kijken werkt verslavend. Als je de eerste 100 meterseries hebt gezien, ga je je vereenzelvigen met die mannen, je leert ze kennen, doorziet hun trucjes en trekjes en gaat partij kiezen. Ik kan de sport enorm waarderen. Daarom ben ik blij dat Martineau er zit.

En dan komen de hockeymeiden. Ze zijn duidelijk hoorbaar binnengevallen en zijn nogal aanwezig; begrijpelijk overigens, want zo vaak wint een mens geen gouden medaille. De meiden, allen blond en met staartjes, hebben overtuigend gewonnen. China was taai, maar is fraai geslecht: 2-0. Aan tafel zitten 'los Maartjes' (dank je, Maaike) voor de toelichting. Maartje Paumen, die net als Martineau ook een fraaie Limburgse 'g' heeft, heeft de bal er dit toernooi flink in gemept. De topscoorster wil daar overigens niet al te veel woorden aan vuil maken: ze maakte ze, en dat was het. Ook Maartje Goderie is de vlees geworden nuchterheid. Ja, ze hebben er hard aan gewerkt en de klus is geklaard en ze zullen strakjes gehuldigd gaan worden en ja, het was spannend, en ja, ze zijn blij. Geen opsmuk. Er wordt wel gegiebeld aan tafel, maar deze twee jonge vrouwen geven toch ook aan dat topsport een fraaie 'job' is. Je hebt een doel, je werkt hard, je maakt plezier, je verwerkt tegenslagen, komt er samen bovenop en dan ga je eens in de zoveel jaar voor goud.

Als de meiden weg zijn, nadat ik Minke nog snel even gefeliciteerd heb, blijven er vijftig lege bierflesjes en wat borden met resten van sandwiches over.

In het HHH kom ik later mijn zoon tegen. Hij is een tikje aangeschoten. Omdat hij maar zelden alcohol drinkt en niets gewend is? Ik denk het. Hij is erg trots op zijn vriendin. Boukje, Hans, Ingeborg, K. en ik (allemaal vrienden uit het Haarlemse) mogen allen haar gouden medaille even vasthouden en aanraken. Het is gek om met het goud van een ander in je handen te staan. En die ander staat er maar lachend bij. En naast haar staat een grote beer van een jonge vent die liefhebbend zijn arm om haar heen heeft geslagen.

Ik vraag Tjerk: 'Wat drink jij?'

Hij lacht: 'Maakt niets uit, als ik maar plezier heb.'

We liggen pas tegen drieën in bed. De nek heeft het vandaag zonder zijn vertrouwde vriend de pil moeten doen. Ik heb mijn nog resterende 'vrienden' aan Monique Hamer doorgespeeld; zij is er nog slechter aan toe dan ik en heeft spierverslappers nodig om de laatste dagen door te kunnen komen. Overigens wisten zij en ik dat die zware hoofdpijnen er bij haar aan zaten te komen, zoals altijd in de laatste dagen van de Spelen. Ons kent ons.

23 augustus

Lachend en dollend nemen Jack en ik een promo op. Jack vertrekt al snel. Hij wil zondagavond de *Studio Voetbal*-uitzending doen. Wat anderen ook van hem mogen zeggen, hij blijft mijn gabber en hij maakt overal plezier. We hebben elkaar hier niet veel gezien. Heel even een kopje koffie gedronken en over de strubbelingen binnen de voetbalploeg gesproken. Hij was overdag vaak ergens bezig en reisde achter de voetballers aan, en ik zat in de avondshift. 'Goede reis,' roep ik hem na. 'Zondag eindelijk weer normaal voetbal,' pest hij terug.

Ik wil naar de sportschool gaan, maar heb de puf gewoonweg niet. Ik slaap twee uur op de bank. K. is met de moeder van een van de chauffeurs naar Pearl Market om daar mooie dingen voor haar moeder en voor zichzelf aan te schaffen. Ze komt blij thuis: geslaagd.

Ik kijk naar mountainbike met Bart Brentjens, maar begrijp dat hij niet meedoet om de medailles. De bronzen plak in Athene was zijn olympisch eindstation, na zijn goud van Atlanta. Pas 's avonds zal ik op een filmpje zien hoe hem vlak voor het ingaan van de laatste ronde verzocht wordt de wedstrijd te verlaten. Dat moet voor hem een buitengewoon pijnlijk moment geweest zijn.

Ik zie verder nog vrouwenhandbal en tafeltennis, maar de Chinese televisie laat niets van de bronzen mannenhockeywedstrijd zien. Later hoor ik dat het een dramatisch slechte wedstrijd is geworden. Helemaal niets is goed gegaan en de Oranjeploeg blijft balend achter met die vreselijke vierde plaats. Wat er mis is gegaan? Er druppelen geruchten binnen: de oudjes tegen de jonkies, cultuurverschillen dus. Er wordt ook geroepen dat de ploeg nooit goed in vorm is geweest. 's Avonds kunnen we daarover praten, lijkt me. We hebben gesprekken uitstaan en zullen het wel merken.

Als je wint, praat je makkelijker. Met plaats vier in je sporttas, ziet het olympische leven er even erg vervelend uit en als je dan ook nog bij een grote mijnheer aan tafel moet gaan zitten om over dat falen te praten... Ik kan me goed indenken dat er sporters zijn die liever bedanken. Ik heb daar geen enkele moeite mee.

Jeroen Delmee, doelman Guus Vogels en Bart Brentjens zitten aan. Verliezers dus. Het zijn, zeg ik aan tafel, niet de minste sporters die met Nederland op hun rug hebben rondgelopen.

Guus weet nog niet of hij op het hoogste niveau zal stoppen. Hij heeft zo'n katterig gevoel nu, zo onvoltooid. De ballen schoten links en rechts langs hem. In beeld zien we Vogels na afloop zijn masker afdoen; er komt stoom uit hem. Je ziet dat hij helemaal niet in Peking wil zijn. Hij gaat zitten op de achterrand van het doel, je ziet hoe diep het verlies hem raakt.

Jeroen, de felle verdediger, die ik graag mag, zet een streep onder zijn mooie, lange loopbaan. Hij heeft ooit jubelend gewonnen en nu probeert hij een ongelooflijk rotgevoel weg te masseren. Dat lukt niet goed.

Bart Veldkamp, ervaringsdeskundige, zoals hij lachend roept, doet goed aan het gesprek mee. Aan tafel zitten mannen die allen meer dan anderhalf decennium aan topsport hebben gedaan. Alle vier hebben ze ooit goud gehaald. Beseft het Nederlandse kijkerspubliek hoe uniek deze tafel is? Hier zitten helden, kerels, knoesten. Ze hebben getraind en gewerkt, ze hebben gewonnen en nu, op Veldkamp na, hebben ze hier in Peking verloren. Met dat akelige gevoel nemen ze afscheid van de olympische podia. Ik buig diep voor alle drie. Respect mannen, respect.

Naast ons, in het HHH, waar volksstammen in het oranje gekleed een zaterdagavonddrinkwedstrijd zijn begonnen, wordt gelachen en gefeest. Hier aan tafel is het even heel serieus. 'Weet je wat zo klote aanvoelt,' zegt Delmee, 'dat we nooit zelfs maar een seconde kans gehad hebben om de wedstrijd te winnen, dat maakt je zo boos. Als je dan niet voor goud kunt spelen, is de bronzen medaille tenminste nog íéts, maar ook dat zat er niet meer in.'

Ik vraag aan Brentjens wat hij voelde toen hem gevraagd werd de wedstrijd te verlaten. Hij kijkt me rustig aan: 'Ik snapte de boodschap. Ik hoorde er niet meer bij, er waren anderen, betere en jongere rijders bezig voor de titel. Ik mocht stoppen. Het was goed zo, ik had geen trap harder kunnen rijden.'

Eenmaal terug in mijn hotelkamer begin ik al wat kleren te verzamelen. *Partir c'est mourir un peu.* Het begint al.

24 augustus

Vandaag geen vergadering bij Starbucks. In plaats daarvan rijden we meteen naar de redactieruimte in het HHH. Ook daar is koffie en er moet toch iets te eten zijn. Op de trap kom ik een aardige jongen uit de keuken van het restaurant tegen, die meteen voor ons aan de slag gaat. Even later komt hij met een glimlach heerlijke broodjes brengen.

We hebben gekozen voor een vroege opname. Alleen Kamiel Maase komt nog in actie bij de marathon, voor de rest is iedereen klaar. Velen zijn al aan het pakken. Wat doen we met de slotuitzending vanaf het terras? We willen de Spelen licht ontleden. We willen horen wat China aan deze Spelen heeft gehad en wat wij aan China hebben gehad. We willen denkbeelden horen van mensen die het kunnen weten.

Daarom nodigen we Minke Booij uit, in mijn ogen de leidster van de gouden hockeyploeg. Ze gaat na deze Spelen andere dingen doen; haar cirkel is rond. Ze stopt '*on top of her world*'. We lachen nog even samen als we het hebben over de HHH-krant waarin zij staat afgedrukt als geliefde van mijn zoon. 'Ik wist het niet,' zeg ik. Zij riposteert: 'Ik eigenlijk ook niet.'

Erika Terpstra zit er en is zichzelf. Ze ziet er moe uit. Ik heb haar op 7653 plaatsen tegelijk gezien en vind dat ze haar pr-werk voor de Nederlandse olympische sportwereld goed doet. Het mag soms een onsje minder, ook hier op het terras, maar ze is wie ze is en gaat er nog eens vol tegenaan deze morgen.

Matthijs Vellenga, de roeier uit de Holland vier, hebben we gevraagd omdat er naast winnaars ook verliezers zijn bij de Spelen. Zijn droom strandde hier in Peking en hij kan er nu weloverwogen over praten. Er bestaan meer belangrijke zaken in het leven, leert hij ons. Dat weten we aan tafel wel, maar soms treedt er een blikvernauwing op en vergeten we dat. Vellenga heeft nog wel de pest in, maar is rustiger dan de eerste maal dat hij op het terras zat.

Jacco Verhaeren, de zwemcoach, is in Peking al zo 'open' geweest om over zijn fouten te spreken. Ook dat getuigt van inzicht. Niet alles wat we doen in die wolk van de Spelen, doen we ook goed. Jacco zegt dat er te vroeg gepiekt is binnen zijn ploeg en dat de verrichtingen ook hem tegengevallen zijn. Hij heeft ervan geleerd, zegt hij. Ik geloof hem. Als je jezelf kwetsbaar durft op te stellen (en dat doet hij) ben je later ook ontvankelijk voor betere ideeën.

De laatste gast is Schulte Nordholt, de China-kenner. Zijn betoog interesseert ons allen. Wij hebben het echte China niet gezien, dat weten we, en hij, die hier al twintig jaar woont en werkt, geeft ons ook andere inzichten mee. Wij dachten dat we naar een wat arm, oosters land kwamen en wisten niet dat dit oneindig grote land al zó breed ontwikkeld is op het gebied van industrie, technologie, economie, kennis & kunde. Niemand van ons heeft dat in de afgelopen weken echt kunnen zien. Schulte Nordholt ziet China snel veranderen en deze Spelen hebben daartoe bijgedragen. Weliswaar tegen een bespottelijk hoge investering, zegt hij, maar dat was het de Chinese leiders blijkbaar allemaal waard. En hij zegt ook: 'Natuurlijk heeft niemand van jullie het echte China gezien. Dat ligt namelijk niet hier, maar dat hebben jullie toch wel begrepen? Dit was een fraaie façade en daarin zijn jullie te gast geweest.'

Ik vraag welke indruk iedereen heeft overgehouden aan de Spelen. 'Prettig, goed georganiseerd, massaal en overweldigend,' zijn de termen die vallen. Maar ook: 'Vreemd, ondoorgrondelijk, onwezenlijk en goedkoop.'

De gasten krijgen een aandenken mee en vertrekken een voor een. Er wordt nog gesport en ik moet benen maken om op tijd in de basketbalhal te komen. We zenden het grootste deel van de mannenfinale, Spanje-USA live uit en daar verheug ik me geweldig op.

K. (de mazzelaar) heeft via Christian (de schat) nog een kaartje weten te krijgen en gaat met Jacco en zwemster Femke Heemskerk de hoge tribunes op. Frits van Rijn zit rechts naast mij en ook Bart Veldkamp duikt weer op; hij is een sportomnivoor en wil alle grote wedstrijden zien. Hij leeft geweldig mee met een van de leukste basketbalfinales op olympisch podium ooit. We geven elkaar zelfs een spontane high five.

In Hilversum beginnen we pas als er in Peking al drie minuten gespeeld zijn. Ik snap dat niet. Een olympische finale laat je toch in zijn geheel zien, of daar nou Nederlanders aan meedoen of niet? Bij de finale van het EK voetbal kom je toch ook niet pas na drie minuten binnen?

Ik beleef de wedstrijd als een van de hoogtepunten in mijn loopbaan en met mij doen dat nog een paar honderd miljoen (de Chinezen zeggen: miljarden) mensen op deze wereld. De Amerikanen hebben hun handen vol aan de vrijuit spelende Spanjaarden, die zich helemaal niets aantrekken van de naam en faam van hun tegenstanders. Wat nou Kobe? Wat nou LeBron? Ook deze mannen moeten voor iedere seconde balbezit strijden, ook zij worden moe, ook zij maken fouten waar scheidsrechters voor fluiten, ook zij zijn hun aan sterrendom gelieerde voorrechten kwijt als zich hier een fabelachtige sportwedstrijd ontrolt. Heel even lijkt het erop dat de Spanjaarden langszij komen, maar Kobe Bryant schiet met een moeilijke bal de wedstrijd op slot. Dat hij zijn gestrekte vinger over zijn lippen legt om de hele wereld tot zwijgen te brengen, is een dissonant. Kobe, domme man! Het past totaal niet in de sfeer van deze wedstrijd.

De NBA-sterren winnen, maar hebben volle bak moeten spelen en hebben de wedstrijd binnen kunnen halen door uit hun allerlaatste reserves te putten. Dat maakt hen weer normale sporters, iets wat de basketbalwereld nodig had. Misschien de hele sportwereld wel.

Met rode konen op de wangen lopen we naar buiten. K. staat ook in de journalistenzone, waar ze nog even met Alexander Wolff kan huggen. We zoeken onze NOS-wagen, om weer snel terug te keren naar het HHH, waar de afscheidsborrel van de NOS al begonnen is. Ik mis net de speeches en zie blije en vermoeid ogende mensen. Ik denk dat dit gezelschap zeer goed werk heeft geleverd en trots en blij mag zijn op wat er allemaal uitgezonden is. *Studio Sport*, mijn cluppie zoals ik graag zeg, mag zichzelf een dik compliment geven! Voor het maken van sport op de Nederlandse televisie moet je toch gewoon bij die soms zo stoffige en ouderwetse NOS zijn, zeg ik op zulke momenten. Hier lopen de beste mensen voor het maken van live-televisie, hier lopen cameramensen van wereldklasse, hier zitten mensen gedurende drie weken de klok rond te monteren, in te spreken, door te sturen, hier wordt de echte sport gemaakt.

'Dit is,' zeg ik tegen Monique Hamer, die gelukkig weer een beetje bij de mensen is, 'een ploeg om behoorlijk trots op te zijn.'

'*Thank you, darling*,' zegt ze.

Ze heeft er weer een Spelen als chef opzitten, zeg ik.

'Jij toch ook,' zegt ze terug.

Dan zet een van de chauffeurs K. en mij af in de onontwarbare chaos bij het Olympisch Stadion. Vraag me niet waarom, maar we hebben twee kaarten aangeboden gekregen. K. heeft ze elders in de stad in een hotel afgehaald. Aangeboden door mensen die we drie weken eerder bij de crematie van de broer van K., in Nîmes, ontmoet hadden en die we hier weer tegenkwamen. Kleine wereld. Zij hadden nog twee kaarten voor de sluitingsceremonie over.

We lopen met de massa mee. Dan trilt mijn telefoon: een sms-bericht. Ik lees: 'Als ze je zegt, wordt Minke na vanavond officieel jouw schoondochter. Later.'

Ik begrijp dat ik voor 'je' hoogstwaarschijnlijk 'ja' moet lezen en ik zwijg even. Tjerk is en blijft een speciaal kind. Ik lees de tekst langzaam aan K. voor. Zij bloost en ik krijg een dikke kus. Ze slaat haar arm om me heen en zegt: 'Schoonvader!'

In het stadion kijken we of we de twee kunnen onderscheiden als de Nederlandse ploeg binnenmarcheert. Nee dus. De ceremonie is lang en even mooi, maar gaat al snel vervelen. Te veel, te massaal, te lang vooral en aan de sportmensen wordt geen enkele aandacht meer besteed. Velen van hen zien wij gewoon weglopen, het stadion uit, terwijl het spektakel maar doorgaat en de Britten een werkelijke travestie van een presentatie van Londen 2012 aan de wereld tonen.

We lopen na afloop met de massa mee, nadat we nog even tevergeefs hebben gewacht of de Nederlandse ploeg in onze buurt langskomt. We kunnen natuurlijk nergens een taxi vinden. Tienduizenden lopen langs de brede straat. We gaan een groot, hel verlicht visrestaurant binnen en eten lekker en duur en een tikje decadent, kreeft. Niemand van het personeel spreekt iets anders dan Chinees en bestellingen en andere vragen gaan met handgebaren en veel gelach van beide kanten. We drinken op Minke en Tjerk en ik probeer contact met hem of zijn zusje te krijgen. Het telefoonverkeer ligt in de knoop, begrijp ik. Iedereen is aan het bellen. Als het een vol uur later wat stiller op straat is, vangen we vrij vlot een taxi die ons door de lege straten van deze ex-olympische stad voert.

Laat die avond spreek ik de kids nog even. We feliciteren elkaar en spreken elkaar moed in voor de komende dagen. Minke en Tjerk gaan met de jubelvlucht van de KLM mee, Nynke moet afbreken en meehelpen en vliegt later naar Brussel met allemaal mensen van het HHH, en K. en ik gaan morgen naar Sjanghai om daar twee dagen rond te kijken en dan op het gemak met de KLM naar Amsterdam te vliegen. Weg van de olympische chaos.

Om twee uur sta ik mijn tassen te pakken en gooi ik kranten, uitslagenlijsten en andere onzin weg. K. biedt me nog een glas shiraz aan. ‘Op het aanstaande huwelijk,’ zegt ze en we toosten.

‘Typisch Tjerk,’ zegt ze, ’wat heeft hij toch een prima ontwikkeld gevoel voor zulke momenten.’

Ik heb tegen Nynke door de telefoon gezegd: ‘We krijgen een trouwpartij,’ en zij antwoordde: ‘Goed hè van hem. Is hij me weer voor.’ ‘Daar kun je zelf ook iets aan doen,’ zei ik, en ik hoorde een zucht. We spraken af dat ik de volgende dagen nog zou bellen.

We gaan om half vier slapen. Later hoor ik dat de echte stappers onder ons en bij de olympische ploeg de hele nacht doorgehaald hebben. Brak vliegen is een ramp, weet ik van vroeger.

25 *augustus*

Luo, de rustigste van alle chauffeurs, brengt ons weg. Gek hoe je je aan die mensen gaat hechten. Ik weet ze me nog te herinneren uit Seoul, uit Salt Lake, de kinkels uit Sydney, de mensen uit Barcelona, Calgary, Turijn; ze worden toch kortstondig onderdeel van je bestaan. Het begint met smalltalk, maar het blijken altijd waardevolle ontmoetingen in je leven te zijn. Ook deze Chinese man is een en al gratie en hoffelijkheid als we afscheid nemen. We houden elkaar even vast: het ga je goed, dank je wel, tot ziens wellicht, nogmaals dank, dag, tot ziens.

Zoals die mafkees van een grimeur die twee volle weken mijn gezicht schminkte. Hij gaf als afscheid aan alle Nederlandse dames in ons gezelschap een mooi geslepen edelsteen die je aan een ketting om de hals kan hangen. Daar kreeg ik tranen van in de ogen. Het was zo'n mooi, teder gebaar.

Op het vliegveld is het een goed georganiseerde chaos. K. ziet twee Italiaanse volleyballers voorbij komen en zegt: 'Die mogen er wezen.' Ik praat even met Clara Hughes, de Canadese schaatsenrijdster, die hier commentaar bij het wielrennen heeft gegeven.

We reizen samen met Cathy Freeman, de voormalige Australische hardloopster, die schuin naast ons zit in de China Airlinesvlucht naar Sjanghai. Eigenlijk is onze route een oude indianentruc. Bij het vertrek van Olympische Spelen kun je altijd op chaos rekenen en dan is de kunst om een kleine omweg naar je eindbestemming te maken. In Sydney vloog ik eerst naar Adelaide en toen door naar Kuala Lumpur, vanuit Atlanta koos ik voor Memphis en daarna pas door naar Amsterdam en datzelfde doe ik nu weer. Eerst Sjanghai en dan pas door met de KLM; in het vertrouwde blauw, zoals K. zo graag heeft.

Om zes uur zijn we in hotel Meridien, twee uur later eten we in een sterrestaurant en moeten we Frans spreken met de maître d' (een vrouw). Het is goddelijk eten en heerlijk duur. *Who cares.*

We maken nog een avondwandeling en zijn geïmponeerd door de drukte van Sjanghai. Nynke ruimt nu op in Peking en Minke en Tjerk vliegen nu ergens boven Rusland. Ik probeer Nynke te bellen. Bijna alles is al opgeruimd. Ze is doodmoe. Ik zeg dat we veilig aangekomen zijn. '*Love you*,' beëindigt ze haar laatste Chinese telefonade met me. Ze is speciaal in Peking gaan werken om haar broertje bij te staan. Dat wilde ze heel graag. Dat het zo'n sportieve teleurstelling voor Tjerk werd, heeft haar er niet van weerhouden iedere keer weer te gaan kijken om bij hem te zijn. Nu is ze alleen in Peking achtergebleven, Tjerk en Minke zijn al bijna thuis, K. en ik zijn elders in China. Ik krijg een zacht en warm gevoel over me als ons gesprek beëindigd is. Ze is al 31 jaar oud, maar voor altijd en eeuwig mijn kind.

26 augustus

Ik kan er niet tegen als ik de hele tijd omringd word door mensen die je van alles lopen aan te bieden. Nu is het echt raak. Ze lopen met namaak-Rolexen, met Cartiers en weet ik welke horlogemerken nog meer. *Very cheap, Sir.* Ik word er kriegel van. K. loopt gewoon door en lacht de aanbiedingen beschaafd weg.

In de hoofdwinkelstraat is het nog erger. Alle grote merken kleding worden je aangeboden, alles spotgoedkoop, allemaal nep. Een man zegt me dat hij nog diezelfde avond drie pakken voor 200 dollar in mijn hotelkamer kan afleveren. Niet? *How about 180 dollar, Sir?*

We lunchen wel rustig in een wat kunstzinnige wijk, Xin Tian Du, ik laat mijn voeten doen bij een pedicure, K. zit bij de manicure en samen lopen we door grote winkelcentra, waar maar één motto geldt: kopen, kopen en nog eens kopen. We zien de modernste kleding, maar laten ons niet verleiden. Behalve door een mooi truitje van goede kwaliteit, dat ik K. alvast geef voor haar verjaardag, als aandenken uit Sjanghai.

's Middags staan we aan de rivier en zien de fameuze hoogbouw aan de overkant, ik geef geld aan een bedelaar zonder armen en benen, we drinken koffie onderweg en zijn aan het eind van de dag gesloopt. Ik koop ergens nog wat cd's, onder meer een Chinese uitvoering van *Yellow Submarine* voor Leo Blokhuis.

We eten 's avonds klassiek Chinees. Spullen die je in Nederland nooit ziet. Fantastisch. Nog even en we gaan naar huis. Je eigen bed en je eigen spullen aan je eigen keukentafel. Na twee maanden slempen en sleuren over de wereld roept Haarlem. Ik verheug me op het traag stromende water van het Spaarne.

Op mijn computer lees ik over het onthaal in Amsterdam van de sporters, in het Olympisch Stadion nog wel. Verleden week werd ik gebeld uit Hilversum. Of ik de presentatie van woensdag uit de Ridderzaal wilde doen. De tweede huldiging dus. 'Dan ben ik nog naar huis aan het vliegen,' zei ik. Er was vast wel iemand anders te vinden die dat graag wilde doen, iemand die zich vanuit Hilversum met de Olympische Spelen had beziggehouden, Dione of Toine.

Ik slaap laat in, want er is honkbal op de televisie. K. verklaart me voor gek. Terecht.

27 *augustus*

K. wordt jarig wakker. Van harte. We ontbijten wel op het vliegveld, zeg ik. De procedures vallen hier erg mee. Alles gaat snel. Ik laat mijn olympische accreditatie zien als me om mijn visum wordt gevraagd, want ik heb geen visum. Ik ontvang een glimlach. '*Thank you*,' zegt de douanier en maakt een handgebaar van 'ga je gang'. De mensen zijn hier blij dat je te gast was en met een glimlach doen ze je uitgeleide.

We vliegen naar huis in een 747-400, met alle rust bovenin. We lezen en slapen wat en de elf uren vliegtijd gaan redelijk snel voorbij.

Omdat we vier grote stukken bagage bij ons hebben, wachten we in de taxirij op Schiphol op een busje. Als die komt, help ik de chauffeur met inladen. Hij is vriendelijk en vraagt waarheen de reis gaat. Ik zeg 'Haarlem, alstublieft' en hij vraagt of onze vakantie leuk is geweest. We bevestigen dat maar.

Eenmaal voor de deur, zegt hij, in goed verstaanbaar Nederlands (dat niet zijn moedertaal is): 'En tien euro extra voor de bagage!' Ik zeg: 'Pardon?' Hij valt uit: 'Tien euro, want mijn auto is toch geen vrachtwagen?!' Ik zeg dat ik hem bijna vier euro fooi geef boven het ritbedrag, en dat ik het nogal brutaal vindt dat hij daarbovenop nog eens tien euro extra vraagt. Hij wordt woedend. Hij zegt 'schijt te hebben aan Nederland en vooral aan Nederlanders'. Ik vraag hem of ik de politie moet laten komen. Hij wordt nog bozer: 'Vieze Nederlander, ik heb schijt aan je, aan je vrouw, die hoer daar, aan alles. Ik wil mijn geld NU!'

Ik pak een biljet van vijftig euro en zeg: 'Graag twee euro terug, want dat is de rit plus fooi.' Maar hij zegt dat hij geen wisselgeld heeft. Hij scheldt maar door en roept ook nog: 'Ik weet je te vinden, van de sporttelevisie hè, hier in Haarlem. Schijt heb ik aan je, schijt!' Ik geef hem drie losse euro's erbij en vraag een biljet van vijf euro terug. Hij pakt de munten aan en smijt ze op de grond: 'Ik wil je rotgeld niet, ik haat jullie, ik haat Nederland.'

'Wat let je te vertrekken?' zeg ik kalm.

Hij spuwt op de grond voor me, gaat in de wagen zitten en geeft gas.

'Welkom thuis,' zeg ik natrillend van woede tegen K. Ik heb het nummer van zijn wagen onthouden. Moet ik hier iets mee doen? Of is dit normaal? Of val ik nu alweer terug in het oude, typisch Nederlandse gedogen. Uit angst?

Een uur later zitten we weer gekalmeerd de kranten te lezen. Bij de post zitten drie exemplaren van *Sports Illustrated*. Ik zie een cursiefje over Lance Armstrong en lees het. Hij heeft ergens aan een wedstrijdje mountainbike meegedaan. Gek.

Voor de deur, op straat, liggen nog de munten. De volgende ochtend zijn die weg.

31 augustus

Ik zit met een gewetensprobleem. In Goes wordt de jaarlijkse 'Ride for the Roses' gereden, een massale fietstocht waarbij geld ingezameld wordt voor het kankerfonds. Ieder jaar doe ik de aftrap voor die race omdat ik vind dat zoiets hoort.
Ik heb de organisatoren verteld dat ik hun zondagse race zal aanbevelen bij de collega's van *Studio Sport*, helemaal nadat ik gehoord heb dat de behoorlijk zieke Teun van Vliet op de fiets zal stappen en met vrienden en oud-coureurs zal rondrijden om extra geld binnen te halen.

Ik vind dat zo'n sociaal belangrijk evenement ook bij *Studio Sport* thuishoort. Ik heb echter te horen gekregen dat er geen aandacht aan kan worden besteed. Geen zendtijd, geen camera vrij, geen mensen die het kunnen maken en zo meer. Ik heb nog gezegd: 'Dan doe ik het wel.' Maar de NOS past op deze zondag, weliswaar met goede redenen, maar toch voel ik me licht bezwaard. Ik had door moeten drukken; zeker dit soort organisaties horen een breed publiek te kunnen bereiken.

Ik slaap vrijwel de hele zondag, net zoals de afgelopen twee dagen. Kapot, gesloopt. Later hoor ik dat de fietstocht van Van Vliet en vrienden 10.000 euro extra heeft opgeleverd. En dat het een fantastisch evenement was in Zeeland.

5 september

Harm van der Pal, oud-schaatser en thans journalist, komt langs om te vragen of ik het schaatsen wéér ga doen. Hij gaat er een stukje over schrijven. Ik zeg het ernstig te hopen. Hij zegt met zijn bijna naïeve Friese oprechtheid: 'Er is toch niets mooier dan een fantastisch gereden 1500 meter in Thialf, Mart?' En ik ben het helemaal met hem eens. 'Dus je gaat door?' vraagt hij. Ik knik. Ik heb enige tijd geleden een voorstel voor het winterseizoen ingediend bij Ewoud van Winsem. Over twee maanden is ons schaatsseizoen alweer aangebroken.

7 september

Ik doe verslag bij de Vattenfall Classic, uit de studio dit keer. De eerste afspraak was een korte samenvatting te maken voor de uitzending van zeven uur, maar daarna werd er geschoven. Nu komt het erop neer dat ik in Hilversum zit, geen enkel contact met de koers in Hamburg heb en het verder maar moet uitzoeken. In plaats van een korte samenvatting in de vroege avond, wordt het live tot en met de finish, wat niet lang is omdat er stevig wordt doorgereden. De Vuelta, waar Herbert Dijkstra en Maarten Ducrot zitten, komt pas later binnen.

Dat ik Robbie McEwen als winnaar herken is logisch, maar dat Simon Garrans tweede wordt, kan ik echt niet onderscheiden. De renner in het groen kan ook Patrick Bonnet zijn, denk ik. Ik zit alleen in een hokje, er is geen contact met Hamburg, geen uitslag, geen redacteur die op het idee komt om even een bericht van een persbureau langs te brengen, helemaal niets. Ik zucht. Dit is de manier van commentaar geven 2008: zoek het maar uit. Is men zomersportmoe? Het lijkt erop.

Als ik bijna wil vertrekken om thuis verder te gaan slapen, vraagt de eindredacteur van die avond of ik zo vriendelijk wil zijn de presentatie van zeven uur voor mijn rekening te nemen. De presentator van dienst, Tom Egbers, was ervan uitgegaan dat hij niet hoefde, omdat er geen voetbal is. Dus nu mag ik weer eens een korte zondagavonduitzending doen. Gelukkig heb ik een jasje aan. Ik ga er staan en werk met veel plezier, dat dient gezegd. Het is een mooie zondag.

8 september

Vroeg in de avond meldt Frits van Rijn zich uit de studio aan de telefoon. Er druppelen wat onduidelijke berichten binnen uit Amerika dat Lance Armstrong overweegt terug in competitie te komen. Of ik daar iets van weet. Ik zeg dat ik de geruchten ken, maar verder niets. 'Kun je er even induiken?' vraagt Frits. Dat doe ik.

Ik mail Armstrong, zijn manager en stuur ook nog een bericht via een Belgische kennis. Er komt geen antwoord, maar dat verwacht ik ook niet. Maar als ik tegen half tien op het punt sta om Frits te bellen en te zeggen dat hij het verhaal maar moet vergeten, denk ik ineens terug aan dat kleine verhaaltje in *Sports Illustrated*. Wat stond daar ook alweer? Ik ga zoeken en vind de naam van de koers: The Leadville Trail 100, die wordt gereden op grote hoogte in de staat Colorado, ik meen op wel 3000 meter. Ik denk na: waarom heeft Armstrong daar gereden? Wat dreef hem ertoe daar bijna zeven uur in het zadel te blijven en er tweede te worden (achter de topper in die wereld: Dave Wiens)? Ineens wordt het beeld me duidelijk. Hij heeft een officiële wielerwedstrijd gereden en dat betekent dat hij ook ingeschreven moet staan. Bij de Amerikaanse bond, maar ook bij het Amerikaanse dopingagentschap, want je mag niet zomaar aan wedstrijden deelnemen als men je niet kan controleren.

Ik bel met een Amerikaanse collega en vraag om dat uit te zoeken. Tien minuten later krijg ik te horen dat Armstrong zich in de eerste week van augustus heeft laten inschrijven. Hij kan dus inderdaad weer 'at random' bezocht worden door dopingcontroleurs.

Hoelang duurt het nog voordat hij weer wil gaan fietsen? Op internet ontdek ik dat hij de Ronde van Californië wil rijden. Wanneer is dat? Begin Februari. Bingo.

Ik bel Frits en zeg dat ik, op basis van wat ik net ontdekt heb, denk dat hij inderdaad een comeback aan het voorbereiden is. Met grote voorzichtigheid kunnen we dit gaan brengen, laat mij mijn verhaaltje maar vertellen.

Frits maakt een net bericht, ik zeg in de uitzending per telefoon wat ik weet en dan gebeurt er van alles. Er zijn collega's die mij bellen en het *VRT Nieuws* meldt in de late avond 'dat Mart Smeets via de NOS gemeld heeft dat Lance Armstrong terugkomt'. Dat heb ik niet gezegd, maar ik heb de mogelijkheid opengehouden en gewezen op de bekende gegevens over de rit die hij gereden heeft en de verplichting ingeschreven te staan. Dat duidt op actie.

Rond middernacht meldt zich een goede collega: 'Ik denk dat je goed zit.' Ik hoop het, en speur maar steeds bronnen af waar ook niets met zekerheid te halen valt. Het blad *Vanity Fair* duikt ineens op en de naam van schrijver Douglas Brinkley. Die naam zoek ik op en ik zie dat hij een zeer serieuze klant is; over het algemeen schrijft hij historische verhalen over belangrijke Amerikaanse aangelegenheden. Nu wordt hij gelinkt aan het terugkomstverhaal van Armstrong. Dat lijkt fantastisch. Ik ga tegen tweeën slapen. De naam Armstrong gaat de wereld weer over. Ik weet dat hij zijn zaken nooit half doet. Als hij inderdaad terug wil komen (overigens zei Reinout Oerlemans me dat twee jaar geleden al) zal hij dat spoedig op spectaculaire wijze melden. Lance Armstrong houdt de regie over zijn leven en alles om hem heen het liefst strak in eigen hand, dat is bekend.

9 september

's Middags zit ik bij chef Maarten Nooter en we kletsen uiterst plezierig over wat er de laatste maanden allemaal bij de NOS afdeling Sport is gebeurd.

'Gokte je gisteren?' vraagt hij. Ik zeg: 'Bijna, maar toch ook met iets van zekerheid.'

Dan is al bekend dat Armstrong terug gaat komen, het hele proces zit in een stroomversnelling. Wij zaten dus goed.

10 september

Om tien over twee loop ik in een Haags ziekenhuis de kamer binnen van pijnbestrijder Van Leersum. Hij heeft me kort in Peking gezien en omdat de pijn in mijn nek niet te harden is, heb ik snel een afspraak gemaakt. Hij wijst op plaatjes waarop je een wervelkolom ziet en vertelt over de plekken waar het fout kan gaan. Hij denkt dat het bij mij in nekwervel 5 of 6 zit. Via mijn hals kan hij een naald inbrengen in het kraakbeen tussen de nekwervels. Dan verwarmt hij de naald en start er een proces. Pas zo'n twee maanden later weet je of het iets heeft opgeleverd, zegt hij.

'Je mag erover nadenken, maar ik wil het ook wel meteen doen, het kan poliklinisch.'

Ik kijk K. aan, die heeft meegeluisterd, en zij knikt me toe: doen.

Twee minuten later lig ik met ontbloot bovenlijf op een tafel en wordt mijn huid schoongemaakt met jodium. Vervolgens gaat er een ferme naald mijn hals in. Ik voel bijna niets, maar weet dat er verdoving aan te pas komt. Ik wil naar het scherm kijken waarop je de gang van de naald goed kunt volgen, maar Van Leersum houdt mijn hoofd laag: 'Stilliggen graag. Anders kan ik er niet bij.'

Twintig minuten later zegt hij dat het klusje gepiept is. 'Over zo'n twee maanden moeten we maar eens bellen, dan weten we of het iets heeft opgeleverd,' zegt hij. Ik loop traag en een beetje dizzy weg.

'Hé, Mart Smeets ook hier, wat hebbie?' roept een Hagenees die de lift binnenstapt. Ik lach terug en voel iets onbestemds in mijn hals.

We drinken koffie en eten een snel broodje in de coffee-corner van het ziekenhuis voordat we naar huis terugrijden. Ik val bijna meteen op de bank in slaap als ik naar een honkbalwedstrijd via NASN zit te kijken. Begin november zal ik dus meer weten. Nu heb ik nog gewoon knallende pijn in kop, nek, armen en tussen mijn schouderbladen.

12 september

On the road again. De besproken plaats bij Iberia voor de vlucht naar Madrid blijkt vergeven. Het meisje achter de balie kijkt me met grote sorry-ogen aan: zij kan er niets aan doen, zegt ze. Ik ook niet, denk ik maar.

Ik slaap meteen in, zittend in een te krappe stoel, lees nog even de krant voor de landing en op Barajas drinken Gerrit Solleveld en ik onze eerste *café solo*, strakke Spaanse koffie. Dit is mijn septemberbestaan van de afgelopen jaren: op en neer reizen naar de Vuelta, werken in de weekenden, veel hangen op vliegvelden en rijden in afgeroste huurautootjes.

We reizen door naar Asturias, het vliegveld voor de regio Gijon en Oviedo. Maarten Ducrot en zijn vrouw Yvonne staan ons op te wachten; zij hebben een prima week vakantie gehad tussen Andorra, Barcelona en hier.

's Avonds eten we goed en lang. Bij het verlaten van het restaurant, tegen half een, blijken de festiviteiten van het San Mateofeest in volle hevigheid te zijn losgebarsten. Tienduizenden Spanjolen slenteren drinkend, rokend, zoenend, flirtend en pratend door de stad. Wij luisteren naar een band die op een groot plein optreedt en besluiten nog maar weer een kroeg binnen te gaan: het leven is mooi en kleurrijk. Warren Zevon zei ooit: '*I'll sleep when I'm dead.*' Hij is nu dood. Ik hoop dat hij lekker slaapt.

13 september

Vandaag is de beklimming van de 'mythische helling', de befaamde Alto de l'Angliru. Niet extreem hoog, maar wel gemeen steil en onherbergzaam, met een slecht wegdek. We moeten onderweg een 'laissez-passer' halen en met die vijfhoek op de voorruit mogen we de berg op, zeer tot ongerief van de duizenden die voor ons uit lopen op de smalle weg. Ze bonken op de auto, roepen ons na, schelden ons uit en de *puta di madres* en *conjo*'s zijn niet van de lucht. Sommigen steken gewoon twee middelvingers naar je op. Wij rijden omhoog en zij moeten lopen, dat pikken ze niet, op hun berg.

De col is wreed en mooi en eenmaal boven zien we kudden wilde paarden traag weglopen van de finishplaats. Slierten grijze mist hangen rond de top. Het is er misschien negen graden en op het kleine plateau waar de finishlijn getrokken is, is helemaal niets. Geen café, geen toilet, geen huis, niets. Waarom we hier aankomen is me een raadsel. Ooit hield de Britse renner David Millar hier een pleidooi voor een menselijker behandeling van de modale wielrenner. Hij smeet zijn fiets voor de auto van de koersdirecteur, trok zijn rugnummer van zijn shirt en verwenste de man, de koers, de berg en het hele leven. 'Om een winnaar te krijgen in de etappe van vandaag is het niet nodig om deze idiote capriolen uit te halen,' zei hij toen. Ik ben het nog steeds met hem eens.

Wij kijken toe en verbazen ons over de hardheid van de coureurs en de kunstjes die zij ons tonen. We genieten en brengen de beelden op de televisie als iets speciaals, iets bovenmenselijks.

Na afloop ondervraag ik Robert Gesink voor de camera van de Spanjaarden. Hij heeft uitstekend gereden, is zesde geworden en staat zevende in het algemeen klassement. Daarvoor verdient hij alle lof. De man uit de Achterhoek vertoont nauwelijks sporen van vermoeidheid. Natuurlijk voelt hij zijn benen, maar hij ziet er nog steeds fris en sterk uit. Een mens kan blijkbaar veel aan, ook stijgingpercentages van 24 procent.

In een lange sliert geaccrediteerde auto's rijden we rustig naar beneden. Snelheid maken kan hier niet, vanwege de strakke bochten met daarnaast de ravijnen en aan de andere zijde de wandelaars. Sommige voetgangers rochelen opnieuw hun verwensingen bij ons naar binnen. De afdaling van 12 kilometer duurt bijna twee uur. Het is vrij stil in de auto. Zoals bijna altijd bij zulke lange afdalingen van onbekende, woeste bergtoppen, schiet je in de eerste kilometers best op, om dan in een ongeorganiseerde fuik terecht te komen. Daar is de mens op zijn lelijkst: iedereen wil voorrang, niemand geeft het. Ik hoop op zo'n moment dat de kwelling snel voorbij is.

In Oviedo wacht ons een tapasbar, een wandeling door de volle binnenstad en weer een ander restaurant. We komen om één uur pas weer terug in ons hotel. Dat is het leven in de Vuelta.

14 september

Iemand heeft bedacht dat aan de voet van een gondellift (het heet er officieel Estación de Esqui Fuentes de Invierno) de finishlijn getrokken moest worden. Wellicht komen er in de winter wat meer Spaanse wintersporters op deze streek af nu ze beelden van deze etappe hebben gezien, anders begrijp ik de willekeur van de plek niet zo goed.

Het is hier ijl en fris, er staat een ferme wind en de weg loopt traag op. Een oogverblindend mooie, blauwe lucht vormt het behang van de zondagse etappe die de renners weer wat dichter bij Madrid brengt.

We verbleven de afgelopen nacht in een goed hotel in Oviedo, waar ook de ploeg van Quick Step was ondergebracht. Een van hun renners kwam om één uur met een Spaanse mevrouw onder de arm de lobby binnen. Je zag dat hij zo snel mogelijk aan zijn gerief wilde komen, en zij ook, maar in de lobby bevonden zich nog mensen van de ploeg en daarom hield de renner even in. Zij snapte dat niet; wellustig en nat zoende ze de zichtbaar opgewonden coureur. Was er nog een eenpersoonskamer over, zag je hem denken. In een duistere hoek van de lobby zegen ze neer in een diepe bank. Zij begon met snel handwerk, terwijl de renner met gesloten ogen achteroverleunde. Wij stonden op 10 meter afstand achter de ruit nog een biertje te drinken. Zij keek even om zich heen, nam ons voor lief, boog zich toen voorover en deed wat ze moest doen. *Third rate romance, low rate rendez-vous.*

Na afloop van de etappe koersen we richting Madrid. Dat betekent bijna 500 kilometer in de auto naar het zuiden. Gerrit noemt dit 'even doorpoefen'. De Peugeot, die al bijna het loodje had gelegd tegen de Angliru op, krijgt nogmaals op zijn donder en kreunt door de duisternis heen. Op de achterbank is het slecht toeven; mijn nek bonkt van mijn romp af. Ik verwens ineens dit zelfverkozen bestaan. Het is dat we goede muziek kunnen draaien. Met een boze Neil Young ('*Lets impeach the president*') rijden we Madrid binnen en kunnen ons hotel niet vinden, na al een uur filevertraging te hebben. We gaan pas tegen twaalven aan tafel en zijn alle drie doodop. Dit is dan wel het rock-'n-rollbestaan dat ik in de jaren zeventig zo driest zocht, maar het lijkt nu wel erg op gore punk. Zeker als ik rondkijk in het passantenrestaurant waar volop gerookt wordt en vet junkfood wordt gegeten. Ik ga om half twee slapen en moet er om half zeven weer uit.

Wat zei die aardige mevrouw op het vliegveld van Madrid twee dagen geleden ook alweer tegen me? 'Wat heeft u toch een fantastisch beroep mijnheer Smeets. Nu weer lekker met vakantie hier in Spanje.' Ja, mevrouw. Fantastisch.

18 september

Ik heb een afspraak met René van Dammen, het kijkcijfergeweten van Nederland. We kennen elkaar al geruime tijd en delen een hobby: wielrennen. Van Dammen is een freak, een verzamelaar van uiterst vreemde zaken, en daarom is hij juist zo leuk. We zijn beiden treinreizigers die graag fietsen en we weten allebei wie Johnny de Nul is. Vandaag heeft hij zelfs zijn knipselmap over Johnny meegenomen. Alle verslagen en uitslagenlijsten waarin de naam van deze formidabele kermiskoerscoureur uit België vermeld staat. De Nul was een fenomeen, die elk jaar veel koersen won. In 1982, zijn beste jaar, ging hij mee naar de wereldkampioenschappen voor profs in Goodwood. Belgische wielerpuristen vonden dat maar niets, een kermiscoureur in zo'n grote wedstrijd, maar Johnny wist in die koers lang overeind te blijven en haalde schijnbaar moeiteloos de voor-finale. Nadat De Nul afstapte, verlegde Van Dammen zijn interesse naar andere kleurrijke Vlaamse kermiskoerscoureurs zoals Tim de Peuter en Christophe Beddegenoodts. Laatstgenoemde reed een jaar voor het Murphy &

Gunn– Newlyn–M. Donnelly–Sean Kelly Team; dat u het maar weet.

Over zulke zaken praten Van Dammen en ik dus. Maar vandaag heeft hij tijd ingeruimd om mij te doceren over het kijkgedrag van de Nederlanders in de zomermaanden. Dat doet hij omdat ik graag wil weten hoe en door wie er is gekeken naar die golf aan sportprogramma's.

Van Dammen begint algemeen: 'Er is deze zomer heel goed naar de NOS gekeken.' Kijk, daar hebben we wat aan. Die vermaledijde NOS die het aandurfde om drie grote sportevenementen ter plekke in beeld te brengen, met extra uitzendingen ernaast. Het leek een gruwel voor de sporthater. Als je niet van sport houdt en je krijgt maandenlang sport gepresenteerd, ja, dan ga je mopperen, ingezonden brieven sturen, vinnige cursiefjes schrijven, de makers van die programma's te kakken zetten of afserveren. 'Of je bent erg tevreden, zoals miljoenen Nederlanders,' zegt Van Dammen en hij vouwt wat papieren open.

Hij heeft staatjes gemaakt. Hoe er gekeken is, waarnaar men graag keek, welk verval de kijkcijfers vertoonden.

Ik vraag hem wat de best bekeken uitzending in de hele zomer is geweest.

Hij tikt met zijn pen op een lijst. 'Nederland-Rusland tijdens het EK. Ruim 7,5 miljoen kijkers met een kijkdichtheid van meer dan 50 procent.' Hij wijst op de laatste kolom en zegt: 'Omdat we die wedstrijd verliezen, krijgt het een heel matige waardering van het Nederlandse publiek. Het scoort 6.9, dat is een dikke onvoldoende. Zo tonen we onze ontevredenheid. Als we verliezen, zijn we boos.'

Ik vraag hem wanneer er hoge waarderingscijfers zijn gegeven. Weer toont hij de lijstjes en zegt: 'Kijk, Frankrijk-Nederland, die eerste verrassende overwinning, leverde een 8.6 op. Dat is extreem hoog. Toen waren we dus massaal blij. En in Peking kreeg de avonduitzending waarin de kroonprins zat veel waardering. Dat werd een 7.8 en dat bewijst dat de kijker toen zeer tevreden was.'

Van Dammen geeft daarna een resumé over de hele zomer: 'Naar voetbal is goed gekeken, maar iets minder dan bij andere grote toernooien. We hadden het geluk dat het toernooi zich in onze eigen tijdzone afspeelde, maar na de uitschakeling van Nederland werd er minder gekeken. Men geloofde het wel, hoewel de finale Spanje-Duitsland wel weer hoog scoorde met 5 miljoen kijkers op de laatste zondag. Het gemiddelde aantal kijkers bij de EK-wedstrijden was 3.7 miljoen. Dat is goed hoor.'

De Tour trok overdag minder kijkers dan vroeger. Dat schrijft Van Dammen toe aan het feit dat er nauwelijks Nederlandse renners in beeld reden. 'Zo werkt dat en het heeft ook effect op de avonduitzendingen, weten we uit het verleden. Nederlands succes trekt kijkers. Overigens is jouw *Avondetappe* wel consequent goed bekeken, er is blijkbaar een vast publiek voor. Jullie kwamen uit op een gemiddelde van 834.000 kijkers en dat is goed.'

Ik vraag of ook de voetbalpraatprogramma's onderhevig waren aan de resultaten van Oranje. Van Dammen knikt: 'Natuurlijk. Na de uitschakeling van Nederland kreeg Jack, weer terug in de studio in Hilversum, ook een dip te verwerken. Het zakte één avond zelfs onder de 700.000. Men was het praten over voetbal blijkbaar moe.'

Ik zeg hem dat voetbal dus goed gescoord heeft en hij beaamt dat met een staatje. Bij de meest bekeken sportprogramma's van de lange zomer staan voetbalgerelateerde programma's op de plaatsen 1 t/m 32. Dan volgt een *Sportjournaal* (op 13 juni) en de volgende niet-voetbaluitzending is de sluitingsceremonie van de Olympische Spelen in Peking. Die uitzending komt op de 41ste plaats. De best bekeken sport uit Peking staat op de 46ste plaats: de dameshockeywedstrijd tussen Nederland en Zuid-Afrika.

Hij wijst me ook nog op wat interessante plaatsen in de top-100, namelijk die van de huldigingen in Peking. Lachend: 'Hockeysters op 45 en roeisters op 74. Wij kijken en luisteren graag naar het Wilhelmus, dat is een bekend gegeven.'

Ziet hij verder nog opvallende zaken in het kijkgedrag bij die top-100? Hij gaat de lijst na: 'De openings- en sluitingsceremonie trekken veel kijkers, meer dan de echte sportuitzendingen. Blijkbaar raakt zo'n ceremonie ons, want dat zijn de best bekeken programma's uit China geweest.'

Heeft de zwemsport averij opgelopen doordat de finales in de Chinese ochtend werden gezwommen, midden in de Nederlandse nacht? Van Dammen: 'Jazeker. Toch zijn er ruim honderdduizend mensen in het holst van de nacht opgestaan voor de 100 meter finale van Pieter van den Hoogenband. Dat is echt veel. En de terugblik op de 4 x 100 meter vrije slag winst van "onze" vrouwenploeg om twaalf uur op de zondagochtend trok bijna 2 miljoen kijkers. Op de laatste zondag keken vanaf acht uur in de ochtend steeds een miljoen mensen naar de grote finales. Men was dus geïnteresseerd in de echte sport, want anders ga je zondagochtend vroeg niet zitten kijken.'

Ik zeg dat het mij opvalt dat de finale van de wielerwedstrijd op de weg bij de vrouwen beter bekeken is dan die van de mannen, terwijl die laatste koers groots en meeslepend was. Van Dammen zegt rustig: 'De mannen reden op zaterdag en dat is historisch gezien een matige kijkdag, bij elke sport. Op zaterdag doen wij Nederlanders liever andere dingen. De vrouwen reden op zondag en daar keken 1.8 miljoen mensen naar. Let wel, dat was om tien uur in de ochtend. Heel goed bekeken dus.'

Ik vraag hem of er mensen geweest zijn die de hele olympische dag hebben gekeken, echte sportgekken. Hij knikt: 'Ongetwijfeld, maar die moesten dan soms om drie uur in de ochtend al beginnen. Met live sporten ging men soms door tot vijf uur 's middags.

Wij weten dat op "gewone" olympische dagen de gemiddelde kijkdichtheid 630.000 was. Ook dat toont aan dat men graag keek.'

Dan vraag ik wie er zoal keken. Bij de club van Van Dammen worden wij onderverdeeld in acht groepen. Die groepen hebben fraaie namen:

GB = gemakzoekende burgers
ZO = zorgzame opvoeders
BB = bezorgde burgers
SG = standvastige gelovigen
PB = participerende burgers
ZS = zorgeloze spanningzoekenden
TW = tolerante wereldburgers
AP = ambitieuze pleziermakers

Van Dammen legt uit hoe die categorieën eruitzien.

Er zijn 2 miljoen gemakzoekende burgers in ons land. Gemiddelde leeftijd: 59 jaar, aanhanger van PvdA of CDA. Ze houden van Hollands eten en Nederlandstalige hits en kijken veel televisie.

De zorgzame opvoeders zijn met 2.5 miljoen. Ze houden van winkelen en breien en luisteren veel naar Sky Radio, damesbladen zijn 'in', en hun gemiddelde leeftijd is 41 jaar. 85 procent van hen is vrouw, ze kijken drie uur per dag naar de televisie. Veel gezinnen met kinderen.

De bezorgde burgers heetten vroeger eigenlijk de maatschappelijk teleurgestelden. De gemiddelde leeftijd hier is 48 jaar, men leest het liefst *De Telegraaf* en graag een roddelblad. Men rookt veel en kijkt vier uur per dag televisie. Er zijn er 1.3 miljoen van, en ze hebben geen vertrouwen in de politiek.

Deze drie groepen te zamen zijn de Nederland 1-kijkers, volgens Van Dammen.

Wie kijken er dan naar Nederland 2?

Neem de standvastige gelovigen, maar liefst 1.8 miljoen in totaal, afkomstig uit de NCRV en EO-hoek. Ze stemmen CDA en zijn tegen geweld op de tv. Dat kastje hebben ze wel gemiddeld drieënhalf uur per dag aan staan. Ze zijn gemiddeld 57 jaar oud en houden niet van vernieuwingen.

De participerende burgers zijn, kortweg, de oudere intellectuelen. Ze zijn met 1 miljoen en tonen een brede interesse. Ze bezoeken musea en concerten, zijn hoogopgeleid, gemiddeld 58 jaar, vaak lid van clubs of verenigingen en kijken gemiddeld ruim twee uur naar de televisie. Ze tuinieren graag.

Door naar Nederland 3. Wie vinden we daar?

Van de zorgeloze spanningzoekenden zijn er 2.3 miljoen in ons land. 90 Procent van hen is man. Ze zijn geïnteresseerd in techniek, sport en een beetje economie. Ze hebben mbo en soms hbo, kijken drie uur per dag naar de tv en hebben vaak een relatie met een zorgzame opvoeder. Als ze tv kijken, doen ze dat voor de spanning.

De tolerante wereldburgers zijn de jonge linkse intellectuelen die tolerant zijn, van veel soorten muziek houden, naar de VPRO kijken, maar nog meer naar de VARA en de NOS. Het zijn *de Volkskrant*-lezers en ze zijn met 1.6 miljoen. Ze reizen veel naar vreemde landen. Gemiddelde leeftijd: 38 jaar.

Tot slot zijn er de ambitieuze pleziermakers: de BNN-kijker, de vrolijke drinker, 60 procent man, geïnteresseerd in kleding en mode. Hij of zij sport zelf veel en kijkt gemiddeld 2.5 uur naar de tv. De gemiddelde leeftijd is 21 jaar. Ze lezen nauwelijks kranten en gaan veel uit.

Ik vraag Van Dammen: 'Wie keek naar wat? Wat is de profielschets van de mensen die naar voetbal keken en wie keken naar de Tour of de Spelen? Is er duidelijk verschil tussen de groepen?

Van Dammen: 'Naar voetbal keken vooral de gemakzoekende burgers, de zorgeloze spanningzoekenden en bezorgde burgers. Ambitieuze pleziermakers negeerden het voetbal grotendeels, evenals de standvastige gelovigen. Naar het EK keken vooral VARA- en AVRO-leden en EO-mensen juist niet.

De Tour de France werd veelal bekeken door gemakzoekende burgers en participerende burgers en niet door de ambitieuze pleziermakers. Uit onze cijfers blijkt dat er opvallend weinig jongeren naar de Tour keken. De kijkers kwamen veelal uit de hoek van de NCRV, VARA en VPRO, er waren opvallend weinig TROS-kijkers.

Naar de Olympische Spelen werd het meest gekeken door de participerende en de gemakzoekende burger en ook hier keken de ambitieuze pleziermakers nauwelijks. Dus weinig jongeren. De kijkers kwamen voornamelijk uit de NCRV- en VARA-richting, terwijl veel EO-mensen de Spelen links lieten liggen.'

Ik vraag hem of er nog sekseverschillen opvielen bij de drie grote evenementen.

Hij zegt: 'Bij de Spelen was dat 's avonds laat precies fifty-fifty. Bij de Tour is 58 procent man en 42 procent vrouw en bij het voetbal is de verhouding 61 tegen 39 procent.'

En hoe zijn de drie evenementen gewaardeerd?

Van Dammen: 'Ik heb de cijfers van de late avonduitzendingen genomen. Dus Jack in Zwitserland en Hilversum, en jij in Frankrijk en China. Wat blijkt? De Nederlandse kijker waardeerde het voetbal met 7.4 gemiddeld, de Tour zat iets hoger met 7.5 en de Spelen wonnen met een opvallend hoog cijfer: 7.7.'

Dus?

Van Dammen: 'Bij de NOS mogen ze behoorlijk tevreden zijn met de cijfers. Er is goed gekeken en goed gewaardeerd. Er was een serieuze markt voor dat grote aanbod. Dat gold zeker voor de live-voetbalwedstrijden, maar ook voor de Spelen. De live-etappes in de Tour vielen iets tegen. Voor de kijkcijfers van de publieke omroep was het een topzomer. Ze mogen blij zijn met de inspanningen van de NOS.'

Van Dammen heeft een grappige aanbeveling. Hij toont me de gedetailleerde grafieken van de uitzending van 22 augustus, de avond dat de kroonprins aanschoof. 'Toen jullie om 22.16 uur begonnen keken er 1.14 miljoen kijkers. Binnen een klein kwartier was dat opgelopen naar 2.1 miljoen. Dat is heel veel. Men kreeg in Nederland al zappend door dat Willem-Alexander er zat. Dat wilden veel mensen blijkbaar zien. Na het gesprek toostten de prins en jij. Daarna ging jullie programma nog door en trokken 300.000 kijkers weer weg. Er gingen er veel naar *Hart van Nederland* bij SBS, waar Maarten van der Weijden en de feestende prins te zien waren. Jullie kijkers hebben dat uitbrengen van die toost blijkbaar als slot van de hele uitzending ervaren, terwijl er nog een dik kwartier uitzending achteraan kwam. Daar moet je als programmamaker mee opletten. Jij had na de afsluiting met de prins moeten zeggen dat de gouden hockeyvrouwen nog zouden komen. Toen die er waren, zag je weer mensen bij jullie terugkeren. Nederlanders kijken graag naar successen, daarmee moet je je kijkers bij je zien te houden.'

Ik zeg: 'Nog meer tips?'

Van Dammen schuift een andere tabel voor, die van 20 juli, de best bekeken *Avondetappe* in de Tour: 'Dat was de grote Alpenetappe. Dat levert vaak mooie beelden en een heroïek verslag van jouw kant op. Er keken die avond gemiddeld 1.2 miljoen mensen. De gasten lijken niet erg spectaculair: John van den Akker, een onbekende ex-renner, en Erik Breukink, de ploegleider van Rabobank. Blijkbaar was het gespreksonderwerp goed. Jullie begonnen met 1 miljoen kijkers en toen jij de etappe gedaan had, waren het er 1.3 miljoen. In veertien minuten win je dus ruim 300.000 kijkers. Daarna, en dat gebeurde iedere avond in de Tour, verliest het programma licht maar wel consequent aan kijkers. Men wil naar bed, maar dat aantal kan geremd worden door leuke filmpjes. Daar moeten jullie als makers dus rekening mee houden. Dat lukte op deze avond, want tegen het einde van de uitzending waren er toch nog 1 miljoen kijkers. En dat voor een zondagavond laat.'

Het duizelt me. Dat halen ze allemaal uit kijkcijfers.

Van Dammen lacht. Genoeg over kijkcijfers. We keren terug naar onze gemeenschappelijke fascinaties. Hij vestigt de aandacht op een Noors boek dat hij van zijn vrouw en dochter heeft gekregen. Het gaat over de records die er op atletiek- en schaatsgebied gevestigd zijn in het Bislet Stadion van Oslo. Twee sportgekken verliezen zich in foto's en uitslagen, in het Noors nog wel.

19 September

Madrid is mooi in de vroege nazomer. De warmte doet weldadig aan als ik over de Calle Serrano loop. Een mens heeft vreemde gewoonten, dat geef ik direct toe, en ik ken die van mijzelf heel goed. Eén maal per jaar leg ik aan op de mannenmodeafdeling van El Corte Inglés, voor iets heel simpels: sokken.

Dit keer komen er ook drie modieuze riemen bij, maar het zijn vooral de sokken, of beter kousen, die het hem doen. Ik heb ooit van mijn opa en mijn vader geleerd dat heren nooit, ik herhaal *nooit*, de kuit tonen, en dus draag je hoge sokken. In Spanje heb je daar een speciaal type van: de weggooi-kous. Je draagt die dingen een paar maal en gooit ze dan gewoon weg. Je koopt ze in verpakkingen van zes stuks en ik koop ze altijd in het laatste weekend van de Vuelta, voor het hele jaar, in allerlei kleuren voor allerlei gelegenheden. Blij vertrek ik dan weer, tasje in de hand.

Ik koop later in de middag de sportdagbladen voor de wieleruitslagen en twijfel bij de aanschaf van een aantal Spaanstalige wielerboeken. Ik doe het niet en neem een taxi terug naar het hotel, waar ik de middageditie van de Vuelta-etappe in de hotelkamer zie. Hier in Spanje wordt die uitgezonden met heel grote reclameblokken tussendoor, waardoor je flinke brokken uit de koers mist. Dat zou bij ons niet mogelijk zijn. Verbaasd kijk ik naar de op papier altijd vrij rustige vrijdagetappe. Er wordt snoeihard aangevallen door Carlos Sastre en ik zie Robert Gesink eventjes in de problemen komen. Morgen zal ik hem na afloop van de tijdrit in zijn hotel opzoeken voor een slotinterview in zijn eerste Vuelta.

We eten deze avond met zijn vieren in een Baskisch restaurant waar we al vele jaren komen. Eigenlijk eten we hier ook al jaren hetzelfde: gefrituurde inktvisschijfjes met gekruide aardappeltjes en daarna twee stukken rundvlees in look gebakken. Je krijgt er een beetje gestoofde groente bij. Neem je een aperitief, dan krijg je Baskische worstjes, bol van het vet maar vreselijk smakelijk.

De mens is inderdaad een gewoontedier, zeggen we tegen elkaar als we om twaalf uur naar buiten rollen. Weer een jaar ouder. Ik kom hier sinds midden jaren tachtig, dus dik twintig jaar. Toen Pedro Delgado nog de Vuelta won, zat ik hier al te eten. Delgado won toen door een heel peloton Russen te kopen in de slotrit, omdat hijzelf niet meer kon. Als hij dat niet gedaan had, was de Colombiaan Fabio Parra de winnaar geweest. Men fluisterde dat die Russen allemaal een behoorlijk huis aan de Spaanse zuidkust konden kopen.

20 september

We rijden met zijn drietjes (Gerrit Solleveld, Maarten Ducrot en ik) om twaalf uur Madrid uit. In de buurt van Segovia verlaten we de snelweg en kruisen naar een toeristisch stadje waar de start van de tijdrit zal zijn. Het heet er San Ildefonso-La Granja en ik denk dat ik hier nooit van mijn leven meer terug zal komen.

Het is er druk en chaotisch; ook 'burgers', mensen zonder accreditatie op de auto's, willen meedelen in dat kleine stukje geluk dat 'erbij horen' heet. Ze gesticuleren zich een ongeluk bij politiemensen die eerst niet willen buigen, maar dan toch opzij stappen en hen door de eerste controleposten laten. Dat hoort bij deze cultuur; als je iets hoogs bent en in een grote glimmende auto rijdt, stappen mensen eerder voor je opzij. Het zorgt wel voor leuke opstoppingen later, maar omdat we geen haast hebben, wachten we rustig tot iedereen uitgescholden is.

Wij doen het dit weekend in een rammelend huurbusje van Hertz en rijden van de chaos bij de start weg om rustig te lunchen, ergens midden in het land. De Sol en ik zijn ooit eerder bij de finish geweest, voor Maarten is het de eerste maal dat hij tegen deze col oprijdt. Het is een merkwaardig plateau op bijna 2 kilometer hoogte en de weg erheen lijkt op een autobaan. De beste renners rijden hier met 30 kilometer per uur omhoog, kun je nagaan.

Boven is het koeler dan in het dal en lopen de mensen in windjacks en dragen supersonisch gekleurde zonnebrillen. 's Winters kun je hier op de latten staan; nauwelijks drie kwartier rijden van Madrid. We zoeken onze weg in de chaos bij de finish en doen later ons commentaar. Na ongeveer een half uur valt alles uit: onze ISDN-lijn, de tijdwaarneming en ook de klassementen op de computers. Even heerst er overal paniek, dan gaan we over op het commentaar geven per gsm, wat lelijk klinkt in de Nederlandse huiskamer en ook niet zou mogen, maar er is geen keuze.

Ik ben in de loop der jaren makkelijk geworden in zulke situaties. In paniek raken heeft geen zin; het is een puur technische aangelegenheid en ik kan dat niet oplossen. Ik weet dat er in Holland chefjes gaan schelden en links en rechts boos gaan bellen, maar dat helpt allemaal niets. Wachten is het beste. Een dik half uur lang rennen allerlei Spanjaarden langs en over ons heen. Ze meten apparatuur door en ik zit met mijn eigen gsm'etje (dat ik goddank in de ochtend nog even aan de oplader had gelegd) aan mijn oor en klets wat over de tijdrit.

In het begin van de storing zijn ook de tussentijden van de renners niet bekend, maar later komt alles wel weer goed en we beëindigen de uitzending weer met twee koptelefoons op en de wetenschap dat we 'normaal' in Nederland te horen zijn.

We rijden om kwart over zes de andere zijde van de berg af. Onderweg passeren we een fietser die de bocht niet heeft kunnen houden en verdwaasd op de grond zit; bloed en chaos om hem heen. En een deuk in de wegafzetting. Zo'n afdaling is ook een gekkenhuis; de fietsers jagen langs de auto's, veertigjarige Spaanse huisvaders op mountainbikes die met 70 kilometer per uur naar beneden komen, dat is vragen om ongelukken. De afdalingen lopen hier nog goed, maar de ravijnen zijn best diep en liggen soms gapend open.

We verlaten ons op de TomTom en rijden zeker 30 kilometer om, op zoek naar het hotel van de Rabobankwielerploeg. Tegen zevenen arriveren we in een voorstad van Madrid en draaien we een prettig interview met Robert Gesink, die op de massagetafel ligt in kamer 519. De Spaanse cameraman snapt mijn aanwijzingen: als Gesink praat tijdens de massage, wil ik ook de handelingen van de massage zien.

Om tien voor half negen rijden we weg bij het hotel en beginnen we een dodemansrit naar een videohuis ergens in de stad. Het is goed dat we het gedeukte autootje van de cameraman kunnen volgen, want onze TomTom heeft een depressie.

Eenmaal aangekomen help ik de Spaanse technici, we zenden de tape via de satelliet naar Hilversum en daar blijkt men twintig minuten later tevreden met de bijdrage.

Als we klaar zijn, voel ik me ineens erg moe. Hoelang, zeg ik tegen Maarten, moet ik nog mijn edele delen afdraaien na wielerwedstrijden om met 'leuke' stukjes na afloop te komen? Hoelang doe ik dit nu al? En belangrijker: hoelang wil ik dit nog doen? Is mijn werklust zo groot dat ik niet anders meer kan?

'Hoogstwaarschijnlijk,' zegt K. die avond bedachtzaam in onze hotelkamer. Ze houdt het op een onuitroeibare verslaving, die soms gevaarlijke en zelfs zelfdestructieve vormen aanneemt. Ze heeft me binnen zien komen en weet hoe laat het is: ik ben helemaal afgeknoedeld. Maar we gaan nog sociaal doen met familie en dat heeft nu voorrang. Klagen komt later, als het al komt, want ik besef heel goed dat ik dit zelf allemaal doe.

Om even over tienen komen we een restaurant binnen en laten we meteen een fles cava opentrekken. De avond kan beginnen. Mijn pijnlijke nek klopt bijna van mijn romp af, zoveel pijn, maar ach, schenk nog eens in.

Ik slaap tegen tweeën pas in en lach om mijn eigen zeurtoon.

21 september

De etappe begint pas om kwart voor drie. Uitslapen dus en ontbijt met ochtendkranten bij Starbucks om de hoek. Laatste etappes van grote wielerrondes zijn eigenlijk heel vervelend; ze eindigen altijd in een massasprint. Er is nog een stevige valpartij, maar om even voor zessen loop ik de finishplaats al af. Ook deze Vuelta is weer voorbij. Alberto Contador heeft gewonnen, Robert Gesink is netjes zevende geworden. Er wacht ons bij de NOS nog een drietal grote koersen dit seizoen. Twee keer in Italië en een keer in Frankrijk; het reizen blijft.

Op de Gran Via word ik aangehouden door Nederlandse vakantiemensen. Of ik met hen op de foto wil? Ik vind het goed. Ik zet mijn tas neer en krijg meteen een kind in mijn armen gedrukt en de moeder des huizes vlijt zich lekker tegen me aan. Ze zegt zo genoten te hebben van de Olympische Spelen. Pa knikt en geeft zijn fototoestel aan een politieagent die ons op enige afstand met verbazing staat te bekijken. Pa komt ook naast me staan en legt zijn sterke arm om me heen en de agent krijgt het knopje maar niet ingedrukt, terwijl wij behoorlijk lang met 'cheese' naar de lens staan te staren. Ik zeg niets, ook niet als de man aan de agent wil proberen uit te leggen wie ik ben. Hij doet dat in een taal die het midden houdt tussen Spaans, Duits, Engels en (ik denk) Drents.

'*From the television Olandesa, very berühmd*,' hoor ik nog als ik mijn tas oppak en zwaaiend doorloop.

We eten snel, want we moeten voor achten de volgende ochtend op het vliegveld zijn. Tjerk belt nog. De derde wedstrijd tegen Pioniers is waanzinnig geweest. Hij heeft gewonnen met 14-11. Zijn hele wedstrijdverhaal zou een dag kunnen duren, zegt hij. Na een inning met 1-8 achter en nog winnen, dat kan bijna niet.

Ik vraag hem of ze de finale gaan halen.

Bedachtzaam zegt hij: 'Ik denk het wel, maar we spelen niet goed, de fut is er een beetje uit.'

Ik kijk naar mijn telefoontje en realiseer me hoe verschrikkelijk gek ik op de kids ben. Nynke, die me 's middags, terwijl ze weet dat ik aan het werk ben, met simpele sms'jes op de hoogte houdt van de wedstrijd en dan Tjerk na afloop van zijn wedstrijd. Zo nuchter, zo wijs vooral. 'Hoe is het met jou?' vraagt hij. Ik zeg iets over mijn nek. Hij bromt terug: 'Doe er dan wat aan, blijf niet doorlopen met die pijn.'

Ik zeg terug: 'Dat moet *jij* zeggen.'

Hij zegt: 'Maar ik ben 28 en jij 61 en dat telt ook.' Hij sluit het gesprek vervolgens af met een mooi 'Later'. Het voelt zo verschrikkelijk warm en bekend.

25 september

De duistere kamer doet weldadig rustig aan. Weer een montagedag, maar monteur Maurits is er nog niet. Het blijkt een misverstand te zijn. Zoals zo vaak gaat mijn hele bestaan even in de wachtstand en kuier ik wat over de redactie rond; het grootste deel van het leven van een televisiemedewerker bestaat immers uit wachten.

Na een dik uur zijn de organisatieproblemen opgelost en wordt de eerste las gemaakt. Zonde van de tijd. Omdat ik de voorgaande dagen al bijna de complete montage in mijn hoofd heb gemaakt, gaat alles als vanzelf. De enige hobbels blijken de kleine stukjes muziek te zijn. Collega Milko Bloemraad, een groot verzamelaar van authentiek muziekwerk in zijn iPod, steekt een helpende hand toe; hij bezit mooi materiaal uit het begin van de vorige eeuw en dat gebruiken we dan ook met graagte.

Het item gaat over de zwarte wielrenner Major Taylor, die in 1899 wereldkampioen werd in Montreal en die ooit in Nederland reed en tienduizenden naar de banen in Amsterdam en Maastricht trok. Een mooie bijdrage in wielertijdschrift *De Muur* en later graafwerk op internet maakten mij attent op die historie. Ten tijde van de Greg Lemond-opnames in mei maakte ik fraaie beelden in Worcester, MA en later, in juni, nog bij een boekpresentatie in Amsterdam. Het wachten was alleen op een gunstige dag van uitzenden.

Dat zou dan op de dag van de WK in Varese moeten zijn, als we gedurende de rit van 260 kilometer nogal wat tijd en ruimte te vullen hadden. Een bijdrage van zo'n tien minuten had ik voorzien en dat zou dan tot lering ende vermaak van het wielerpubliek moeten zijn.

Niemand in ons land had immers van deze renner gehoord en er stak toch wel een triest verhaal in de man. Nadat hij alle blanken in Amerika, Europa en Australië op een hoop had gereden, werd Taylor in eigen land langzaam uitgekotst door het blanke publiek. Meerijden mocht, beter zijn dan de blanke renners was ongepast. In eerste instantie had men in hem 'slechts' een zwarte renner gezien, maar de rond 1910 steeds meer opkomende haat tegenover de gekleurde medemens maakte het leven er voor deze gelovige man niet makkelijker op. Hij stierf in 1932 in Chicago, totaal berooid. In 1929 had hij, *selfmade man* als hij was, een autobiografie geschreven, maar dat verhaal kon hij aan de straatstenen niet kwijt. Niemand wilde het verhaal lezen van een ooit zeer succesvolle wielrenner, die na zijn loopbaan geheel in de vergetelheid was geraakt. Totdat er tachtig jaar later in Amerika en in België ineens een soort rage rond deze wielrenner-uit-het-verre-verleden ontstond.

Ik vond het een goed verhaal en om even na half zes in de middag was het filmpje klaar; ingesproken en wel. De sprekers in het filmpje konden heel goed aangeven wat de betekenis van Major Taylor in de grote sportwereld was geweest. Zoals Edwin Moses, de voormalige wereld- en olympisch kampioen zei: 'Hij was de eerste zwarte atleet ooit die een barrière doorbrak, hij deed dat lang voor Jesse Owens, Jackie Robinson of Arthur Ashe. Ik kon later makkelijker aan sport doen omdat hij vóór mij gedaan had wat hij deed.'

In de hoop dat het filmpje inderdaad een paar kijkers zou opleveren, pakte ik mijn boeltje bij elkaar. Op de plank voor zondag.

27 september

In de aankomsthal van het vliegveld Malpenza houdt ex-wielrenner Jacques Hanegraaf me aan. Hij zegt: 'Zitten jullie vanavond al vol in de uitzending?'

Ik denk dat dat zo is, maar antwoordt dat er altijd plaats is voor echt nieuws. Dat heeft ie, zegt hij. Om zes uur 's avonds komt dat nieuws definitief vrij en in zijn telefoon zoekt hij naar de naam van het hotel waar het naar buiten zal komen. Ik schrijf naam en nummers op, bedank hem en ga eerst naar mijn hotel, dat ruim een half uur noordelijk van Como aan het meer ligt en waar op deze lome zaterdagmiddag weinig leven in de brouwerij is.

Ik zie Marianne Vos op de Italiaanse televisie net tekortkomen om de wereldtitel te grijpen en bedenk dat ze zich snel koersinzicht moet gaan aanleren. In Peking heeft ze zich tijdens de wegwedstrijd misrekend, en nu doet ze het weer. Ze sleurt en trekt en haalt veel tegenstandsters terug en denkt dan alsnog te gaan winnen in de allerlaatste meters. Vlak voor de streep sneuvelt ze; de Britse Cooke heeft beduidend minder sleurwerk gedaan en dat loont. Of dat nou helemaal goed gespeeld was van Vos?

Met cameraman Martijn Faber rijd ik naar het bombastische, nieuwe Grand Hotel Milano in Novara. Het is doodstil in de lobby; doordeweeks zitten hier veel zakenmensen die in deze buurt handel drijven met Italianen, en vanavond is het de plaats waar Thomas Dekker, ondersteund door Hanegraaf, het contract met de Belgische wielerploeg Silence-Lotto zal tekenen.

We kijken in een klein kamertje en zien vier mannen zitten; ik herken Dekker en wacht af. We bieden wat te drinken aan als er mensen uit de wielerwereld binnendruppelen. De oud-renners Herman Frison, Dirk de Wolf en Stefano Zanini lopen er rond, er komen wat Vlaamse collega's binnen en om even voor zessen krijg ik een teken; het laatste vel moet nog getekend worden. We spelen het toneelstukje mee, filmen de lege lobby, laten de camera dwalen en vinden dan de jonge renner en zijn gezellen in het kamertje. Alles staat erop in tien minuten precies en op het moment dat we klaar zijn en ik doorbel naar Hilversum dat het materiaal er is en dat in het *Sportjournaal* gemeld kan worden dat de overgang van Dekker van de Rabobank naar Silence-Lotto een feit is, komt er een golf Nederlandse dagbladjournalisten binnen. Ze zien Martijn, de camera en mij en ik lees 'shit' in hun ogen. Door mijn aanwezigheid en zeker die van de camera weten ze dat de televisie die avond de beelden al zal hebben. Niet dat het hier om een enorme primeur gaat, maar het maakt een maandagochtendverhaal (alleen *De Telegraaf* verschijnt op zondag, maar die krant schreef op zaterdag al over de overgang) een stuk minder interessant.

Ik besluit me daar niets van aan te trekken en we springen in de wagen en zoeken de Hippodrome van Varese. Volgens de borden zijn we 30 kilometer van die plaats verwijderd, maar we rijden er ruim een uur en een kwartier over en moeten in Varese steeds vragen waar die rottige paardenbaan toch ligt.

Toch komen we er ten slotte aan, vinden een begripvolle hellebaardier, die ons zonder goede stickers en perskaarten om de nek toch doorlaat en tien minuten later staan we in een groezelige ruimte met veel rokende Italianen onze beelden naar Hilversum door te stralen. Ze moeten maar zien wat ze ermee doen in een waarschijnlijk overvol programma. Voor de zondag kan het in ieder geval een onderwerp van enige lengte worden.

Door de duisternis zoeken we ons vervolgens weer een weg naar Como. Dat is hemelsbreed een afstand van niets, maar ook hier zijn we meer dan een uur aan het ploeteren en rijden voortdurend verkeerd. Inderdaad: de TomTom is kapot.

Tegen tienen komen we goed moe in het hotel aan. We kunnen nog de laatste shift uit de keuken meepakken. We eten snel en goed, drinken lekker en ik vraag of iemand de startlijst van de profs heeft meegenomen. Niemand. Innerlijk vloek ik licht, maar ik toon mijn gevoelens niet.

De anderen bespreken hoe laat we de volgende dag naar de start gaan rijden. Voor drie auto's hebben we slechts één sticker en de verwachting is dat de wegen rond Varese in de vroege ochtend ook al hartstikke vol zullen zitten. Na enig praatwerk wordt half acht in de ochtend als vertrektijd gekozen. We zullen in twee wagens voor de televisiemensen en eentje voor de radiojongens gaan reizen en wel zien hoe het verder gaat. Ik plof afgemat in een keurig bedje en slaap binnen vijf seconden in.

Mijn eerste WK wielrennen op de weg deed ik in 1973 in Barcelona. Op die dag werd de Nederlandse mannenhockeyploeg in Amstelveen wereldkampioen, weet ik nog. Strafballen en Maarten Sikking was de held.

Ik zag Felice Gimondi die middag, bij wijze van geschenk, van Eddie Merckx winnen. 's Avonds gingen we toen de Ramblas op. Vijfendertig jaar terug dus.

28 september

Opstaan om half zeven. Jean Nelissen zou vroeger opgemerkt hebben dat om die tijd zelfs melkboeren nog in hun bed liggen.

We rijden gezellig keuvelend zonder enig probleem naar Varese, komen nergens lastig verkeer tegen, draaien zelfs tot aan de ingang van de baan en dan ineens staan daar mannen met stevige schouders en krachthonkhoofden. Ai, dat is lastig. We hebben geen papieren, maar al wel een kaart om de nek. In rap Italiaans worden we verwenst en weggestuurd en ik zeg tegen Martijn, die achter het stuur zit: 'Als je nu eens gewoon gas geeft, niet omkijkt en ook niet luistert wat er allemaal geroepen gaat worden, dan zien we wel wat ervan komt.'

500 meter verder zetten we, tussen allerlei andere wagens die geen stickers dragen, onze auto met cameraspullen neer en zien dan een hellebaardier briesend op ons afsnellen. Hij wenst ons dood of zoiets en wij zeggen dat we eerst de apparatuur gaan uitladen en dan zullen we...

Hij kijkt ons aan en schreeuwt dat we in Italië zijn en dat Italiaans dus de voertaal is. We halen onze schouders op en proberen het begin van de Derde Wereldoorlog in de kiem te smoren. Een Engelstalig meisje schiet ons te hulp en hij houdt zich ineens in. Ik snap er niets van, maar hij knikt, lacht zelfs even en loopt dan weg. Zij heeft hem gezegd dat we de wagen weg zullen zetten als we onze spullen uitgeladen hebben. Zij lacht begripvol naar ons. Ze vindt hem een domme zak. En hij? Hij loopt terug en zwaait nog een keer. Goed van vertrouwen?

Dan begint de dag en werk ik van kwart voor tien aan één stuk tot de finish, die tegen half zes valt. Daarna is er tijd voor een plas (zeven uur stil op de stoel gezeten) en een kopje koffie en vervolgens is er nog een nababbel, live, met Robert Gesink.

Om tien voor half zeven trek ik de stekker er bij mezelf uit. Gepresenteerd, stukjes gemaakt, commentaar gegeven, toe gepraat naar de onderwerpen die in Hilversum ingestart werden, ik vind het zo wel mooi en ga achter in het busje zitten, dat nog steeds op dezelfde plaats staat. Ik draai een cola open en drink. Ik heb het helemaal gehad.

Het diner, later die avond, wordt gezellig, lekker en lang. We hebben het over van alles en niets en roddelen niet eens erg veel over de NOS.

29 september

Na een halve dag reizen beland ik 's avonds bij een forumdiscussie in het Olympisch Stadion van Amsterdam. We praten over de manier waarop we tegenwoordig in de sport moeten werken, het bestaan van pr-mensen en het feit dat sportmensen voor borden vol reclame gezet worden.

Mij wordt gevraagd of ik in China vrijuit heb kunnen werken en ik zeg ronduit 'ja' en voeg daaraan toe dat er zelfs helemaal niets te klagen was daar in China.

De gesprekken vlotten niet erg of blijven steken in al lang geleden ingenomen stellingen. Collega Guus van Holland van NRC *Handelsblad* heeft om het debat van de grond te krijgen een prikkelende column voorgelezen, maar met zijn verbazing komt de zaal niet verder. Zijn wij chauvinistisch? Hebben we alleen oog voor Oranje? Alleen voor winnaars? Heeft de vaderlandse pers niet erg verschillend gereageerd na de affaire-Rasmussen (antwoord: ja, en vooral niet goed gereageerd) en hadden we in Peking alleen maar oog voor eigen volk?

Al snel na afloop ren ik naar de metro. Het regent hard. Overstappen op Sloterdijk en in Haarlem fiets ik door de stille straten. In Amerika is de financiële hulpactie van minister van Financiën Poulsen in het Huis van Afgevaardigden tot staan gekomen. Daar vecht nu iedereen voor zijn eigen bestaan. Naast de graaiende bankiers zien we ineens ook hebzuchtige, op eigen positieverbetering gerichte politici. De wereld is een puinhoop aan het worden en niemand weet hoe je zo'n proces kan stoppen.

Aan de keukentafel hebben we het erover dat we een giga wereldcrisis tegemoet gaan. Ik heb net onze vakantie besproken qua vluchten en hotels, maar wie zegt dat we over een maand nog makkelijk kunnen reizen en met een creditcard kunnen betalen?

11 oktober

In de auto, op weg naar Tours, hebben we het lang en breed over het geval-Stefan Schumacher. Eerder in de week is bekend gemaakt dat de Duitser door de Franse dopingonderzoekers 'gepakt' is op het middel cera, derde generatie epo, zoals we sinds enige tijd weten. Dat is dat middel waar een voormalige topcoureur mij voor aanvang van de Tour van dit jaar over vertelde: 'We hebben iets nieuws, het werkt formidabel en is niet te vinden. Velen gebruiken het tegenwoordig.'

Rond Antwerpen is de eerste file, dan is er nog een flinke knoop bij Parijs en dik na achten rijden we Tours binnen. We slapen in het hotel waar we altijd verblijven als deze koers gereden wordt: een keurig hotel waar vooral veel Amerikanen en Japanners huizen die de wijnroutes langs de Loire afreizen en die met reis- en wijngidsjes de lobby bevolken. Drie verstokte wielermannen passen daar dan wel bij.

Met De Sol en Maarten Ducrot eet ik in Odeon, niet ver van het station. Onze buren, Fransen, denken dat we Denen zijn. Dat horen we niet vaak.

Omdat de cafés aan het sluiten zijn als we naarbuiten rollen, nemen we nog een afzakkertje op een terras en gaan daarna meteen slapen. Tenminste, dat denk ik, maar ik trek nog een drankje uit de koelkast, open mijn computer en ga het internet op. Kijken hoe Nederland gevoetbald heeft tegen het altijd levensgevaarlijke IJsland. Hoeveel grappen over kredietverstrekking, 'een sterke bank' of 'een arme ploeg' zullen er vanavond gemaakt zijn?

Ik schrijf nog een hoofdstuk voor dit boek, knip wat dingen over de koers uit en ga pas om twee uur slapen.

12 oktober

Ik word wakker om zeven uur. Dat is gek, want ik 'moet' helemaal niets, anders dan kranten kopen in het station, vijf minuten lopen hiervandaan, en ontbijten.

Ik lees en werk en schuif tussen de middag aan bij de twee anderen op een zonnig terras, 40 meter van de streep verwijderd.

Eerst drinken we koffie, dan volgt de traditionele lunch. Misschien dat dit mijn vijfentwintigste Paris-Tours is. Zelden lunch ik voor middaglijke wieleruitzendingen, maar hier gebeurt dat altijd in dezelfde bistro. En ik neem zoals zo vaak een tagliatelle. En weer smaakt het. Het flesje Touraine dat we delen is snel leeg.

Dan begint vrij laat in de middag de uitzending en verrekenen de sprinters zich. Aanvallen loont vandaag en Philippe Gilbert, een Waal die vaak enorm zijn best doet behoorlijk Nederlands te spreken, wint.

Vijf minuten later zitten we al in onze Audi en rijden we noordelijk. We verwachten files onder Parijs, maar die zijn er nog niet. Het gedrang komt later, maar is wel heftig. Alles bij elkaar verlies je toch altijd een uur bij het ronden van Parijs. In België, tussen Kortrijk en Gent, stoppen we om te tanken en wat eetbaars te kopen. Dat wordt dan 'junkfood' want de schappen waar honderden broodjes moeten hebben gelegen, zijn helemaal leeggeplukt door andere hongerige reizigers.

Met chips, Cola Zero, drinkyoghurt, Twixen en Badois zetten we de reis voort. Het nomadenbestaan houdt maar niet op. Om veertien over twaalf zet De Sol me in Haarlem af. De wagen zucht twee maal, staat even stil en dan zwaait Gerrit: 'We zijn weg!'

K. vraagt hoe alles gegaan is. Even later heb ik de smoor in dat er geen honkbal via NASN wordt uitgezonden. K. noemt me obsessief en verslaafd en schudt meewarig haar hoofd.

13 oktober

Om half elf loop ik een collegezaal van de Hogeschool Amsterdam binnen. Wim de Wit, Tjerks voormalige studiebegeleider op de Johan Cruijff Academie, heeft me gevraagd voor mijn jaarlijkse ‘masterclass’. Het onderwerp vanochtend is ‘image’ en ik vertel over André Agassi, Ivan Lendl, Pieter van den Hoogenband, Edgar Davids en Ard Schenk.

Onder de studenten is een jongen die eerlijk zijn hand opsteekt als ik vraag of er iemand in de banken zit die niet weet wie Ard Schenk is. Van Lendl heeft meer dan de helft van de (zeer in sport geïnteresseerde) studenten nog nooit gehoord.

De discussie is levendig. Zodanig dat ik nogal wat beweeg, en ineens plomp van het podium aflazer. Die val moet er komisch uitgezien hebben, bedenk ik, als ik met een pijnlijke arm weer terugklim. De studenten hebben niet hardop gelachen, ze zijn eerder geschrokken, maar ik kan me goed indenken dat deze kids vanavond thuis of in het café met een valse grijns zullen verhalen over ‘die grote, zware Smeets van *Studio Sport* die van het podium donderde’.

Wim betaalt me zoals afgesproken mijn reiskosten terug en doet er een fles wijn bij. ‘Anderen moeten goed betalen voor hem,’ zegt hij lachend tegen de omstanders, ’maar wij dus niet en daarom betaal ik zijn treinkaartje.’ Ik roep: ‘Graaien, graaien,’ voel me een Robin Hood en krijg applaus.

Ik bel Tjerk vanaf het Amstel Station en zeg dat ik mijn jaarlijkse optreden erop heb zitten. Hij kan tevreden zijn.

Tegen half acht belt Piet Teeling van *Langs de Lijn*. Ik mag later op de avond weer eens gaan duiden. Over Bernard Kohl, de Oostenrijkse nummer drie van de Tour en de volgende in de rij van cera-gebruikers. Het spul was toch niet te vinden? Je wordt er als wielervolger flink cynisch van. Wie zal de volgende zijn? In mijn bezit is het beroemde lijstje dat de redacteuren van l’*Équipe* hebben laten doorlekken naar sommige collega’s, waarmee de druk op de ketel blijft. Op die lijst staan liefst drie CSC-renners (onder anderen zij die afzegden voor het WK in Varese) en twee man van de ploeg-Colombia. Een van hen is George Hincapie.

Ik zeg later op de avond tegen K.: 'Als Armstrong dat ook te weten komt, kun je rekenen op een tegenactie uit Austin. Hij laat niet met zich sollen, maar ook niet met zijn trouwe maten. Let maar op, er komt een reactie.'

14 oktober

Lance Armstrong laat weten de Giro d'Italia interessanter te vinden dan de Tour de France. Hij reageert verheugd op de avances van de Giro-directie. En hij brandt en passant de Fransen af. De oorlog gaat voort.

16 oktober

Ik eet met Tjerk in Amsterdam en kan voor het eerst bijpraten over wat er met hem en de ploeg gebeurd is tijdens de Spelen. Plaats van handeling: Janvier op het Amstelveld.

Hij vertelt, soms fragmentarisch precies, dan weer ruim en vluchtig. Een hoop is om 'in het hoofd te houden', zoals hij zegt, dus niet voor publicatie. Ik houd me daaraan.

Het is een meesterlijke avond met perfecte stukjes Baambrugse big. Tot slot nemen we tramlijn 4, allebei een andere kant op.

17 oktober

We rijden tegen de vroege avond Como binnen en hebben de tijd. De Sol, Maarten Ducrot en ik gaan die avond eens lekker eten en veel over wielrennen lullen. Maarten heeft nog steeds wilde ideeën dat we veel meer 'stukjes' moeten maken. Met interviews vooraf, aandacht voor het materiaal, gesprekken met trainers en ploegleiders. Het spookt bij hem. Ik probeer hem af te remmen, door steeds te vragen: 'Waar wil je het uitzenden?' en 'Hoe wil je het in Hilversum krijgen?'

Ik vind zijn ideeën voor het verbeteren van de wielerverslaggeving erg aantrekkelijk, maar het fietsen heeft geen prioriteit bij de NOS, en terecht. Ik hoop dat we de volgende dag boven de driehonderdduizend kijkers zullen komen. Hij realiseert zich dat ik een punt heb, zie ik aan zijn gezicht. We kletsen de hele avond door en sluiten aan tafel af met een toost op Jean.

Terug in het vorstelijke Hotel Imperial, waar ik een kamertje ter grootte van een naaidoos heb, ga ik nog wat wielrennen bijhouden. Morgen is de laatste koers van het seizoen. Mijn plakboek zit bijna vol.

18 oktober

Ontbijt om tien uur, een klein shopje om half elf met als belangrijkste aanschaf een cd van John Mayall & The Bluesbreakers. Een hernieuwde en opgepoetste uitgave, met Clapton erbij. Duur, maar zeer interessant vanwege de extra nummers.

Ik drink capu op een groot terras en lees in de *Süddeutsche Zeitung* dat een onderzoeker weer wat gevonden heeft dat belastend kan zijn voor Jan Ullrich: hij heeft in 2005 25.000 euro overgemaakt naar een rekening van Dr. Fuentes. Als ik het met de jongens bespreek, zegt De Sol droog: 'Zeker om in vorm te zijn voor zijn afscheidskoers.'

We lunchen waar we altijd lunchen. Een deegspijs met een lekker troepje erin. De collega's van de RAI zitten er ook. Davide Cassani meldt dat hij nu ook het marathonvirus heeft opgelopen; hij gaat de marathon van New York lopen. Hij zegt goed getraind te zijn.

Ik heb me voorgenomen in november iedere ochtend in de sportschool te gaan staan, met uitzondering van de vijf reisdagen. November is vakantiemaand en ik heb een mooi traject in 'verweggistan' uitgekozen.

We zien een vrij aantrekkelijke koers waarin Karsten Kroon zich behoorlijk laat zien. Damiano Cunego wint en rijdt sterker dan wij van hem hadden verwacht. Slechts een bosje renners rijdt goed uit. Kroon eindigt als vijfde.

Vier minuten na de finish hebben we afgebroken en lopen we van de commentaarpositie weg. We hebben het erover dat de Belgen altijd nog een half uur na de finish doorgaan. Ze tonen alle herhalingen, alle truien, alle VVV-momenten en alle nietszeggende shots.

Ik krijg vaak de vraag waarom zij dat doen en wij niet. Bij ons wachten andere programma's. Bij de Belgen is er niets anders dan de koers. Ik vind het onzinnig om twintig minuten te rekken met al die truien en klassementen, maar dat is waarschijnlijk een cultuurverschil tussen de Belgen en ons. Ik heb wel eens schertsend gezegd: 'Zij zouden het liefst ook camera's in de douches hebben staan.'

Wij spoeden ons naar Malpenza om de avondvlucht van de KLM naar Amsterdam te halen. De Nederlanders van de Rabobankploeg die naar Amsterdam willen, zitten ook op deze vlucht. We vragen waar ze naartoe gaan in de vakantie. De een ver weg, de ander dichtbij. De mannen zijn moe. Nee, ze gaan niet meer naar Curaçao om daar nog te rijden; het is mooi geweest.

In het vliegtuig slaap ik kort in. Om bijna half twaalf ben ik thuis en lees snel de kranten door.

19 oktober

Vroeg op. K. rijdt met haar moeder naar Zuid-Frankrijk voor familiebezoek en ik ga naar de studio. We doen een praatprogramma, waarin we onder meer het wielerseizoen afsluiten. Gasten zijn Erik Breukink, die ik gisteravond nog in het vliegtuig trof, en Karsten Kroon, alsmede *De Telegraaf*-journalist Raymond Kerckhoffs. Soms gaat het er fel aan toe. Kroon is het niet eens met een door een van ons ingelezen tekst bij een filmpje. Hij vindt het 'subjectieve berichtgeving' en daar baalt hij van.

De rest van het programma doe ik zonder gasten, want er is nog honkbal, badminton, tennis en basketbal en dat moet ik uit een andere studio aankondigen. Deze studio moet gebruikt worden voor de moeilijke achtergrondstukken die gerepeteerd moeten worden voor het voetbalprogramma van zeven uur.

Overigens hebben we de dag ervoor 329.000 kijkers getrokken voor de Ronde van Lombardije. Dat valt me erg mee.

Om half zes ben ik klaar, om zes uur zit ik in de trein. Vanaf Sloterdijk rijden er geen treinen meer, hoor ik. Taxi.

Als ik 's avonds naar wedstrijd zeven tussen de Rays en de Red Sox kijk, weet ik dat het 1-1 is. Dan val ik in slaap. Ik word om vijf uur gewekt door het getingel van een sms'je. Ik hoef niet eens te kijken. Tjerk, zeker weten. Appels vallen immers niet ver van welke boom.

22 oktober

Parijs, de presentatie van de Ronde van Frankrijk 2009. Het is druk, maar Lance Armstrong is er niet. Toch verwacht iedereen weer een leuke Tour te gaan meemaken. Ik mag een stukje maken. Met Peter Bakker en onze producer Astrid Dutrenit, die contacten legt voor komend jaar. Parijs ruikt lekker in de herfst, merk ik als we langs de Champs lopen.

Weet ik eigenlijk al hoe de volgende zomer er qua sportevenementen uit gaat zien? Weet ik hoe de NOS de Tour de France gaat coveren? Is er een avondprogramma? Of gooien we het over een andere boeg? Ik heb een vermoeden, maar daar heb ik nu niets aan.

Het zal wat stiller zijn dan dit jaar, denk ik zo. Moet ik de Stichting Correlatie nu al bellen, met de noodkreet: hoe kom ik in hemelsnaam de zomer door? We gaan lekker werken en proberen er iets aardigs te maken, zoals altijd. Weer een filmpje, weer een persconferentie. Weer een reis. Weer de binnenkant van een vliegtuig. Weer riemen vast. Houdt dat nooit op?

Eenmaal thuis, 's avonds, rooster ik twee boterhammen en beleg die met kaas. Vannacht beginnen de World Series. Ik ga kijken.

31 oktober

We rijden de parkeerplaats bij Thialf in Heerenveen op. Ik moet hier drie maal zijn dit schaatsseizoen. Ik stap uit, pak mijn tas en loop naar de ingang. Ik open de deur en zie een Zamboni-ijsmachine en daarachter het lachende hoofd van Sven Kramer. Nu weet ik het zeker: de zomer is voorbij

Een persoonlijke olympische geschiedenis van een gepassioneerd sportliefhebber

De Olympische Spelen zijn niet weg te denken uit het leven van Mart Smeets. Al op zijn vijfde verzamelde hij de olympische sportplaatjes van de Planta-margarine. Sinds 1972 was Smeets bij de Zomer- en Winterspelen, in München, Lake Placid, Moskou, Sarajevo, Calgary, Seoul, Albertville, Barcelona, Lillehammer, Atlanta, Sydney, Salt Lake City, Athene en Turijn.

Vuur is een persoonlijke terugblik op de olympische zomerbelevenissen van Mart Smeets. In lange verhalen neemt hij ons mee naar de hoogte- en dieptepunten waar hij zelf getuige van was, en naar de sporters die hij ontmoet heeft, zoals Carl Lewis, Michael Jordan, Ron Zwerver, Nadia Comaneci, Hennie Kuiper en Florence Griffith. Samen met alle in dit boek geportretteerde Nederlandse medaillewinnaars haalt hij herinneringen op aan hun Olympische Spelen.

'Smeets heeft een heldere en vlotte stijl die maakt dat *Vuur* het ideale boek is voor onderweg, op het strand én bovenal als opwarmertje voor het toernooi in Peking.' *AD Sportwereld*

Voor het bonushoofdstuk over het Nederlands honkbalteam in Sydney zie www.martsmeets.nl

ISBN 978 90 468 0424 7